47,00

ACCESO GRATIS a la Lectura en la Nube

Para visualizar el libro electrónico en la nube de lectura envíe junto a su nombre y apellidos una fotografía del código de barras situado en la contraportada del libro y otra del ticket de compra a la dirección:

ebooktirant@tirant.com

En un máximo de 72 horas laborables le enviaremos el código de acceso con sus instrucciones.

La visualización del libro en **NUBE DE LECTURA** excluye los usos bibliotecarios y públicos que puedan poner el archivo electrónico a disposición de unacomunidad de lectores. Se permite tan solo un uso individual y privado.

CONVERSACIONES SOBRE EXPLOTACIÓN Y TRATA DE SERES HUMANOS

Procedimiento de selección de originales, ver página web:
www.tirant.net/index.php/editorial/procedimiento-de-seleccion-de-originales

CONVERSACIONES SOBRE EXPLOTACIÓN Y TRATA DE SERES HUMANOS

Coeditoras
Teresa Rodríguez Montañés
Marta Carballo de la Riva
Alexandra Macsutovici Ignat

tirant lo blanch
Valencia, 2025

EDITA: TIRANT LO BLANCH
C/ Artes Gráficas, 14 - 46010 - Valencia
TELFS.: 96/361 00 48 - 50
FAX: 96/369 41 51
Email: tlb@tirant.com
www.tirant.com
Librería virtual: www.tirant.es
DEPÓSITO LEGAL: V-2555-2025
ISBN: 978-84-1095-825-8

Si tiene alguna queja o sugerencia, envíenos un mail a: *atencioncliente@tirant.com*. En caso de no ser atendida su sugerencia, por favor, lea en *www.tirant.net/index.php/empresa/politicas-de-empresa* nuestro procedimiento de quejas.

Responsabilidad Social Corporativa: http://www.tirant.net/Docs/RSCTirant.pdf

Índice

Prefacio

El origen de este libro se encuentra en una conversación real, que tuvo lugar el 20 de mayo de 2022, en la Jornada de clausura de un curso de posgrado (Experto en *Lucha contra la Trata de Seres Humanos*) que durante algún tiempo se ofertó en la Universidad de Alcalá, bajo la dirección de la Doctora Teresa Rodríguez Montañés. Aunque la modalidad de impartición del curso era *online*, desde el principio se planteó la idea de un encuentro presencial entre profesorado y estudiantes, pues se habían creados vínculos muy fuertes y una potente interacción. El COVID-19 y otra serie de circunstancias fueron retrasándolo, hasta que pudo celebrarse en mayo del año 2022.

De la riqueza del debate, no sólo por las aportaciones de las y los ponentes invitados sino también del alumnado (en su mayoría personas que trabajan sobre el terreno y con un gran conocimiento de la realidad y sus dificultades) surgió la idea de compartir todas esas reflexiones en una publicación. La transcripción editada de esas «Conversaciones sobre Explotación y Trata de Seres Humanos» constituye la segunda parte del libro que ahora presentamos. Estas páginas van precedidas de una serie de estudios doctrinales sobre algunos de los aspectos más importantes del debate actual sobre la trata, la explotación y la moderna esclavitud, adoptando una perspectiva innovadora, que se pregunta cuál es la razón del fracaso en la lucha contra la trata de seres humanos e intenta ahondar en cuestiones hasta ahora poco o nada presentes en dicho debate.

La publicación también tuvo que retrasarse, de nuevo por circunstancias que se impusieron a los deseos de quienes estábamos al frente del proyecto, pero finalmente se ha producido.

Las editoras queremos agradecer sinceramente la paciencia y las valiosas contribuciones. Y a la editorial Tirant lo Blanch, su disposición a editar el libro con la eficacia y el calor humano de siempre.

Teresa Rodríguez Montañés
Marta Carballo de la Riva
Alexandra Macsutovici Ignat

Capítulo 1.

¿POR QUÉ ESTAMOS FRACASANDO EN LA LUCHA CONTRA LA TRATA? TRATA, EXPLOTACIÓN Y SISTEMA PRODUCTIVO

TERESA RODRÍGUEZ MONTAÑÉS
Catedrática de Derecho Penal UAH

1. ESTADO DE UNA CUESTIÓN DESENFOCADA

La erradicación de la trata de seres humanos y la moderna esclavitud parece haberse convertido en una prioridad en las agendas de Gobiernos e instituciones internacionales. Y, sin embargo, estamos fracasando en ese intento. No existe indicador alguno de que el fenómeno esté controlado o haya decrecido. Más bien, lo contrario, conforme a los datos que manejan todos los informes internacionales (por todos, TIP 2024; UNODC 2022). Pese al compromiso de las organizaciones internacionales, de muchos gobiernos, de la sociedad civil y de las organizaciones no gubernamentales; pese a la inversión de millones en concienciación y persecución penal; pese a la ratificación casi universal del Protocolo de Palermo; pese a todo ello, fracasamos en la lucha contra la trata.

¿Cómo puede explicarse esto? En mi opinión, que llevo defendiendo muchos años (Rodríguez Montañés, 2014; 2022), la clave de ese fracaso está directamente conectada con el enfoque predominante en el abordaje contemporáneo de la trata, auspiciado desde el Derecho internacional, en el que se ha desarrollado un marco normativo que pretende prevenir y erradicar la existencia de la trata de seres humanos (por todos, Villacampa, 2011), posteriormente implantado en los ordenamientos nacionales como trasposición de los compromisos internacionales de los Estados. Analizaré brevemente la gestación de dicho marco, porque explica en buena medida qué es lo que no se ha hecho y es necesario hacer para abordar correctamente un fenómeno que –en mi opinión y la de un número cada vez mayor de expertos (ONU 2020, Informe Relatora Gianmarinaro)– se encuentra desenfocado en su tratamiento desde las instancias internacionales.

1.1. El Protocolo de Palermo.

Durante la mayor parte del siglo XX el término trata (*trafficking*) hacía referencia tan solo a la explotación sexual de mujeres y niñas, cuyos elementos definidores eran el traslado de una mujer o una niña a otro lugar, mediante violencia u otros medios coercitivos, con la finalidad de explotarla sexualmente. Sin embargo, el concepto se redefine radicalmente en el año 2000. El 15 de noviembre de 2000, la Asamblea General de Naciones Unidas aprueba la Convención de las Naciones Unidas contra la Delincuencia Organizada Transnacional (A/RES/55/25) y sus dos Protocolos adicionales: el relativo al Tráfico Ilícito de Migrantes y el Protocolo para prevenir, reprimir y sancionar la trata de personas, conocido este último como *Protocolo de Palermo.*

El *Protocolo de Palermo,* constituye el primer instrumento internacional moderno contra la trata. Su principal aportación consistió en la definición del art. 3 a)[1], punto de partida de

---

1 *Por «trata de personas» se entenderá la captación, el transporte, el traslado, la acogida o la recepción de personas, recurriendo a la amenaza o al uso de la fuerza u otras formas de coacción, al rapto, al fraude, al engaño, al abuso*

toda la normativa posterior y en la que se contienen los tres elementos del delito (acción de reclutar, trasladar o acoger; medios coercitivos y finalidad de explotación); la irrelevancia del sexo de la víctima y la finalidad de explotación genérica, no limitada a la sexual. Por otra parte, se consagra el compromiso de los Estados de penalizar dicho proceso en cualquiera de sus fases, armonizar o establecer la legislación pertinente en los ámbitos nacionales, y asistir y prestar protección a las víctimas. En la actualidad su ratificación es casi universal y este alcance ha posibilitado la introducción de tipos penales en las legislaciones nacionales, que suelen limitarse a trasponer la normativa internacional.

No obstante, y pese el indiscutible valor de dicho Protocolo, en el enfoque originario de Palermo, aún predominante, la cuestión migratoria[2] y la delincuencia transnacional asociada al fenómeno tienen todo el protagonismo. Como no podía ser de otro modo ya que, como acabamos de señalar, el Protocolo de Palermo aparece vinculado a una Convención sobre delincuencia organizada trasnacional y nace simultáneamente con un Protocolo relativo al tráfico ilícito de inmigrantes y, por tanto, al control migratorio. Dicho enfoque es el que ha orientado las políticas públicas nacionales e internacionales hasta la fecha. Es decir, una orientación eminentemente penal, vinculada al control migratorio y centrada, por tanto, sólo en la trata en los términos en que el Protocolo la define, como un proce-

---

de poder o de una situación de vulnerabilidad o a la concesión o recepción de pagos o beneficios para obtener el consentimiento de una persona que tenga autoridad sobre otra, con fines de explotación. Esa explotación incluirá, como mínimo, la explotación de la prostitución ajena u otras formas de explotación sexual, los trabajos o servicios forzados, la esclavitud o las prácticas análogas a la esclavitud, la servidumbre o la extracción de órganos.

2 Acerca de la vinculación de la trata y el control de los flujos migratorios, entre otros muchos, Pérez Cepeda, 2004, p. 22; Hava, 2006, p. 82- ss.; Pomares, 2020.

so de captación o reclutamiento con finalidad de explotación, que deja fuera la explotación misma y el beneficio económico que comporta.

1.2. El Convenio de Varsovia.

En el año 2005 se aprueba el Convenio del Consejo de Europa contra la trata de seres humanos, conocido como *Convenio de Varsovia*, sobre la base del Convenio Europeo de Derechos Humanos (1950). Este Convenio define la trata en su artículo 4 de un modo muy similar al Protocolo de Palermo[3], pero va más allá de los estándares mínimos establecidos por Palermo, ya que se aplica a todo caso de trata de personas, tanto en el ámbito nacional como transnacional, esté vinculada o no a una organización criminal, y además se refiere a mujeres, hombres, niños como posibles víctimas de este tipo delictivo.

Por otra parte, supone adoptar una perspectiva multidisciplinar y de derechos humanos, centrada en la protección de las víctimas, a la que van orientadas la mayoría de las medidas que contiene, tanto en materia de prevención (campañas de concienciación; iniciativas económicas y sociales para abordar las causas; desincentivar de la demanda) como en materia de protección y reconocimiento de derechos de las víctimas.

---

3 *Por «trata de seres humanos» se entenderá el reclutamiento, transporte, transferencia, alojamiento o recepción de personas, recurriendo a la amenaza o uso de la fuerza u otras formas de coerción, el secuestro, fraude, engaño, abuso de autoridad o de otra situación de vulnerabilidad, o el ofrecimiento o aceptación de pagos o ventajas para obtener el consentimiento de una persona que tenga autoridad sobre otra, con vistas a su explotación. La explotación comprenderá, como mínimo, la explotación de la prostitución de otras personas u otras formas de explotación sexual, el trabajo o los servicios forzados, la esclavitud o las prácticas análogas a la esclavitud, la servidumbre o la extirpación de órganos.*

El Convenio de Varsovia establece también medidas para la cooperación internacional y la cooperación con la sociedad civil, introduce la figura del Relator o Ponente Nacional (encargado a nivel nacional del seguimiento de las actividades de la lucha contra la trata realizadas por las instituciones del Estado y del cumplimiento de las obligaciones previstas por la legislación nacional) y crea un mecanismo de evaluación independiente: el Grupo de expertos en la lucha contra la trata de seres humanos (GRETA), que realiza informes periódicos referidos a distintos países.

Constituyendo un gran avance respecto de Palermo, al tener en cuenta la perspectiva de derechos humanos, la cuestión de la explotación y la vertiente económica siguen ausentes en el enfoque del Convenio de Varsovia.

1.3. La Directiva 2011/36/UE y las Estrategias de la Unión Europea.

En el marco de la Unión Europea, la primera norma en esta materia fue la Decisión Marco del Consejo de 19 de julio de 2002, relativa a la Lucha contra la Trata de Seres Humanos (2002/629/JAI), cuya definición y enfoque coinciden sustancialmente con los de Palermo: persecución del delito en conexión con la delincuencia organizada.

La Decisión Marco fue derogada por la *Directiva 2011/36/UE* del Parlamento Europeo y del Consejo, de 5 de abril de 2011 relativa a la prevención y lucha contra la trata de seres humanos y a la protección de las víctimas. Esta Directiva incorpora una perspectiva más amplia, basada no sólo en la persecución del delito sino también en la prevención, la asistencia y la protección a las víctimas y la cooperación tanto entre las autoridades de los distintos Estados, como de estas con la sociedad civil. Incluye, además, otras formas de explotación: la mendicidad forzosa, entendida como trabajo forzoso; la explotación para realizar actividades delictivas; la finalidad de extracción de órganos como forma una de las formas de explotación constitutivas de trata, así como otras conductas como, por ejemplo, la adopción ilegal o los matrimonios forzados, en la medida en que concurran los elementos constitutivos de la trata de seres humanos.

Con la finalidad de apoyar la transposición y aplicación de la Directiva 2011/36/UE, se desarrolló la Estrategia de la UE para la erradicación de la trata de personas (2012-2016). Con ella, la Comisión Europea pretendía la elaboración de una política multidisciplinar y coherente para luchar contra la trata con la ayuda de los gobiernos, las organizaciones internacionales y la sociedad civil en la UE y en terceros países. Finalizada la Estrategia, la Comisión elaboró en 2017 un informe de seguimiento, que constata el fracaso en la estrategia de lucha contra la trata, a la vista de que el número de víctimas identificadas era extraordinariamente inferior a la dimensión real. Por ello se articulan una serie de prioridades troncales orientadas a la prevención de la trata de seres humanos: desarticular el modelo de negocio y romper la cadena de la trata; proporcionar un mejor acceso de las víctimas a sus derechos y a su ejercicio e intensificar una respuesta coordinada y consolidada, tanto dentro como fuera de la Unión.

El 14 de abril de 2021, la Comisión Europea adoptó la Estrategia Europea sobre la lucha contra la trata de seres humanos 2021-2025. Esta nueva Estrategia, vuelve a definir ámbitos prioritarios para abordar una acción eficaz contra la trata de seres humanos, centrados en la respuesta integral, la reducción de la demanda y la desarticulación del modelo de negocio, la protección de las víctimas y la cooperación internacional, entre otros.

Por tanto, en el ámbito de la Unión Europea se constata el fracaso de la estrategia seguida hasta el momento, se establece que la prevención ha de ser una prioridad transversal en el diseño de nuevas estrategias, insistiendo en la importancia de la desarticulación del modelo de negocio y en el papel de la demanda. Pero más allá de estas constataciones, tampoco las nuevas estrategias parecen enfocar el problema con claridad.

2. LA NECESIDAD DE IR MÁS ALLÁ DEL PROCESO DE LA TRATA: EXPLOTACIÓN, TRABAJO FORZOSO Y MODERNA ESCLAVITUD.

No voy a discutir que la trata de seres humanos, definida en los términos anteriores, constituye un delito muy grave relacionado con el crimen organizado, vinculado con otros delitos, y con una dimensión global. Pero el abordaje del complejo fenómeno en que la trata se enmarca nos obliga a ir mucho más lejos. En primer lugar, se vincula a gravísimas vulneraciones de derechos humanos: las víctimas de trata son instrumentalizadas, privadas de su dignidad, y convertidas en meros engranajes del sistema productivo con el solo propósito de obtener beneficios económicos. En segundo lugar, y en íntima conexión con lo anterior, la trata y, sobre todo, la explotación a ella vinculada constituyen un gigantesco negocio a nivel global. Y esta dimensión económica –frecuentemente ignorada– resulta esencial para abordar su regulación. Como resulta esencial superar la limitación del concepto de trata y abordar directamente la cuestión de la explotación. Porque hablamos mucho de trata, pero muy poco de explotación (que es la razón de ser de la trata de personas contemporánea), de condiciones laborales, de sistema económico y de otros factores indiscutiblemente asociados al fenómeno. Me voy a detener brevemente en estos conceptos.

2.1. La trata como proceso que no requiere la efectiva explotación.

A menudo se habla de la trata como la esclavitud del siglo XXI. Sin embargo, la definición legal de trata –introducida en el Protocolo de Palermo y reproducida esencialmente en otros instrumentos internacionales y en nuestro Código penal– no respalda esta concepción. Conforme a tal definición, la trata es un proceso mediante el cual las víctimas son reclutadas en su comunidad, utilizando engaño y/o alguna otra forma de coerción para persuadirlas y controlarlas, y trasladadas a otro lugar, con la finalidad de ser explotadas. La consumación del delito de trata, por tanto, exige tan solo la finalidad de explotación. La explotación misma, la «esclavización», queda fuera del concepto legal, no es un elemento del delito. En definitiva, lo que se define y criminaliza como trata es el proceso previo que conduce a la explotación y esclavización, no la explotación en sí, pese a que esta y el beneficio económico derivado de la misma constituye la razón de ser de ese proceso (Rodríguez Montañés, 2014; Carballo de la Riva, 2021, p.99ss., analizando en profundidad los conceptos de vieja y nueva esclavitud).

Los esfuerzos nacionales e internacionales para combatir la trata se han centrado en la persecución penal desde la perspectiva del crimen organizado de ese proceso (captación-traslado; medios; finalidad de explotación). Y lo que podemos aprender de la experiencia es que este enfoque es inadecuado e ineficaz para erradicarla. La cuestión clave no es el proceso de trata en sí mismo, sino la explotación y el beneficio económico que la misma reporta. Es imprescindible actuar también y simultáneamente en los escenarios donde la explotación se produce. Y este dato es clave para entender por qué estamos fracasando en la lucha contra la trata.

2.2. El limitado alcance de la finalidad de la explotación.

Por otra parte, la finalidad de explotación (con carácter general) es uno de los elementos definidores del concepto, pero ninguno de los instrumentos internacionales define en qué consiste la explotación, limitándose a ejemplificarla y a exigir que, como mínimo, incluya la explotación de la prostitución u otras formas de explotación sexual y los trabajos o servicios forzados (concepto que permitiría incluir, desde luego la explotación de la mendicidad, pero también la explotación para la realización de actividades delictivas e incluso la explotación de la prostitución), a lo que se añaden la extracción de órganos, supuesto que queda fuera del alcance de este estudio.

Lo que sí puede afirmarse es que la explotación que define la trata está íntimamente vinculada al concepto de trabajo forzoso tal y como aparece definido en los instrumentos internacionales. Un concepto cuyo denominador común es el sometimiento forzoso –bajo amenaza o coerción– a explotación: la imposición de cualquier trabajo, servicio o actividad en cualquier sector económico, regulado o no, lícito o ilícito, cuya prestación se exige a una persona en situación de dominación o ausencia de libertad de decisión para decidir prestarlo o para abandonarlo. Y que incluye la esclavitud y otras prácticas similares a la esclavitud, la servidumbre y la servidumbre por deudas (Rodríguez Montañés, 2014; Pomares 2022).

El Convenio núm. 29 sobre Trabajo Forzoso de la OIT de 1930 ya obligaba a los Estados que lo ratificaran a suprimir el empleo de trabajo forzoso en todas sus formas y manifestaciones. Y tanto el Protocolo de 11 de junio de 2014, relativo a dicho Convenio sobre el Trabajo Forzoso, como la Recomendación núm. 203 sobre trabajo forzoso, consagran la obligación de los Estados de tipificar penalmente y perseguir de forma eficaz el trabajo forzoso, así como de adoptar medidas orientadas a la prevención, la protección, la reparación e indemnización de las víctimas y la cooperación internacional. Entre las medidas a adoptar, se prevé el refuerzo del sistema de Inspección de Trabajo y otros servicios que protejan a quienes trabajan en condiciones de explotación y la adopción de medidas que adicionales para educar e informar a las personas y comunidades, orientadas a acabar con las prácticas abusivas. Dicho Protocolo fue ratificado por España en 2017 y entró en vigor el 20 de septiembre de 2018. En el año 2021 se aprobó el *Plan Nacional contra el trabajo forzoso* (Resolución de 20 de diciembre de 2021 de la Secretaría de Estado de Empleo y Economía Social), que supone un importante primer paso para poner fin al vacío normativo existente en nuestro país al respecto, pero aún insuficiente, puesto que no existe un delito de trabajo forzoso (Rodríguez Montañés, 2014; Pomares, 2022), cuya tipificación resulta imprescindible, así como la eficaz persecución del mismo y la asistencia y protección a las víctimas.

Más allá de esas actuaciones internacionales relativas a la supresión del trabajo forzoso y las formas contemporáneas de esclavitud –que se encuentra entre las metas del Objetivo de Desarrollo Sostenible (ODS) 8 de la Agenda 2030 para el Desarrollo Sostenible, adoptada en el seno de la Asamblea General de las Naciones Unidas– la finalidad de explotación laboral severa, incluso contraria a la dignidad, no se incluye en esos mínimos internacionales, por lo que no existirá trata si concurre el consentimiento del explotado en la prestación misma del servicio o actividad, aunque esta se preste en condiciones laborales de explotación, ilícitas o abusivas (Pomares, 2013, 2021; Rodríguez Montañés, 2014, p. 11; STS 298/2015, de 13 de mayo).

Hasta el momento se ha evitado en el debate sobre la trata la cuestión clave de la explotación, en buena medida porque ésta sucede más allá de los márgenes de tipificación penal de la trata, que como venimos señalando se conforma con la finalidad. En mi opinión, sin una preocupación y una actuación real a nivel global respecto de la explotación, la lucha contra la trata de seres humanos es sólo un slogan político. O, expresado en forma interrogativa: ¿Por qué insistimos en hablar de trata, cuando la cuestión clave es la explotación? Esta pregunta nos traslada al lugar donde la explotación se produce: el mercado, el mundo de los negocios y las empresas, grandes y pequeñas.

3. TRATA, EXPLOTACIÓN Y SISTEMA PRODUCTIVO.

3.1. Un problema sistémico.

Una perspectiva adecuada y eficaz en la lucha contra la trata no puede limitarse a lo estrictamente jurídico, sino que ha de ser mucho más amplia, y tomar en consideración el marco del sistema económico global en el que se produce y el hecho de que el proceso en que consiste la trata de seres humanos debe ser contemplado y abordado como un negocio. Resulta esencial analizar y abordar el papel que la trata y la moderna esclavitud desempeñan en la moderna economía global y el rol que desempeñan las empresas en su existencia (y no sólo las mafias del tráfico de personas) y el que podrían desempeñar en su prevención y erradicación.

El fenómeno que conocemos como trata va mucho más allá de un grupo de criminales y sus víctimas. La trata tiene que ver con la economía, el mundo de los negocios y el beneficio. Con un sistema productivo regido por la ley de la oferta y la demanda, lo que pone en conexión la existencia de trata y de esclavitud con la existencia de demanda de trabajo esclavo (por todos, Bales, 2008; Cyrus and Vogel, 2015; Carballo de la Riva, 2021, p. 158). Por tanto, tiene que ver con todos nosotros como sociedad demandante de bienes y servicios baratos y superfluos. Es un problema sistémico, de un sistema productivo basado en condiciones de trabajo injustas y en la explotación en el que todos participamos. Y este es un espejo en el que no nos gusta mirarnos. Por esta razón, desde hace muchos años vengo afirmando que abordar la trata de seres humanos de manera realista implica necesariamente realizar cambios profundos en los modelos de negocio y en nuestro sistema productivo; cambios radicales en nuestro sistema económico.

Esta aproximación parte del hecho de que en el origen del problema hablamos de una cuestión económica, de negocios. Y aquí deben diferenciarse dos tipos de negocios:

a) el negocio ilegal vinculado al delito de trata (el tráfico y la compraventa de seres humanos es un negocio en sí mismo; un negocio ilegal que genera beneficios mil millonarios, el segundo negocio ilegal más productivo); y

b) los negocios (legales) conectados con la trata en los que se produce la explotación y esclavización; esto es, la utilización del trabajo «esclavo» o «semiesclavo» en las cadenas de producción legales, en las empresas de todo el mundo.

3.2. Economía global, explotación y trabajo esclavo.

La explotación y el trabajo forzado suceden en el mercado laboral (formal e informal) y generan ingentes beneficios. Según el TIP Report 2024, más de 27 millones de personas son explotadas en trabajo, servicios y comercio sexual. Los datos que ofrece la OIT (2017) cifran en 24,9 millones de personas las víctimas de trabajo forzoso, de los cuales al menos 16 millones corresponden a la economía privada; 4,8 millones a la explotación sexual forzosa. El trabajo forzoso en la economía privada genera unos beneficios anuales de 150.000 millones de dólares al año. En definitiva, la economía global se sustenta en la explotación y en el trabajo esclavo de modo muy significativo.

La explotación laboral severa (en diversos grados cuyo máximo son el trabajo forzado y la esclavitud) existe en múltiples sectores productivos en todo el mundo, especialmente en los menos regulados y donde hay mayor precariedad: servicios sexuales, servicio doméstico, hostelería, agricultura, pesca, sector textil y moda, construcción...

Dado que la explotación sucede en el contexto laboral, en el mercado de trabajo formal e informal, resulta esencial involucrar al mundo de los negocios. Que las grandes y pequeñas empresas tomen conciencia del problema y se impliquen en su detección y erradicación de sus cadenas de producción, y que sean conscientes también de las consecuencias que puede acarrear el no hacerlo.

En definitiva, para abordar con seriedad el problema de la trata resulta imprescindible analizar la vinculación entre la trata y el mundo de los negocios (lo que vengo denominando *Business & Human Trafficking*), hablar de explotación y hablar de ella en el «lenguaje de los negocios». Incluso en la explotación sexual, porque un burdel es un negocio que funciona con parámetros empresariales. Ello supone cambiar la perspectiva radicalmente: en vez de centrarnos en la primera parte del proceso (el tráfico de personas para ser explotadas, la compraventa de seres humanos, que genera enormes beneficios en el mercado ilegal) mi propuesta es que debemos centrarnos en la explotación, que normalmente se lleva a cabo en el mundo de los negocios legales, en el mundo de la empresa. Y ello sucede de manera muy especial en las cadenas de producción deslocalizadas en terceros países con estándares muy laxos en cuanto a lo que se considera explotación, pero también en los países donde esas compañías tienen sus sedes sociales. Esto no es un problema sólo de grandes multinacionales, sino también de empresas pequeñas. No es un problema que se detecte sólo en los países del tercer mundo, sino también en los desarrollados, en el nuestro, en la puerta de al lado.

En esta línea merece la pena destacar que ya en el año 2015, la Agencia Europea de Derechos Fundamentales (FRA) presenta un informe con el título *Severe labour explotation: workers moving within or into the European Union. State´s obligations and victim´s rights* en el que incide, por primera vez, en la cuestión de la explotación como clave en la lucha real contra la moderna esclavitud y en la necesidad de afrontar el problema desde este ángulo y no necesariamente desde el de la trata. Y, más recientemente se ha pronunciado con toda claridad el Informe de la Relatora Especial sobre la trata de personas, Maria Grazia Giammarinaro, a la Asamblea General de la ONU (ONU 2020). En dicho informe se reconoce el carácter sistémico de la explotación: «En los dos últimos decenios ha quedado cada vez más claro que la trata, la esclavitud, el trabajo forzoso y otras formas de explotación son componentes sistémicos de las economías y los mercados de todo el mundo y deberían afrontarse principalmente como una cuestión de derechos humanos y justicia social»*(56)* y que la trata no puede abordarse sólo como un asunto penal, desde el caducado enfoque del Protocolo de Palermo: «Si bien las medidas gubernamentales contra la trata de personas en todo el mundo siguen en gran medida hundiendo sus raíces en un modelo de derecho penal, para abordar la dimensión laboral es necesario adoptar medidas mejores y más eficaces encaminadas a cambiar el modelo empresarial, hacer cumplir la legislación laboral y empoderar a los trabajadores para prevenir y erradicar la explotación» (57). Por lo cual se hace un llamamiento a la adopción de un nuevo modelo e incluso de un nuevo instrumento internacional, que supere Palermo e incorpore esa doble perspectiva, abordando las características estructurales de la explotación.

4. DILIGENCIA EMPRESARIAL, DERECHOS HUMANOS Y TRATA.

4.1. Negocios y derechos humanos.

Esta vinculación entre la trata y el mundo de los negocios debe enmarcarse en un contexto más amplio: el de la necesaria implicación de las empresas en la protección de los derechos humanos en el mundo de los negocios y la imposición de un deber de diligencia al respecto.

Conviene recordar aquí que en el año 2011 la Asamblea General de Naciones Unidas aprueba los principios rectores sobre negocios y derechos humanos (*Guiding Principles on Business and Human Rights: Implementing the United Nations «Protect, Respect and Remedy»*, ONU 2011) que imponen a las empresas, directamente desde el Derecho Internacional, el mismo rango de deberes de protección de los derechos humanos que el asumido por los Estados (proteger, respetar, reparar), vinculando el discurso de los derechos humanos al discurso empresarial y de los negocios. Estas directrices constituyen el marco de referencia para desarrollar posteriores normativas regionales y nacionales y han dado lugar a múltiples iniciativas empresariales, de carácter voluntario, orientadas a establecer mecanismos de vigilancia y a detectar riesgos.

En ese deber de diligencia en el respeto de los derechos humanos se inserta el específico deber de diligencia de las empresas en la lucha contra la trata y la moderna esclavitud, especialmente respecto de las cadenas de suministro deslocalizadas y la responsabilidad de las sociedades matrices. Un deber de diligencia que ha tratado de concretarse de muchas formas: medidas de autorregulación, el establecimiento de rankings de empresas libres de trata y esclavitud, programas de *compliance*, la genérica responsabilidad corporativa, la imposición de deberes de transparencia o de deberes de vigilancia.

4.2. Estrategias de actuación.

Las estrategias de actuación pueden clasificarse en tres grupos: imposición de deberes de transparencia; imposición de deberes de vigilancia y diligencia debida e imposición de sanciones administrativas o penales. Analizaremos a continuación, a modo de ejemplo, algunas de las normas que se han promulgado al respecto[4].

4.2.1. Imposición del deber de transparencia a las empresas, sin imposición de sanciones

a) EEUU

La Ley de Transparencia en las cadenas de suministro del Estado de California (*California Transparency in Supply Chains Act)* del año 2010 es la primera norma que impone una obligación empresarial de transparencia. El espíritu de la ley se inspira en la idea de que pueden erradicarse las actuaciones empresariales contrarias a los derechos humanos (y en concreto la trata y la esclavitud) apelando al mercado, a través de las «sanciones de mercado».

Las empresas que desarrollen su actividad en California y cuyos ingresos brutos sean superiores a US$ 100 millones tienen la obligación de presentar un informe, que deben divulgar en su sitio web, en el que se especifiquen las medidas adoptadas para evaluar los riesgos y combatir la trata y la esclavitud en sus cadenas de suministro. Entre las medidas a adoptar están la realización de auditorías, la certificación de trazabilidad de los materiales, procedimientos de responsabilidad para empleados o contratistas que incumplan las obligaciones o el establecimiento de capacitaciones.

El principal problema de esta norma es que ni impone la adopción de medidas preventivas (se cumple con la mera divulgación de las actuaciones, sean las que sean), ni establece ningún tipo de sanción para el incumplimiento. Por sus caren-

---

4 Para una más amplia exposición y análisis crítico de esta normativa y de las estrategias de actuación, vd. Mongillo (2019) y Guaman (2022). También, García Sedano (2022).

cias, su ineficacia y por el uso que han hecho de la misma las empresas transnacionales (que la han utilizado como estrategia de publicidad y legitimación ante la opinión pública), la ley ha recibido numerosísimas críticas.

Al margen de la ley de California, existen también normas de ámbito federal. Entre otras, en el año 2012 se promulgó la *Executive Order 13627 Strengthening Protections Against Trafficking in Persons in Federal Contracts,* que obliga a las empresas que tengan contratos con el gobierno por un importe superior a $500,000 a tener un programa de *compliance* específicamente diseñado para ellas y a aportar la correspondiente certificación. Con esta ley el Gobierno federal pretende asegurar que todas las empresas o sus sucursales o agencias tengan cadenas de suministros libres de trata de seres humanos. El incumplimiento de sus prescripciones implica la pérdida de contratos con el Gobierno, así como la responsabilidad civil y penal, junto al eventual boicot por parte de los consumidores y la publicidad negativa que ello representa. A partir de la promulgación de esta ley, muchas empresas, incluso las que no están legalmente obligadas, están adoptando una actitud proactiva en la lucha contra la trata y la esclavitud, e importantes despachos de abogados comienzan a ofrecer programas de *compliance,* que incluyen el desarrollo de manuales de política corporativa, la expedición de certificados para el primer contratista, las subcontratas y las filiales; desarrollo de programas de formación para empleados y subcontratistas; realización de auditorías para ayudar a las empresas a cumplir con la nueva regulación y revisión de los planes y políticas.

En el año 2018 se aprobó una ley federal de transparencia en la cadena de suministro (*Business Supply Chain Transparency on Trafficking and Slavery Act*). Esta norma es más específica en cuanto a la información a suministrar por las empresas, a la obligación de identificar riesgos y adoptar medidas para eliminarlos; los sistemas de evaluación empleados o la concreción de los esfuerzos de la empresa matriz para garantizar la limpieza de la cadena de suministro y el control de los proveedores. Pero tampoco aquí se establecen sanciones específicas (más allá de la eventual responsabilidad civil y penal genérica) y su espíritu es el mismo que el de la ley californiana: confiar en el eventual boicot por parte de los consumidores y la publicidad negativa.

Por último, existen leyes federales que sí establecen algún tipo de sanción. Por ejemplo, la Ley de reautorización de la protección de las víctimas de la trata de personas de 2003 (*Trafficking Victims Protection Reauthorization Act)* o la Ley de protección a víctimas de la trata de personas de 2005 (*Trafficking Victims Protection Reauthorization Act)* establecen la rescisión de los contratos federales cuando un contratista o subcontratista federal participe en trata de seres humanos, o utilice trabajo forzado en la ejecución de la subvención, contrato o acuerdo cooperativo. Esta última ley prevé también la elaboración de una lista pública de aquellos bienes que se considere que han sido producidos por trabajo forzado o trabajo infantil así como la adopción de medidas tendentes a asegurar que los mencionados productos no son importados a Estados Unidos.

Otra norma que prohíbe la importación de productos derivados de trabajo esclavo es la Ley de Reautorización de simplificación aduanera y de aplicación de medidas comerciales de 2009 (*Customs Facilitation and Trade Enforcement Reauthorization Act*), que prevé como sanción multas cuyo importe se calcula en proporción al valor de los bienes importados.

b) Reino Unido

En el año 2015, Reino Unido fue el primer país en aprobar una ley nacional contra la moderna esclavitud (*Modern Slavery Act*). En dicha regulación, y al margen de otras muchas prescripciones, se introduce la imposición de un deber de transparencia en las cadenas de suministro. Todas las empresas cuya facturación alcance los 36 millones de libras y tengan su sede social o desarrollen su actividad en Reino Unido tienen la obligación de publicar, en cada ejercicio fiscal, una declaración sobre las medidas adoptadas para garantizar que en sus cadenas de suministro o actividad no existe moderna esclavitud. Aunque el incumplimiento es exigible ante los Tribunales, en un procedimiento civil, no se establecen sanciones específicas y la única exigencia de la ley es la transparencia: se cumple el deber con presentar la declaración.

c) Australia

La *Modern Slavery Bill* (2018), claramente influenciada por la ley inglesa, obliga a las empresas y otras organizaciones con ingresos consolidados de 100 millones a presentar anualmente informes sobre los riesgos de la esclavitud moderna en sus operaciones y cadenas de suministro, así como acerca de las medidas adoptadas para evaluar y abordar esos riesgos y la efectividad de su respuesta. La Ley crea un registro administrativo de entidades informantes en el que se documentan las declaraciones recibidas. Una de las principales novedades es la introducción de controles en la contratación pública. Sin embargo, y al igual que sus precedentes, la ausencia de sanciones ante el incumplimiento pone en cuestión la efectividad de la norma.

4.2.2. Imposición de deberes de diligencia y de algún tipo de responsabilidad o sanciones.

a) Francia

La Ley 2017-399, de 27 de marzo de 2017 sobre el deber de vigilancia de las empresas matrices y subcontratantes (*Loi relative au devoir de vigilance des sociétés mères et des entreprises donneuses d'ordre*) supone un importante avance en la dirección correcta, pues impone no sólo un deber formal de transparencia, sino también un deber material de debida diligencia que se concreta en la obligación de presentar anualmente un «plan de vigilancia» como mecanismo preventivo de posibles violaciones graves de derechos humanos. El plan debe incluir una serie de medidas de vigilancia razonables, orientadas a identificar los riesgos y prevenir violaciones graves de derechos humanos. Es obligatoria la publicación tanto de su contenido como de los resultados de su aplicación efectiva.

El ámbito subjetivo de aplicación de dicho plan se extiende no sólo a la empresa matriz y a las filiales directas e indirectas, proveedores y subcontratistas con al menos 5.000 asalariados en Francia o 10.000 entre la matriz y las filiales, con domicilio social en Francia o en el extranjero.

La norma establece mecanismos para asegurar su cumplimiento: En primer lugar, y con carácter preventivo, se prevé el requerimiento directo a la empresa cuando el plan de vigilancia sea inexistente, incompleto o inadecuado y la acción judicial transcurridos tres meses sin respuesta efectiva de la empresa. En segundo lugar, y aquí se establece una diferencia fundamental con el anterior modelo, la ley otorga a las víctimas y los legítimamente interesados la posibilidad de reparación por parte de las empresas y prevé la posibilidad de petición de indemnización por daños y perjuicios. Esto permite que cualquier persona interesada demande ante un Tribunal francés y con aplicación de la ley francesa a una empresa que cometa una violación fuera de Francia (en su cadena de suministro) vinculada a un incumplimiento dentro de Francia (la infracción de las previsiones de vigilancia). Una responsabilidad civil que permite al juez imponer multas de hasta 30 millones de euros y ordenar la publicación de su decisión, lo que añade una «sanción de mercado» y un menoscabo de la imagen empresarial o de marca. Como señala Guamán (2022), la ley vincula el deber de vigilancia y la responsabilidad civil de las empresas por daños cometidos dentro de su cadena, lo que constituye una de sus principales aportaciones.

La ley francesa ha sido objeto de críticas por su escasa ambición (sólo afecta a unas 265 grandes compañías), su defectuosa implementación (en 2021 casi un 30% de ellas no habían publicado el plan, entre ellas algunos gigantes de la economía francesa), por hacer recaer la carga de la prueba sobre las víctimas y por la inexigibilidad de garantizar los resultados, ya que se cumple con acreditar que se ha hecho todo lo posible para evitar el daño. No obstante, y pese a sus deficiencias, supone un punto de inflexión que pone en marcha un proceso del establecimiento de deberes de las empresas en materia de derechos humanos a nivel global, y que ha inspirado el proceso de la elaboración de la nueva Directiva europea y de un nuevo modelo empresarial europeo.

b) Alemania

En Alemania, la Ley sobre diligencia debida corporativa en las cadenas de suministro (*Gesetz über die unternehmerischen Sorgfaltspflichten in Lieferketten*) de 2021 establece un deber empresarial de diligencia debida en materia de derechos humanos, que incumbe a las empresas de más de 3000 trabajadores. En concreto, se establecen nueve tipos de obligaciones: establecer un sistema de riesgos; designar persona responsable; análisis regular de riesgos; publicar una declaración sobre la política de la compañía; establecer medidas preventivas en su área de negocios y con sus proveedores directos; articular acciones de reparación; establecer procedimientos internos de queja; implementar mecanismos de diligencia debida en relación con los proveedores indirectos; documentar e informar todo lo anterior.

Las empresas deben emitir una declaración sobre su estrategia de derechos humanos y elaborar un informe anual sobre el cumplimiento de sus obligaciones de diligencia debida, que deben publicar en su web. También están obligadas a establecer un mecanismo interno de quejas, que permita la notificación tanto de riesgos como de violaciones de derechos humanos en cualquier eslabón de la cadena, todas las notificaciones deben ser consideradas. Se otorga un importante papel de los sindicatos y las ONG, a las que cualquier afectado puede otorgar la capacidad para demandar. Finalmente, establece un catálogo de infracciones y sanciones, que van desde la prohibición de contratación con el sector público a multas económicas.

c) Unión Europea

En la Unión Europea existían regulaciones parciales referidas a ciertos objetos o productos, que establecían obligaciones de diligencia debida para las empresas. Entre otras, el Reglamento (UE) nº 995/2010 del Parlamento Europeo y del Consejo de 20 de octubre de 2010, respecto de la comercialización de madera y productos de la madera (que exigía el control de la trazabilidad y procedimientos de evaluación de riesgo que permitan al agente analizar y evaluar el riesgo de comercialización de madera aprovechada ilegalmente o de productos derivados de esa madera) o el Reglamento (UE) 2017/821 del Parlamento Europeo y del Consejo de 17 de mayo de 2017, aplicable a los importadores de la Unión de estaño, tantalio y wolframio, sus minerales y oro originarios de zonas de conflicto o de alto riesgo (García Sedano, 2022, 221s).

Pero sin duda, la reciente aprobación –tras larguísimos debates y retrasos– de la Directiva EU 2024/1760 del Parlamento Europeo y del Consejo, de 13 de junio de 2024, sobre diligencia debida de las empresas en materia de sostenibilidad, (CSDDD en sus siglas en inglés)[5] constituye un hito fundamental en la exigencia de responsabilidad respecto de los derechos humanos y el medioambiente, puesto que se imponen una serie de obligaciones de diligencia debida, de carácter vinculante, que afectarán a miles de empresas en la Unión Europea y más allá de sus fronteras, con un enfoque basado en el riesgo.

La Directiva tiene por objeto garantizar que las empresas contribuyan al desarrollo sostenible y a la transición hacia la sostenibilidad de las economías y las sociedades mediante la

---

5 En profundidad sobre la Directiva, Ortiz-Arce Vizcarro (2024).

detección y, cuando sea necesario, la prevención, mitigación, eliminación, minimización y reparación de los efectos adversos reales o potenciales para los derechos humanos y el medio ambiente relacionados con las propias operaciones de las empresas, las de sus filiales y sus socios comerciales en las cadenas de suministro, así como la garantía de que los afectados por el incumplimiento de este deber tengan acceso a la justicia y a vías de recurso.

La aplicación de la CSDDD afectará, según las primeras estimaciones afectará al menos a unas 5000 grandes empresas, tanto de la Unión Europea como de terceros países con actividades en la UE. A las pequeñas y medianas empresas (pymes) no se les aplica directamente la norma, aunque se verán afectadas como parte de la cadena de suministro de las empresas obligadas.

¿Cuáles son las obligaciones de las empresas? Contar con una política de diligencia debida integrada en la política y sistema de gestión de riesgos; detección y evaluación de los efectos adversos, reales o potenciales, en los derechos humanos y el medioambiente, priorizando los efectos adversos detectados; prevenir los efectos negativos potenciales y mitigar o eliminar los posibles efectos negativos reales; establecer y mantener un procedimiento de reclamación frente a los efectos negativos reales; supervisar la eficacia de la estrategia y las medidas de diligencia debida, mediante evaluaciones periódicas; comunicar públicamente su actuación en materia de diligencia debida, mediante la publicación en su sitio web de una declaración anual, que a partir de 2029 deberá ser accesible también en el punto de acceso único europeo.

El art. 27 prevé que los Estados miembros establecerán el régimen de sanciones, incluidas sanciones pecuniarias, cuyo límite máximo no será inferior al 5 % del volumen de negocios mundial neto de la empresa en el ejercicio financiero anterior a la decisión de imponer la sanción. Además, se obliga a los

Estados a velar por la exigencia de responsabilidad civil a las empresas responsables de los daños causados a personas físicas o jurídicas, derivados del incumplimiento de lo previsto en la Directiva, si bien afirmando que «una empresa no podrá ser considerada responsable cuando el daño haya sido causado únicamente por sus socios comerciales en su cadena de actividades» (art.29), lo que limita drásticamente la exigencia de responsabilidad civil en la cadena de suministro.

Por último, cabe destacar la que los Estados están obligados a trasponer la Directiva al derecho nacional en el plazo de dos años y que a más tardar el 26 de julio de 2030 y posteriormente cada tres años, la Comisión presentará un informe al Parlamento Europeo y al Consejo sobre la aplicación de la presente Directiva y sobre su eficacia por lo que respecta a alcanzar sus objetivos, en particular hacer frente a los efectos adversos.

4.3. Valoración y propuestas de actuación.

Las medidas adoptadas hasta el momento en cuanto al deber de diligencia empresarial se han manifestado insuficientes.

a) Muchas de ellas son iniciativas voluntarias claramente ineficaces por sí solas, porque no modifican el comportamiento empresarial ni se implementan suficientemente. La autorregulación voluntaria de las empresas no cambiará nada, porque las cadenas de producción son opacas, se bifurcan en interminables contratas y subcontratas que hacen imposible la exigencia de responsabilidad corporativa. Sin embargo, las medidas de autorregulación no deben descartarse por completo, sino combinarse inteligentemente con medidas vinculantes, como señala la Relatora Especial Gianmarinaro (ONU 2020, 10).

b) Por otra parte, las leyes de transparencia promulgadas por diversos países, aunque tuvieron el mérito de subrayar el papel de las empresas en la prevención y lucha contra la trata y las formas contemporáneas de esclavitud, se han demostrado también ineficaces, fundamentalmente por la dificultad para hacerlas cumplir (ONU 2020, 8, 49).

c) Muchas de las estrategias adoptadas comportan riesgos en la medida en que consagran estándares meramente formales, que pueden tener un efecto contraproducente: los esfuerzos de las empresas se vuelcan en el cumplimiento de los estándares formales del deber de diligencia (presentar informes, realizar auditorías, o tener códigos de conducta y programas de *compliance*) y no en los aspectos sustanciales: garantizar condiciones de trabajo dignas en sus cadenas de suministro. Porque hablar de explotación y de condiciones de trabajo decente es clave para erradicar la trata y la moderna esclavitud, como veremos a continuación.

d) La legislación que impone la debida diligencia corporativa, iniciada por la ley francesa, representa un modelo mucho más avanzado, en la medida en que no se limita a la presentación de informes, sino que obliga a la detección y tratamiento de los riesgos e impone responsabilidad a las empresas por los daños en caso de incumplimiento de su obligación. Así lo destaca también la Relatora Gianmarinaro (ONU 2020, 49), recomendando a los Estados que promulguen leyes en esa línea, pero también que vayan más allá y exijan a las empresas no sólo planes de prevención de los riesgos, sino también resultados concretos y verificables (68). Y ello porque el cambio sistémico «sólo puede lograrse si los programas de cumplimiento social de las empresas se traducen en un cambio profundo de las políticas y prácticas empresariales en materia de abastecimiento y adquisiciones. Si bien, por un lado, las empresas siguen informando sobre las iniciativas, lo que les permite cumplir con la legislación actual en materia de transparencia, por el otro, siguen practicando un modelo de negocio en el que se hace caso omiso de la explotación laboral. Un programa de cumplimiento social de una empresa no puede existir independientemente en un compartimento estanco, aislado de otras decisiones de la empresa. Por el contrario, debe estar incorporado en todas y cada una de ellas, y el respeto de la normativa laboral básica debe constituir un componente clave en la adopción de decisiones» (11). Por ello en las Recomendaciones se afirma que la obligación de actuar con diligencia debida de las empresas, debe ampliarse y exigir, especialmente a las compañías matrices con grandes cadenas de suministro, que cambien su modelo de negocio e integren la protección de la normativa laboral en sus planes de negocio ordinarios, incluso en las relaciones con sus proveedores y prestadores de servicios (69).

En definitiva, para que las empresas respeten los derechos humanos y la dignidad de sus empleados no es suficiente un enfoque de derechos humanos o una amenaza penal que, *de facto,* es ineficaz puesto que no hay persecución penal. Es necesario que exista legislación vinculante y sanciones, y sería necesario que ello se hiciera a nivel global. Ha de vincularse el discurso de los derechos humanos al discurso o lenguaje empresarial y de los negocios. Los abusos han de tener consecuencias «de negocio»: en los beneficios, los mercados, la publicidad negativa, las listas negras de empresas, compañías a las que les esté vetado contratar con el Estado; Estados a los que se incentive económicamente y con inversiones para que persigan eficazmente la explotación; incentivos económicos a las empresas en el mismo sentido. Esto es plantear el problema en el mundo de los negocios y hablar el lenguaje de los negocios.

En primer lugar, deben implementarse sistemas de incentivos, que alienten a las empresas a cumplir con sus deberes de vigilancia, premiando a aquellas que garanticen un trabajo decente en las cadenas de suministro. Entre otros:

- Distintivos empresariales para aquellas empresas que adecuen su estructura y funcionamiento a las exigencias del deber de vigilancia, que pueden comportar beneficios comerciales o fiscales, además del beneficio para la imagen de la empresa.
- Beneficios comerciales y trato comercial preferencial, por ejemplo en la contratación pública, a aquellas empresas con un compromiso real en la erradicación de la trata y la garantía de condiciones laborales dignas.

Por otra parte, hay que articular mecanismos que penalicen a las empresas por beneficiarse de la explotación. Por ejemplo:

- Prohibición de contratar con el Estado. Como señala el Relatora Gianmarinaro (ONU, 2020, 9) «los Gobiernos (en los planos local, estatal y nacional) disponen de un enorme poder para regular los mercados mediante sus propias políticas de adquisición», por lo que insta a que en las políticas de contratación pública se habiliten mecanismos para evaluar que los licitadores cumplan con sus obligaciones en lo relativo al respeto de la legislación laboral y las prácticas éticas de contratación y demuestren resultados.
- Prohibición de comercialización de bienes producidos en cadenas no limpias de esclavización.
- Prohibiciones a empresas de operar en un Estado o de comercializar sus productos.
- Multas y otras sanciones económicas efectivas. En este punto, resulta esencial la efectiva persecución de los incumplimientos y aplicación de las sanciones, lo que requiere la formación de personal especializado y la articulación de procedimientos de inspección y control.
- Eventualmente, podría ser eficaz la exigencia de responsabilidad penal corporativa, que permita atribuir a la empre-

sa matriz los delitos cometidos por subcontratistas y filiales (entre otros; Mongillo, 2019; Pérez Cepeda, 2019; Nieto Martín, 2020). La articulación de dicha responsabilidad penal no es fácil y exigiría importantes modificaciones en conceptos como la noción de entidad colectiva responsable (que incluya a las entidades que dependen económicamente o de facto de la matriz); expandir la categoría de *trigger person* o personas que pueden activar la responsabilidad de la cadena por no evitar delitos cometidos por la persona asociada; tipificar como delito el uso consciente de bienes o suministros contaminados por la violación de derechos humanos (en la línea de la Directiva 36/2011) y, sobre todo, la existencia de una acción conjunta internacional que garantice la eficacia de las soluciones y desaliente a las empresas de la cadena de suministro (Mongillo, 2019).

5. DERECHOS LABORALES Y TRABAJO DECENTE: ESA ES LA CLAVE

5.1. Prevención: trabajo decente.

Hablar de explotación y de condiciones de trabajo decente es imprescindible para erradicar la trata y la moderna esclavitud. Así lo vienen poniendo de manifiesto, como antes señalamos, diversos organismos e informes internacionales: la Agencia Europea (FRA, 2015), la OIT en el Protocolo de 2014 a la Convención de trabajo forzado de 1930 (que establece un nuevo estándar internacional sobre el trabajo forzado) y la Relatora Gianmarinaro (ONU 2020, 12) cuando afirma que «un elemento clave de cualquier plan nacional para la eliminación de la trata, en particular la trata como forma de explotación grave en el contexto de las operaciones comerciales, es el respeto y la aplicación de los principios y derechos fundamentales en el trabajo». Y entre las Recomendaciones de su informe se incluye la siguiente: «Los Estados deberían reforzar la legislación sobre los derechos laborales y velar por su aplicación, entre otras cosas mejorando y financiando adecuadamente las inspecciones de trabajo» (ONU 2020, 67). También el TIP 2024, incluye una sección específica referida a la prevención del trabajo forzado mediante el empoderamiento de los trabajadores *(Connecting the Dots: Preventing Forced Labor by Empowering Workers).*

5.2. Derechos laborales: estándares mínimos.

Ahora bien, para asegurar condiciones de trabajo decente resulta esencial el reconocimiento y la protección de los derechos laborales a nivel global. Esencial para evitar la explotación y asegurar condiciones de trabajo decente es el reconocimiento y la protección de derechos laborales, conforme a unos estándares internacionales de mínimos, que deberían incluir:

- Salarios dignos.
- Evitar trato discriminatorio, en especial a los trabajadores migrantes y mujeres.
- Extender la protección social a todos los trabajadores.
- Garantizar la libertad de asociación de los trabajadores.
- Garantizar la existencia de mecanismos de reclamación ágiles y accesibles.

Y mecanismos para velar por el respeto de esos mínimos:

- Ampliar el mandato y los recursos de los inspectores de trabajo.
- Incrementar las inspecciones de trabajo.
- Imponer transparencia en las cadenas de suministro y la responsabilidad de las matrices referida también al respeto de esos mínimos de trabajo decente.

- Facilitar el acceso a los mecanismos de queja, proporcionando asistencia legal a los trabajadores.

6. CONCLUSIÓN.

La clave para tener éxito en la lucha contra la trata es una preocupación real y la adopción de medidas eficaces a nivel internacional para luchar contra la explotación laboral y la esclavización.

Erradicar la trata y la moderna esclavitud, si nos lo tomamos en serio, exige crear conciencia social acerca de la auténtica dimensión e implicaciones del fenómeno en nuestra economía y en nuestra vida cotidiana, en nuestros hábitos de consumo. Exige cambios radicales de modelo de negocio y de modelo productivo; cambios radicales en nuestro sistema económico. Exige sensibilización, prevención y actuación en sector privado y empresarial. Exige la adopción de medidas reales para afrontar, a nivel global, la explotación y la esclavización. Exige la protección de los derechos laborales y la garantía de condiciones de trabajo decente mediante el establecimiento de estándares mínimos internaciones.

Y de ello apenas se habla cuando hablamos de trata.

Bibliografía

Bales, K. (2008). *Ending Slavery: How to Free Today´s Slaves,* Berkley: University of California Press.

Carballo de la Riva, M. (2021). *Explotación, esclavitud y trata de seres humanos.* Valencia: Tirant lo Blanch.

Cyrus N. and Vogel D. (2015). *Demands Arguments in Debates on Trafficking in Human Beings: Using an historical and economic approach to achieve conceptual clarification,* DemandAT Working Paper N°2.

European Union Agency for Fundamental Rights (FRA) (2015). *Severe labour exploitation: workers moving within or into the European Union.*

State´s obligations and victim´s rights. Luxembourg: Publications of the European Union.

García Sedano, T. (2022). Diligencia debida y modelos de política criminal en la lucha contra las formas contemporáneas de esclavitud. Eunomia. *Cultura de la Legalidad,* 22, 210-229.

Guamán Hernández, A. (2022). Diligencia debida en derechos humanos: análisis crítico de los principales marcos normativos estatales. *Trabajo y Derecho,* 87.

Hava García, E. (2006). Trata de personas, prostitución y políticas migratorias. *Estudios penales y criminológicos,* 26, 81-124.

Mongillo V., (2019). Forced Labour e sfruttamento lavorativo nella catena di fornitura dell'imprese: strategie global di prevenzione e reppresione. *Revista trimestrale di Diritto penale dell'economia,* (3-4), 630-675.

Nieto Martín, A. (2020). Hacia un Derecho penal económico europeo de los Derechos humanos. *InDret* 3, 137-172.

OIT (Organización Internacional del Trabajo), (2001). *Las normas internacionales del trabajo. Un enfoque global.* Lima: OIT

(OIT) (2014). *Trabajo forzoso, datos y cifras.* Geneva: OIT.

(OIT) (2017). *Estimaciones mundiales sobre la esclavitud moderna: Trabajo forzoso y matrimonio forzoso.* Ginebra: OIT.

ONU-Asamblea General (2011), *Report of the Special Representative of the Secretary- General on the issue of human rights and transnational corporations and other business enterprises, John Ruggie. Guiding Principles on Business and Human Rights: Implementing the United Nations «Protect, Respect and Remedy» Framework.* (A/HRC/17/31).

ONU-Asamblea General (2020), *Informe de la Relatora Especial sobre la trata de personas, Maria Grazia Giammarinaro, a la Asamblea General* (A/75/169).

ONU- United Nations Office on Drugs and Crime (UNODC) (2022). *Global Report on Trafficking in Persons.* Viena: UNODC.

Ortiz-Arce Vizcarro, S. (2024). Nuevos horizontes para la UE en la Directiva Due Diligence: derechos humanos, medio ambiente y rendición de cuentas corporativa en las cadenas de valor. *Revista Española de Empresas y Derechos Humanos,* 3,145-165.

Pérez Cepeda, A. (2004). *Globalización, tráfico internacional ilícito de personas y Derecho penal.* Granada: Comares.

Pérez Cepeda, A. (2019). Hacia el final de la impunidad de las empresas transnacionales por violación de Derechos Humanos. *Revista Penal,* 44, 126-146.

Pomares Cintas, E. (2013). *El Derecho penal ante la explotación laboral y otras formas de violencia en el trabajo.* Valencia: Tirant Monografías.

Pomares Cintas, E. (2020). La prostitución, rehén permanente del discurso de la trata de personas, RELIES. *Revista del Laboratorio Iberoamericano para el Estudio Sociohistórico de las Sexualidades,* 4, 173-191.

Pomares Cintas, E. (2021). Delito de Trata de Seres Humanos. En, (Álvarez García, Dir.), *Tratado de Derecho Penal Español. Parte Especial (I).* 3ª Ed. Valencia: Tirant Lo Blanch.

Pomares Cintas, E. (2022). ¿Es anecdótico el trabajo esclavo en España? A propósito del Plan de Acción Nacional contra el trabajo forzoso y las víctimas olvidadas. *Estudios Penales y Criminológicos,* 42, 1-36.

Rodríguez Montañés, T. (2014). *Trata de seres humanos y explotación laboral,* La Ley Penal núm 109.

Rodríguez Montañés, T. (2022). *Trata, explotación sexual y prostitución: delimitaciones conceptuales imprescindibles para el diseño de políticas públicas.* En Periago Morant (Dir.), *La prostitución en la Comunidad Valenciana: Un enfoque abolicionista* (p. 203-226). Valencia: Tirant lo Blanch.

USA Department of State, (2024). *Trafficking in Persons Report* (TIP).

Villacampa Estiarte, C. (2011). *El delito de trata de seres humanos. Una incriminación dictada desde el Derecho Internacional.* Cizur Menor: Aranzadi.

Capítulo 2.

CONVERSACIONES SOBRE EXPLOTACIÓN Y TRATA DE SERES HUMANOS (TSH). ¿QUÉ HEMOS APRENDIDO SOBRE LA TRATA? PRECISIONES CONCEPTUALES, ESTADO DE LA CUESTIÓN Y TAREAS PENDIENTES

MARTA CARBALLO DE LA RIVA
Investigadora y Consultora Internacional

¿Qué hemos aprendido sobre la trata? La pregunta en sí es provocadora, sobre todo en el contexto actual, donde parece que aprender, aprender … no hemos aprendido demasiado como sociedades, como seres humanos. Son muchos los días que me parece estar en una época oscura, feudal, medieval, colonial, donde los ecos de las práxis pasadas reverberan y se encarnan de nuevo en este presente. Sin ser agorera, ni negativa, más bien siendo realista, hay que reconocer las repeticiones, las representaciones novedosas que en realidad no son otra cosa que representaciones vetustas para aprender del devenir y de los procesos.

Por tanto, utilizaré estas páginas para reflexionar brevemente sobre la realidad que nos ocupa, no desde lo jurídico, para eso me acompañan en este viaje otras magníficas profesionales, sino desde el curso de la historia. Una historia entendida no desde el acontecimiento y lo individual, sino desde los procesos, las estructuras sociales, las dimensiones complejas e inter relacionadas de la misma: geográfica, social, cultural, económica, psicológica, etc. La complejidad histórica y la multidimensionalidad del cambio social como conceptos clave para abordar la pregunta que ocupa esta reflexión.

La explotación, la esclavitud, la trata de seres humanos, son elementos presentes a lo largo de la historia de la humanidad, podemos decir inherentes a los tiempos largos. Y es que si analizamos la trata de seres humanos a través de las categorías tradicionales de la historia *–el tiempo, el espacio, la duración, la coyuntura y la causalidad–*, observamos como esta permanece. Por tanto, os propongo descentrar vuestro pensamiento para acercaros a la trata de seres humanos desde estas reflexiones.

1. EL TIEMPO

Me refiero al tiempo histórico, no al físico. Al tiempo vivido, cincelado por acontecimientos políticos, económicos, sociales, medioambientales, culturales, etc. *El tiempo de la historia, realidad concreta y viva abandonada a su impulso irreversible, es el plasma mismo en que se bañan los fenómenos y algo así como el lugar de su inteligibilidad* (Bloch, 2000, p. 31).

Un tiempo donde se reconocen distintos niveles, a saber, el tiempo de larga duración (el de las estructuras), la coyuntura o tiempo medio (lo intermedio, cambios perceptibles), y el tiempo de corta duración (lo inmediato, los acontecimientos).

La perspectiva temporal como característica del estudio de la experiencia humana como nos sugería Braudel (1968, p.123). La cuestión del largo plazo, la *longue durée*, nos permite mirar a lo lejos, tan necesario en el momento actual. Mirar, estudiar, analizar, legislar, juzgar, abordar, etc., la trata de seres humanos desde el corto plazo tiene consecuencias en el abordaje y en la erradicación de la misma. Quizá esta sea para mí la gran cuestión a tratar, ya que la estructura queda como algo ajeno a la TSH. No sólo las tesis de las primeras generaciones de los Annales[1] (Bloch y Lebvre 1929, Braudel, 1945) son de rabiosa actualidad, también encontramos ecos y demandas en las propuestas de Giuldi y Armitage (2014), y en los análisis sobre complejidad aplicables al tiempo histórico (*deep and big history*) en esa canción de tres tempos o niveles –el tiempo largo, el medio y el corto– en los que la trata debe ubicarse. En este sentido Armitage y Giuldi señalan con acierto que un espectro está dando caza a nuestro tiempo, es el espectro del tiempo corto, de la inmediatez que caracteriza la ausencia de pensamiento de largo recorrido (2014, p.2).

Según Braudel existe un tiempo de los acontecimientos de corta duración, un tiempo de las coyunturas o tiempo medio y un tiempo largo de estructuras (Carballo, 2021). El tiempo corto responde a los acontecimientos inmediatos (la invasión de Ukrania, la firma del Protocolo de Palermo, etc.), el tiempo

---

1 La Escuela de los Annales es una de las corrientes de pensamiento histórico más importantes del siglo XX. También llamada «corriente historiográfica francesa» ya que comporta cuatro momentos diferenciados desde su creación. Los primeros Annales se caracterizan por su enfoque económico y social creados por Marc Bloch y Lucien Le Fevbre serán –el tiempo de los fundadores– denominados Annales de historia económica y social. Los segundos Annales, con Braudel a la cabeza, continuarán la línea de Bloch y Febvre, coincidiendo con su máximo esplendor –los años de Braudel–. Los denominados terceros Annales, suponen una ruptura con el enfoque económico y social, quedando este relegado por el estudio de aspectos ideológicos (ideas y cultura), por la historia de las mentalidades, una especie de antropología histórica. Los cuartos Annales rompen con la historia de las mentalidades y tratan de integrar y revisitar conceptos que aparecen en las primeras generaciones para dar respuestas a la realidad actual.

medio o de coyuntura[2] hace alusión a los procesos, a un tiempo de fenómenos repetidos o que perduran durante los años (la desigualdad y la pobreza, los ciclos económicos, los cambios generacionales) y el tiempo de las estructuras o de larga duración histórica se vincula a realidades que persisten a lo largo del devenir de la historia y de los procesos de la humanidad (ensamblajes y andamiajes de larga permanencia como por ejemplo el sistema capitalista). En los llamados tiempos medios y cortos es donde encontramos el grueso de los abordajes tradicionales contra la TSH en forma de legislación, campañas, etc., ya que es en las coyunturas y los acontecimientos donde los actores son los sujetos individuales[3].

2. DURACIÓN, ESPACIO

El espacio, entender la realidad a la que nos aproximamos desde extensiones cada vez mayores, que transgreden la lógica del Estado-nación impuesta desde el siglo XIX, es la mirada de la historia transnacional y la historia global. Parece de nuevo que nos encontramos en un momento donde la contribución de la historia como ciencia humana y disciplina, pasa desapercibida a favor de otras y sus enfoques, y más que nunca la oposición entre el instante y el tiempo que fluye lentamente resulta imprescindible. La existencia de trata de seres humanos está presente en la *longue durée* y en las escalas de tiempo que se entrecruzan y estructuran la humanidad señaladas por Braudel (1958). Así, encontramos vestigios de esta asociada a

2 Las coyunturas pueden ser económicas, sociales, culturales, políticas, etc. y se relacionan con las realidades que se repiten a lo largo de los años y las décadas.

3 En las estructuras se destacan los agrupamientos humanos que de ellas se derivan, es decir, los sujetos colectivos que se encuentran en torno al sistema (Osorio, 1998).

la historia casi inmóvil de los humanos en su entorno físico, a la historia de ritmo lento de estados, sociedades y civilizaciones y a la historia de los acontecimientos, breve y rápida. La larga duración nos permite preguntarnos por el surgimiento de fenómenos complejos como el de la trata y la explotación a lo largo de muchas décadas, siglos, milenios para tratar de explicar y comprender el problema estructural global contemporáneo actual[4].

Debemos entender la explotación conectada a la historia de las regiones y a la economía política actual del capitalismo globalizado (De Haas, 2023; Kempadoo, 2020; Mcgrath, 2017; Mcgrath & Watson, 2018). El problema de la explotación no puede reducirse a incidentes de abuso, ni a grupos humanos que son vulnerabilizados como comunidades o colectivos víctimas susceptibles de ayuda, coerción, manipulados como bienes de consumo, que son usados por los/las traficantes y salvadas por los estados y su regulación. Este entendimiento lleva al fracaso del objetivo final que es el de acabar con la trata de seres humanos, con la nueva esclavitud, etc., al no centrarse en la estructura que permite y sobre la que descansa el sistema que se nutre de la explotación.

De acuerdo con la definición de 1958 de Braudel, la estructura corresponde a una organización, una coherencia, de las relaciones suficientemente fijas entre realidades y masas sociales. La estructura se construye a partir de repeticiones, ciclos

---

4 De forma complementaria a los abordajes estructurales de los Annales (tiempo geográfico, social y de los eventos), Koselleck (1993) introduce un análisis de las estructuras de poder desde la perspectiva de cómo se legitiman y expresan a través del lenguaje y el discurso. Esto va a posibilitar el entendimiento de que conceptos, como el de la TSH y de la esclavitud, tienen poder político y van a moldear la percepción pública y las posibilidades de acción. Los conceptos reflejan y moldean estas estructuras a lo largo del tiempo.

y vínculos que aluden al propio carácter estructural, mientras que los acontecimientos son hechos que nacen de las estructuras y coyunturas y suponen rupturas o restablecimiento de equilibrios. «Para nosotros los historiadores, una estructura es sin duda un montaje, una arquitectura, pero más aún una realidad que el tiempo desgasta y transmite por mucho tiempo» (Braudel, 1958, p.731). La estructura emerge como elemento central en el análisis de larga duración, permitiendo ir más allá del acontecimiento, del hecho, buscando un entendimiento del mismo en una gestación anterior a través del tiempo y el espacio. Analíticamente supone pasar de los problemas de la superficie (de la parcialidad) a los problemas del espesor. Aunque este planteamiento nos permite ahondar en la estructura que prevalece, deja de lado el potencial de la coyuntura, en tanto que momento bisagra entre dos tiempos y espesores donde se pueden producir fisuras, erosiones o cambios en la estructura (Osorio, 1998). No obstante, la importancia de las coyunturas será recuperada en las tesis posteriores de Innmanuel Wallerstein en torno al concepto de sistema/economía mundo, donde ahonda y amplía la propuesta braudeliana de economía mundo[5] como una espacio geográfico donde aparece un centro, zonas intermedias y zonas marginales amplias (dependientes y subordinadas). Este concepto nos servirá para

---

5 La propuesta de Braudel cruza la dimensión temporal y la espacial del análisis (regiones y macroregiones) dando lugar al desarrollo del concepto de economía mundo. Braudel reconoce la existencia de zonas económicas más o menos centralizadas desde la Antigüedad, varias economías mundo que coexisten (Braudel, 1985, p.90), mientras que para Wallerstein tan sólo existe la economía-mundo europea existente desde finales del siglo XV con la expansión colonial europea que produce la división internacional del trabajo entre centros/ semi periferias/periferias. Esta red jerárquica permitirá a los centros desarrollarse a expensas de la explotación del trabajo de las otras regiones (Wallerstein 1974, 1980).

abordar el sistema capitalista y la explotación subyacente en el mismo.

3. SISTEMA-MUNDO CAPITALISTA Y EXPLOTACIÓN INTRÍNSECA

Wallerstein privilegia como unidad en su análisis al sistema mundo explicando los acontecimientos y las coyunturas como parte del mismo. Así las transformaciones sociales, que han tenido lugar a lo largo de los siglos en los que prevalece el sistema, no han logrado transformarlo. Para Wallerstein el sistema mundo capitalista responde a una lógica cíclica, diferenciando un periodo de expansión y otro de contracción/crisis. Esto permite cierta movilidad dentro de la lógica de la división internacional del trabajo, pudiendo los países ascender o descender en la periferia o semiperiferia. Esta estructura se reproduce de forma constante en la larga duración del sistema mundo capitalista.

A pesar de que se observan cambios en las proporciones y en los intercambios en el sistema, la naturaleza del mismo permanece estable, encontrándose anclada sobre la explotación de recursos con un carácter universal, y apoyándose en los monopolios cuyo principal objetivo es la ganancia. Se identifica en el sistema una capacidad inequívoca para amoldarse a las circunstancias y coyunturas sin perder un ápice de su esencia (Braudel, 1985). Una de las características básicas del mundo capitalista y de sus estructuras económicas y de los estados, es la continua relación moldeable de la fuerza de trabajo en base a su disponibilidad, re-localizable y no muy costosa. Por tanto, encontramos en esa esencia de explotación que genera desigualdad innata al sistema capitalista, el elemento esencial a incorporar en cualquier investigación, debate, o actuación en torno a la TSH.

Poner la explotación en el centro nos confronta con las actuaciones que se han desarrollado, incluso con la propia definición de trata contemplada en el Protocolo de Palermo, que como sabemos reconoce pero no delimita la explotación. Las medidas, o incluso el paradigma articulado en torno a las famosas 3P –*prevención, persecución y protección*– ampliado a una cuarta P complementaria –*partenariados*– adolecen de una mirada cortoplacista y sesgada, que camina de la mano con consenso y alevosía con ese querer entender el mundo sin atender la historia ni sus ensamblajes, sino los acontecimientos de forma aislada. La explotación, como hemos señalado previamente, no se produce de forma separada, se encuentra imbricada, por ejemplo con la herencia colonial en una región, el sistema político, el sistema sexo/género, etc. Aunque trabajar sobre las cuatro P es necesario, este enfoque se instala en un tiempo medio y corto, siendo necesario para erosionar el objetivo –acabar con la TSH– desplazar el foco analítico y de intervención al tiempo largo, la estructura. Para abordar este planteamiento son interesantes las reflexiones que realiza O`Connell (2018, 2020, 2022) sobre la movilidad, la agencia, y lo que llama las tres EX –*explotación, expulsión, expropiación*– que desde otras perspectivas aborda la idea de continuidad del sistema. O´Connell (2022), siguiendo las tesis de Bhattacharyya (2018), plantea un abordaje de los tres regímenes –la explotación, la expropiación y la expulsión– de forma integrada.

Se reconoce un sistema que es expulsor –expulsa a las personas de sus comunidades y de sus entornos– y también es expropiador. En este punto, me permito introducir otras dos EX, la de *extractivismo* como modelo que expulsa y expropia para impulsar el desarrollo del sistema capitalista, y la de *excedente,* asociado a la idea de despojo humano, como persona que carece de valor para el sistema. En el contexto de la trata podemos encontrar excedentes que son objeto de la misma tanto en el

Norte como en el Sur global, siendo esta una de las características actuales de la TSH[6].

La explotación asociada al sistema, a la estructura y a los procesos que facilitan la violencia y el abuso, incluidos los regímenes de propiedad privada que niegan a las personas los medios de subsistencia y los sistemas sociolegales que deshumanizan a algunos humanos y no a otros (Howard, 2020), no es contemplada de este modo en los marcos jurídicos existentes. Por ejemplo, el Protocolo de Palermo aunque establece la explotación como parte integral de la definición que hace de la trata, no la define ni acota como ya he señalado.

Existen por tanto divergencias entre su carácter poliédrico multinivel y su enjuiciamiento en ámbitos domésticos, es decir la TSH pone de manifiesto deficiencias claras en su tratamiento. Su persecución y enjuiciamiento –a pesar de su carácter multinivel, transnacional, regional, internacional–, suele realizarse en el ámbito doméstico, en los niveles estatales. Como tal se juzgará atendiendo a cuestiones laborales y de extranjería fundamentalmente, más que como delito que atenta contra la libertad y los derechos fundamentales del ser humano. Pero la TSH abarca más de una sociedad nacional y un Estado, y el marco actual donde se legisla la TSH es insuficiente para abordar la cuestión de la explotación, del capital y su carácter transnacional.

Analizar la TSH y la llamada nueva esclavitud a partir del reconocimiento de la misma como parte integrante, en tanto que institución y realidad, de sistemas históricos –comienzo, desarrollo, puntos de bifurcación y deceso–, nos permite analizar su imbricación en estructuras de larga duración que se

---

6 Esto desmarca la TSH de la idea de nueva esclavitud, ya que el tema de la propiedad deja de ser un elemento fundamental, como lo es en la esclavitud a tenor de sus definiciones vigentes (1924, 1956).

ven alteradas, permeadas y sostenidas en tiempo y espacio por elementos vinculados a la acumulación del capital y por ende a la explotación del ser humano (Carballo, 2021).

Además, de esta naturaleza estructural de la explotación, es interesante introducir otra de las facetas señaladas por Marx (1979) sobre la misma, que no es otra que el poder potencial de las personas que son explotadas, que nos conecta con la agencia y los debates actuales sobre la misma y la capacidad de los seres humanos que son objeto de explotación. Este reconocimiento evoca un pensamiento que se desmarca de medidas exclusivamente orientadas al rescate y el enjuiciamiento y se dirige a cambiar el foco de las actuaciones hacia la creación de capacidades (Nussbaum[7], 2012; Sen & Nussbaum, 2000), y hacia el empoderamiento y la organización. En realidad se conecta con el concepto de libertad y desarrollo (Sen, 1999) del ser humano, individuos con las mismas capacidades para elegir. Los miles de personas que son reclutadas objeto de trata, se encuentran en situaciones de vulnerabilidad, y sin que existan unas situaciones distintas en el sistema, la realidad de las mismas seguirá siendo susceptible de explotación. Por ello autores como Hardt & Weeks (2020) plantean que sólo se puede llegar a potenciales soluciones al problema de la explotación abordando las propuestas surgidas de la agencia individual y colectiva que tengan en cuenta las distintas jerarquías y opresiones de las personas explotadas (clase, raza, género, nacionalidad, identidad sexual, casta, la discapacidad, la edad, etc.). Siendo esta propuesta diferente a la planteado por Marx al incluir a otros factores o condiciones objetivas que determinan el curso de la acción o potencial de los y las explotadas.

---

7 Las capacidades según Marta Nussbaum, *no son simples habilidades residentes en el interior de una persona, sino que incluyen también las libertades o las oportunidades creadas por la combinación entre esas facultades personales y el entorno político, social y económico* (2012, p. 40).

Estas condiciones son señaladas también por Howard (2018) y Brace & O´Connell, (2018) al dimensionar la movilidad de las personas que carecen de poder –personas esclavas, sirvientas, pobres, mujeres, niñas y niños– y su restricción asociada al poder social y político y por ende vinculada a las personas que lo ejercen[8]. Así abren un debate sobre libertad de movimiento, personas subordinadas, oportunidades ante la dominación, control, explotación y subversión del orden social, nueva esclavitud, inmigración irregular, etc. Este debate se relaciona con el propio término de esclavitud moderna, sobre el que señalan vaguedad, retórica y selectividad a través del que analizar las restricciones a la libertad de los seres humanos y su aplicabilidad –prostitución, trabajo infantil, inmigración «ilegal»–, y desde el que se conecta a políticas centradas en el tiempo corto. Esto es, políticas que enfrentan esas situaciones de esclavitud moderna de forma aislada de las estructuras políticas y económicas y las desigualdades en las que están incrustadas (O'Connell, 2015). Estas intervenciones, permiten condenar la esclavitud al mismo tiempo que promueven otras formas de violencia, coerción y explotación vinculadas al sistema capitalista, e inciden en el control de la movilidad y en la libertad de movimiento de los individuos en función de las necesidades del sistema.

4. ALGUNAS REFLEXIONES FINALES

En la actualidad la TSH y la explotación de las personas se entendería integrada en el sistema capitalista y como parte del mismo, tratándose de un pilar del propio modo de producción

---

[8] El ofrecimiento de estas personas a privarse de su libertad en aras de obtener un ingreso o algún tipo de mejora económica es también un *continuum* sobre las condiciones de vida de la ciudadanía que se repite en todas las civilizaciones y en los tiempos de larga duración.

del que se vale para su propia manutención y desarrollo. Así se comprendería el papel de los Estados y las instituciones, la explotación de individuos en todos los países y la supervivencia de la misma a lo largo de la historia. Estos circuitos de trata y explotación se vinculan a su vez a la configuración de la estructura histórica y la división internacional del trabajo que se da en ella, adquiriendo posiciones y características diferenciadas en el centro, periferia o semiperiferia. Las convergencias encontradas en las raíces estructurales de la explotación apelan a la realización de análisis complejos que aborden las dinámicas económicas y de poder que perpetúan estas prácticas y las estructuras económicas globales y las políticas que las sostienen.

Aproximarse a estos circuitos de trata requiere de utillajes interdisdisciplinares. Las distintas dimensiones presentes en la misma y la permanencia de esta a lo largo del tiempo y el espacio nos permite pensar en una forma de análisis que contemple el tiempo y espacio de otra manera. Esta idea de temporalidad posiciona en el centro de la estructura un sistema histórico capitalista que tiene como eje central la explotación del ser humano. Atendiendo a esta evidencia y analizando desde aquí la TSH se puede llegar a la conclusión de que los esfuerzos realizados durante estos siglos en relación a la prohibición y diversa reglamentación en torno a la esclavitud y la trata, etc., son no sólo infructuosos, sino inútiles a la hora de acabar con el problema. Además, los postulados que durante los últimos años equiparan la trata con la esclavitud moderna tienden a simplificar la complejidad de un fenómeno complejo, desviando la atención de las causas estructurales y económicas que facilitan la explotación laboral, como las políticas migratorias restrictivas y las desigualdades económicas globales[9].

---

9 Llama la atención la equiparación de la trata con la nueva esclavitud, ya que existen a simple vista elementos que hacen de esta comparación

El problema descansa en una estructura que no ha sido erosionada, y las legislaciones como parte del propio sistema, no pueden servir para atajar el problema. Así, los enfoques vinculados a los acontecimientos y tímidamente a las coyunturas, actúan proponiendo soluciones de un problema sistémico global en políticas estatales a nivel nacional.

No obstante, además de la *longue dureé,* será interesante incluir en nuestros planteamientos esas tesis que se centran en los análisis de los sujetos colectivos y fundamentalmente individuales, asociadas a su potencial agencia y erosión de la estructura en las arritmias y posibles discontinuidades que se dan en las dimensiones espesor/temporalidad entre el tiempo largo y corto.

Por último, me gustaría retomar la idea de inmediatez como característica de un momento actual donde se detecta ausencia de pensamiento de largo recorrido. Ese espectro domina la actualidad y también la política pública. Y, esta idea es esencial porque no se está usando el pasado para pensar críticamente sobre la problemática actual, ni sobre lo que está por venir. En este sentido Guldi y Armitage decían que había que renovar la conexión entre el pasado y el futuro (2014, p.13) para aproximarse mejor a lo que acontece o va acontecer; y Churchill, aseveraba que cuanto más tiempo se pueda mirar hacia atrás, más lejos se podrá mirar hacia adelante. Una recuperación de la mirada histórica nos permite pensar en la explotación

---

una tarea compleja (Rodríguez Montañés, 2014). El primero de ellos lo podemos señalar con relación a la institución. La trata no es una institución que moldea el mundo en términos sociales, culturales y geopolíticos, como sí lo hizo la esclavitud (Martínez, 2010). Otro de ellos tiene relación con los principales atributos de la esclavitud que no aparecen contemplados en la definición de trata. Por ejemplo, la cuestión de la propiedad, clave en la comprensión de la esclavitud (Carballo, 2021).

y comprender la estructuralidad de la misma. Reconocer esto evidencia que el problema es mucho mayor de lo reconocido en el Protocolo de Palermo, pero atajarlo supondría o un cambio de sistema o una labor imposible.

Por tanto, la realización de análisis estructurales y complejos de los problemas sociales, desentrañando las raíces históricas y estructurales de los problemas que enfrentan las sociedades contemporáneas parece un elemento indispensable en la lucha contra la TSH. Desde las aproximaciones multicausales de los distintos Annales al examinar las estructuras de poder y las relaciones económicas a largo plazo, a los posicionamientos holísticos[10] compartidos por McGrath, de Haas, etc., centradas en los factores estructurales que perpetúan la explotación laboral y la trata de personas. Estos enfoques comparten la idea de que la explotación y la movilidad laboral no son meramente «eventos» aislados o fenómenos contemporáneos, sino que están enraizados en sistemas históricos, económicos y políticas globales que tienen un impacto duradero. Así mismo, la evolución de los conceptos a lo largo de la historia (Koselleck, 1993) evidencia que los discursos sobre la esclavitud y la trata no son neutros, sino que las narrativas, las políticas y las estructuras de poder se entrelazan para mantener prácticas y desigualdades que persisten en el tiempo.

La TSH vulnera el derecho a la vida, la libertad, la dignidad, la igualdad, la seguridad personal y el derecho al desarrollo humano. La perspectiva desde donde se intervenga marcará una diferencia en el tratamiento, elaboración y aplicación de normativa al respecto. Es importante delimitar y definir la trata de seres humanos en toda su complejidad para abordar un fenómeno mundial inserto en el centro del sistema capitalista,

10 Que integran factores como la economía política, las políticas migratorias, las redes globales de producción y las estructuras de poder.

provocado fundamentalmente por las propias necesidades de este y sus demandas, y potenciado por la pobreza, las desigualdades, la violencia de género, el desempleo, la discriminación, las guerras, etc. Si realmente se quiere acabar con la trata actual debemos incluir otros análisis y abogar por un cambio de sistema, uno que posicione en el centro a la humanidad, no a la explotación de la misma y del planeta. Entender que, la TSH no es un fenómeno aislado, sino que está tiene raíces profundas y está conectada con estructuras históricas de explotación, desigualdad y poder; y que estas estructuras perpetúan las formas modernas de explotación y se valen y construyen sobre estas, es indispensable para visibilizar los mecanismos de legitimación existentes y desmantelar discursos contemporáneos que deshumanizan y explotan a ciertos grupos.

Tenemos por delante una gran tarea pendiente, entenderla como un problema estructural, histórico y profundamente enraizado que requiere soluciones de política pública, económicas y de derechos humanos.

Referencias

Bhattacharyya, Gargi (2018). *Rethinking racial capitalism: Questions of reproduction and survival.* London: Rowman & Littlefield International, Ltd.

Bloch, Marc (1949). *Apologie pour l'histoire ou métier d'historien*; ed. española: Id. (2000), *Introducción a la historia.* México: Fondo de Cultura Económica.

Brace, Laura & O´Connell, Julia (eds.) (2018). *Revisiting Slavery and antislavery. Towards a Critical Analysis.* Cham, Switzerland: Springer International Publishing.

Braudel, Fernand (1958). Histoire et Sciences sociales: La longue durée. *Annales. Économies, Sociétés, Civilisations.* 13(4), 725-753.

Braudel, Fernand (1968). Historia y sociología. En Id., *La historia y las ciencias sociales,* Madrid: Alianza Editorial (1ª ed. 1960).

Braudel, Fernand (1985). *La dinámica del capitalismo.* México: Fondo de Cultura Económica de México.

Carballo, Marta (2021). *Explotación, esclavitud y trata de seres humanos.* Valencia: Tirant lo Blanch.

De Hass, Hein (2023). *How Migration Really Works: A Factful Guide to the Most Divisive Issue in Politics.* New York: Viking.

Guldi, Jo & Armitage, David (2014). *The History Manifesto.* Cambridge: Cambridge University Press.

Guldi, Jo & Armitage, David (2014). Going forward by looking back: The rise of the longue durée. In *The History Manifesto* (pp. 14-37). Cambridge: Cambridge University Press.

Hardt, Michael & Weeks, Kathi (17 November 2020). Exploitation is the rule, not the exception. Palermo 20TH Anniversary Special. What is exploitation? *Beyond Trafficking and Slavery, Open Democracy.* https://www.opendemocracy.net/en/beyond-trafficking-and-slavery/exploitation-rule-not-exception/

Howard, Neil (2018). Abolicionist Anti – Politics? Capitalism, Coercion and the Modern Anti-Slavery Movement. In Laura Brace & Julia O´Connell. (eds.), *Revisiting Slavery and antislavery.* Towards a Critical Analysis (p. 263-280). Cham, Switzerland: Springer International Publishing.

Howard, Neil (15 November 2020). What is exploitation anyway? Palermo 20TH Anniversary Special. What is exploitation? *Beyond Trafficking and Slavery, Open Democracy.* https://www.opendemocracy.net/en/beyond-trafficking-and-slavery/what-exploitation-anyway/#

Kempadoo, Kemala (2020). *What is trafficking in a region built on exploitation? Thoughts from the Caribbean.* Beyond Trafficking and Slavery, Open Democracy. Recuperado de: https://www.opendemocracy.net/en/beyond-trafficking-and-slavery/what-trafficking-region-built-exploitation-thoughts-caribbean/

Kosselleck, Reinhart (1993). *Futuro pasado: Para una semántica de los tiempos históricos.* Barcelona: Paidos.

Mcgrath, Siobhán (2017). Dis/articulations and the interrogation of development in GPN research. *Progress in Human Geography,* 42(4), 509-528.

McGrath, Siobhán & Samantha, Watson. (2018). Anti-slavery as development: A global politics of rescue. *Geoforum,* 93, 22-31.

Martínez Torres, José Antonio (2010). *Esclavos, Imperios, Globalización (1555-1778).* Madrid: CSIC.

Marx, Karl (1979). *El capital: Libro I–capítulo VI inédito* (7a. ed.—.). México D.F.: Siglo veintiuno.

O'Connell Davidson, Julia N. (2015). *The Margins of Freedom.* London: Palgrave Macmillan.

O'Connell Davidson, Julia N. (2022). Triple (e)X. *What do we know and what should we do about slavery?* London: SAGE Publications Ltd.

Osorio, Jaime (1998). Estructuras, sujetos y coyuntura: desequilibrios y arritmias en la historia. *Iztapalapa* 44, 13-28.

Pro, Juan (2018). Tiempos y temporalidades en Historia: presentación. *Mélanges de la Casa de Velázquez,* 48(2), 311-350.

Rodríguez Montañés, Teresa (2014). *Trata de seres humanos y explotación laboral,* La Ley Penal núm 109.

Sen, Amartya (1999). *Desarrollo y Libertad.* Barcelona, España: Planeta.

Sen, Amartya, & Nusbaum, Marta (2000). *La calidad de vida.* Barcelona, España: Planeta.

Wallerstein, Immanuel (1974). *The Modern World System. I. Capitalist Agriculture and the Origins of the world-Economy in the Sixteenth Century, 1450-1600.* Nueva York: Academic Press Inc.

Wallerstein, Immanuel (1980). *The Modern World System. II. Mercantilism and the Consolidation of the European World-Economy, 1600- 1750.* Nueva York: Academic Press Inc.

Capítulo 3.

LA TRATA DE PERSONAS COMO PROBLEMA DE DERECHOS HUMANOS

GUILLERMO ESCOBAR ROCA
Catedrático de Derecho constitucional, Universidad de Alcalá

Para delimitar la «trata de personas» hacemos nuestra la definición contenida en el artículo 3 a) del llamado Protocolo de Palermo (Naciones Unidas, 2000), que la concreta en una serie de conductas coactivas, «con fines de explotación», básicamente sexual o laboral, y en términos similares se expresa el llamado Convenio de Varsovia (Consejo de Europa, 2005). Estos convenios internacionales incluyen obligaciones genéricas de los Estados parte, pero sin tribunales propios de garantía. Únicamente el segundo prevé un débil mecanismo de seguimiento (GRETA). La misma previsión de tales obligaciones genéricas, en su mayoría de tipo preventivo, revela que nos encontramos ante un problema estructural o sistémico, que no se resuelve con la lógica judicial tradicional, centrada en reparar incumplimientos aislados. La experiencia demuestra que la mejor manera de lograr que estas obligaciones de Derecho internacional se cumplan es transformarlas, mediante el Derecho interno, en derechos exigibles judicialmente y en garantías generales, no limitadas a la reparación de un caso concreto.

Parece claro que los intereses involucrados en la trata de personas encajan mejor con los derechos de defensa (y, dentro de ellos, con los derechos reaccionales) que con los derechos de prestación. Pues bien, hoy ya se admite que casi todos los derechos de defensa admiten alguna faceta prestacional, en el sentido amplio del término. De hecho, los derechos reaccionales pueden ser también calificados como derechos de protección, esto es, como derechos a que el Estado proteja los bienes jurídicos correspondientes, lo que se conoce como deberes estatales de protección. Ahora bien, esta faceta no suele poder ser exigida directamente por los ciudadanos, quedando dentro del mero carácter objetivo del derecho. Por influencia del Tribunal Europeo de Derechos Humanos (en adelante, TEDH), sin embargo, se va extendiendo progresivamente la exigibilidad judicial de estas acciones estatales; por ejemplo, este Tribunal ha acogido reclamaciones individuales frente al incumplimiento estatal de su deber de investigar los ataques contra la integridad física (faceta prestacional de un derecho reaccional, exigible como derecho subjetivo), un tema clave en la materia que estudiamos.

El concepto «deberes estatales de protección» es relativamente reciente y se encuentra todavía poco consolidado en la dogmática jurídica, lo cual plantea muchos problemas a la hora de aportar a la trata de personas un enfoque de derechos humanos que resulte útil para la práctica. Según la concepción tradicional, que en bastantes ámbitos (especialmente en Estados Unidos) se resiste a desaparecer, los derechos humanos son solo defensivos, bastando para su cumplimiento con que el Estado se abstenga de actuar. Sin embargo, ya desde hace bastante tiempo, el TEDH considera que incluso estos derechos defensivos exigen actuaciones positivas del Estado para proteger de manera efectiva a las personas (privadas) frente a los daños procedentes de otras personas (también privadas). El primer caso relevante trató sobre el *Régimen jurídico de la educación lingüística en Bélgica* (1968), si bien la mayor parte de las sentencias versan sobre los derechos a la vida e integridad (precisamente los más afectados, como después veremos, con la trata de personas). Veamos a título ejemplificativo la sentencia *Osman contra Reino Unido* (2000), sobre la insuficiente protección policial a un niño acosado por un antiguo profesor suyo, que terminó hiriéndole a él y asesinando a su padre, en la cual el Tribunal de Estrasburgo señaló que

> La primera frase del artículo 2.1 obliga al Estado no solamente a abstenerse de provocar la muerte de manera voluntaria e ilícita sino también a tomar las medidas necesarias para proteger la vida de las personas que dependen de su Jurisdicción. Nadie discute que la obligación del Estado a este respecto vaya más allá del deber primordial de asegurar el derecho a la vida estableciendo una legislación penal concreta disuadiendo cometer ataques contra la persona y apoyándose en el mecanismo de aplicación concebido para prevenir, reprimir y sancionar las violaciones. También los comparecientes aceptan que el artículo 2 del Convenio pueda, en ciertas circunstancias bien definidas, cargar a las autoridades con la obligación positiva de tomar medidas preventivas de orden práctico para proteger al individuo cuya vida está amenazada por actuaciones criminales ajenas. [...] En opinión del Tribunal, y sin perder de vista las dificultades para la policía de ejercer sus funciones en las sociedades contemporáneas, ni lo imprevisto del comportamiento humano ni las elecciones operativas a efectuar en términos de prioridades y recursos, hay que interpretar esta obligación de forma que no imponga a las autoridades una carga insoportable o excesiva. Por lo tanto, cualquier presunta amenaza contra la vida no obliga a las autoridades, en virtud del Convenio, a tomar medidas concretas para prevenir su realización.

Como se advierte, queda clara la existencia de un deber estatal de protección de la vida, pero también que este deber se puede cumplir «más o menos», y que no parece razonable exigir lo máximo al Estado. El TEDH aplica esta misma idea a la trata de personas, si bien en un escaso número de sentencias. El primer caso relevante es de 2000 (*Rantsev contra Chipre*) y uno de los últimos, *SM contra Croacia*, de 19 de julio de 2018. En este último, la demandante fue física y psicológicamente obligada a ejercer la prostitución. Tras presentar una querella, un policía fue declarado responsable de crear una red de prostitución, pero no de haber forzado a la demandante a prostituirse, pese a que ya antes del proceso penal la demandante había recibido el estatus de víctima de trata. La demanda se basó en que el sistema croata no protegía adecuadamente a las víctimas de trata. El Tribunal de Estrasburgo parte del artículo 4 CEDH, pero se apoya también, entre otros instrumentos internacionales, en el Convenio para la represión de la trata de personas y de la explotación de la prostitución ajena (1951), en el Protocolo de Palermo y en la llamada Convención CEDAW de 1979. El TEDH recuerda que los derechos del artículo 4 CEDH son absolutos y su violación implica a su vez la de la dignidad humana, todo lo cual permite que el TEDH haga y exija a los órganos de tutela internos un escrutinio estricto ante los hechos presuntamente constitutivas de trata. Más recientemente, en *VCL y UN contra Reino Unido*, de 16 de febrero de 2021, el TEDH enjuicia el caso de dos menores vietnamitas que fueron detenidos mientras trabajaban en una granja de cannabis y condenados por tráfico de drogas. A pesar de que desde el momento de su detención ambos menores declararon ante la policía que habían sido introducidos en el país de manera irregular y que los servicios sociales y varias ONG apreciaron indicios claros de trata, las autoridades británicas no entraron en el tema. Aunque el Derecho internacional no incluye una prohibición general de acciones judiciales contra las víctimas de trata, el TEDH señala que, en todo caso, pero mucho más si se trata de menores, se debe comprobar previamente si las personas hubieron sido objeto de trata y, posteriormente, valorar si existe un nexo causal entre el delito cometido y el hecho de haber víctima de trata. Además, el TEDH establece, por un lado, que los Estados están obligados a tomar las medidas de protección adecuadas cuando exista una sospecha creíble de que una persona pueda ser víctima de trata y, por otro, que la víctima potencial ha de ser evaluada adecuadamente por especialistas y personas debidamente cualificadas. Es más, resalta que la evaluación por parte de los órganos especializados debe ser tenida en cuenta por la fiscalía, aunque no tenga carácter vinculante, y la fiscalía queda obligada a justificar de manera clara los motivos por los cuales llega a una conclusión diferente.

Interesa transcribir a título ejemplificativo el fallo de la ya citada *SM contra Croacia*, por cuanto nos alerta sobre un tema importante: la relativa insuficiencia del Derecho internacional (aunque, como en este caso, cuente con un órgano judicial de garantía) para proteger adecuadamente a las víctimas de trata:

> El Estado demandado pagará al solicitante, dentro de los tres meses posteriores a la fecha en que la sentencia se convierta en definitiva de conformidad con el artículo 44 § 2 del Convenio, EUR 5.000 (cinco mil euros), más cualquier impuesto que pueda ser Con cargo, con respecto a daños no pecuniarios, que se convertirán en kunas croatas (HRK) a la tasa aplicable en la fecha de liquidación.

Como se advierte, la Sentencia se queda en la reparación individual, sin abordar el problema de fondo, que es estructural, y así el esfuerzo constructivo de Estrasburgo sirve de poco. En todo caso, la doctrina de los deberes estatales estaba a medio construir, pues quedaba por determinar cuándo el Estado hizo lo suficiente para cumplir con ellos. La teoría de los límites de los derechos, a la que después haré breve mención, no sirve de mucho, pues fue concebida para los derechos de defensa, en su concepción más «clásica», y es preciso un gran esfuerzo doctrinal para adaptarla a los derechos de prestación, en el sentido amplio de este término, inclusivo de las obligaciones positivas. El problema principal es que la base normativa (en los tratados y las Constituciones) es débil y tampoco están los tribunales para construir la dogmática jurídica (tarea ésta más propia de los profesores): el TEDH nunca ha dicho a las claras cuál es la teoría implícita del CEDH… y sin teoría (añadiría yo) seguimos dando palos de ciego.

El análisis de Gallagher (2010, pp. 241-248), ya centrado en la trata, prefiere utilizar el concepto, que la autora deduce de diversos documentos internacionales, de «debida diligencia» (*due diligence standard*); tras enumerar los problemas abiertos en ellos, concluye: «Estas preguntas no pueden ser respondidas en abstracto sino con referencia a las normas aplicables y a los hechos y circunstancias particulares del caso». Y propone una fórmula (considerar sobre todo *the ability of the State to influence and alternative, more positive outcome*), y ahí se queda. Como se advierte, la doctrina suele limitarse a la búsqueda de la teoría implícita de los tribunales y, como acontece en esta última autora, también de los documentos de *soft law* internacional. Esta tarea es importante pero la doctrina académica, sin perder esta perspectiva, debería intentar algunos pasos más allá. Me permito aquí recomendar la obra de Fredman (2008), como una primera aproximación interesante a este necesario esfuerzo de concretización y por tanto de efectividad de las obligaciones positivas.

La doctrina general de los derechos humanos tampoco ha estudiado bien el concepto de «intervención» (también llamada injerencia, afectación o restricción), que frecuentemente se confunde con el de «límite». A este problema de falta de claridad y consolidación dogmática se suma la dificultad de aplicar el concepto de intervención a los derechos de prestación y a las obligaciones estatales positivas, y estas últimas son, como ya hemos adelantado y precisaremos después, las más importantes para nuestro objeto de estudio.

La dogmática de los derechos que se va consolidando, en una suerte de «modelo global», gira todavía en torno a la idea (ni siquiera concepto) de intervención. En la concepción tradicional, la intervención sobre un derecho es aquella acción realizada por un obligado del mismo y que afecta negativa y significativamente a una o más de las inmunidades o facultades que integran su contenido. Las hipótesis de intervención son muy numerosas: daños al bien protegido por los derechos reaccionales o disuasiones, dificultades, prohibiciones y castigos infligidos por realizar las actividades propias de los derechos de libertad. Una vez que constatamos la existencia de una intervención, debemos analizar su legitimidad, pues puede haber intervenciones legítimas e ilegítimas, y solo las segundas implican vulneración o violación del derecho intervenido. Los requisitos de legitimidad de las intervenciones son tres: que estén previstas en las leyes, que cuenten con un fundamento o justificación constitucional, y que respeten el principio de proporcionalidad. Estos tres requisitos pueden seguirse de manera más o menos estricta, lo cual depende del grado de desarrollo (y normalmente, también de seriedad) de cada modelo de justicia constitucional. Cuanto más politizada esté la jurisdicción constitucional, menos rigurosa se mostrará en la verificación de estos requisitos, pues limitan bastante la libertad de los jueces.

Habría un cuarto requisito, que cada vez se utiliza menos, aunque convendría recuperarlo. Se trata del contenido esencial, según el cual (desde la concepción absoluta del mismo, que a mi juicio es la única que tiene sentido) determinadas intervenciones contra los derechos son tan fuertes, que carece de sentido analizar su legitimidad, esto es, son siempre violatorias del derecho. En otros términos, la parte del derecho afectada podría considerarse absoluta. Ningún derecho es absoluto pero algunas partes de determinados derechos sí pueden serlo. El caso más claro es la tortura, que es una intervención sobre el derecho a la integridad que en ningún caso puede justificarse. No es necesario por tanto analizar si la tortura está prevista en la ley, tiene un fundamento constitucional o se aplicó de forma proporcionada.

La tesis que quiero defender aquí es que los actos de trata son intervenciones contra los derechos humanos (más adelante veremos cuáles) que afectan a su contenido esencial y que por tanto son violatorias de tales derechos por definición. Ninguna ley puede autorizar actos de trata. Ninguna finalidad, por muy legítima que pueda parecer, justifica actos de trata.

Un acto de trata «proporcionado» sigue siendo vulnerador de derechos humanos.

Hemos dicho que el concepto de intervención apenas ha sido desarrollado por la doctrina. Sin embargo, sin esperar a este desarrollo, recientemente los tribunales regionales de derechos humanos han «creado» (o más bien intuido, pues los jueces no hacen doctrina) un nuevo concepto, el de «intervención estructural», que casualmente se identifica con el de «violación estructural». El concepto de vulneración estructural es sociológico y apenas ha sido desarrollado teóricamente, pues pocos juristas saben Sociología y pocos sociólogos saben Derecho. Nuevamente se trata de una cuestión de grados. Cuando un derecho se vulnera de forma demasiado frecuente podemos hablar de un problema estructural, y aquí las garantías tradicionales (que son básicamente judiciales) se quedan cortas. No se trata de un problema nuevo, sino que trae causa de un modelo de litigio individualista y hoy necesitado de cambios importantes. Precisamente el *Ombudsman* responde bien a esta necesidad, pues además de solucionar problemas particulares, puede llamar la atención sobre vulneraciones estructurales, que afectan de igual modo a numerosas personas, y esta es la principal finalidad de los informes de derechos humanos elaborados por las Defensorías del Pueblo.

En algunos países el poder ejecutivo ha publicado planes nacionales de derechos humanos, que obviamente deben partir, como resulta obligado en la elaboración de cualquier política pública seria, de un previo análisis de la situación. Resulta necesario el apoyo público a grupos de investigación independientes y que trabajen con buena coordinación, financiación y claridad en sus objetivos, a efectos de realizar este imprescindible análisis previo, que sin duda también puede corresponder al *Ombudsman*. La mera redacción de planes de este tipo pone de manifiesto que el ejecutivo es consciente de la existencia de vulneraciones estructurales de los derechos, pues los casos aislados se resuelven con acciones concretas, no con un plan nacional. Si el plan contiene, como resulta natural, medidas estructurales, implícitamente admite que hay problemas estructurales. Un listado provisional de las vulneraciones estructurales de los derechos en cada país puede reconstruirse a partir de los informes sobre países de los órganos de supervisión de los tratados sobre derechos humanos, elaborados por cierto de forma algo artesanal pero que, a diferencia de los escritos académicos, tienen una cierta fuerza vinculante.

El problema de las violaciones estructurales (o más bien su correlativo de garantías estructurales) ha sido abordado en otros países. Por ejemplo, en Estados Unidos se habla de «sentencias estructurales» para conceptualizar los casos en los cuales el Tribunal Supremo da solución a problemas persistentes de vulneración generalizada de derechos. El asunto no es nuevo, pudiendo citarse la famosa Sentencia *Brown versus Board of Education* (1954), que dio lugar al fin de la segregación racial. Sin embargo, ha sido el Tribunal Constitucional de Colombia quien más ha desarrollado este tipo de razonamiento, llegando incluso a construir un concepto propio, el «estado de cosas inconstitucional», utilizado para imponer un amplio número de medidas a los poderes legislativo y ejecutivo, con intención de poner fin a la vulneración estructural, por ejemplo, de los derechos de los reclusos (Sentencias 153/98, sobre el hacinamiento carcelario y 608/98, sobre la salud en los centros penitenciarios) o de las víctimas del desplazamiento forzado (Sentencia 25/04).

El TEDH hace lo mismo, sin decirlo expresamente, y ya superan la decena las sentencias de Estrasburgo que dicen (aunque suavemente) a los Estados miembros lo que deben hacer para solucionar problemas que también son considerados estructurales: por ejemplo, *Burmych y otros contra Ucrania,* de 12 de octubre de 2017; *AEA contra Grecia,* de 15 de marzo de 2018; o *GIEMSRL contra Italia,* de 28 de junio de 2018. Lo mismo sucede, y con mayor frecuencia y contundencia, en la Corte Interamericana de Derechos Humanos, que en numerosas ocasiones incluye en sus fallos medidas de alcance general.

Nos encontramos ante el problema más importante para la garantía de los derechos, pues de poco sirve solucionar casos aislados si persisten muchos otros iguales y todo parece indicar que continuarán en el futuro. El sistema judicial no está bien diseñado para combatir las vulneraciones estructurales de los derechos, de ahí la necesidad de que el *Ombudsman* y los Organismos Internacionales cubran esta laguna.

Aunque la cuestión variará según las características (en la norma y en la realidad) de cada país, veamos por qué se produce este déficit de la garantía judicial:

1) Si la vulneración procede de una ley contamos con el control, que puede ser concentrado o difuso, de constitucionalidad de las leyes, y con el control de convencionalidad de las leyes. Este segundo mecanismo es relativamente reciente y no siempre funciona de manera correcta; en todo caso, su aplicación es muy excepcional. En cuanto al primero, encontramos que, si es concentrado (cuando es difuso raramente sirve para solucionar el problema estructural, pues los jueces concretos suelen limitarse a resolver casos concretos) solo puede activarse mediante procedimientos muy especiales; por lo general: a) el recurso directo contra leyes solo puede presentarse en un plazo determinado y por un grupo muy concreto de legitimados, entre los cuales no se encuentran los ciudadanos afectados (si nadie recurre en plazo, este procedimiento nunca podrá utilizarse); b) el recurso indirecto a través de un juez, no sujeto a plazo, depende de la libre decisión de este juez y solo cuando el caso llega a su conocimiento (y en muchos países hay serios problemas de acceso a la justicia).

2) Si la vulneración procede de la falta de ley, muchos países carecen de un procedimiento de control de las omisiones legislativas (fundamental para solucionar vulneraciones estructurales de derechos sociales e inclusive de derechos reacciona-

les, pues recordemos que estos suelen incluir un deber estatal positivo de protección), y solo con mucha imaginación jurídica podrá conseguirse que se obligue al Parlamento a actuar.

3) Si la vulneración procede de un reglamento o acto administrativo, en principio los afectados podrían recurrir ante la justicia contencioso-administrativa, aunque raramente una vulneración estructural va a producirse por acto administrativo. Aquí el problema que puede plantearse es la falta de legitimación.

4) Si la vulneración procede de una política pública compuesta por un complejo de reglamentos, actos y omisiones (y esto será lo habitual cuando de vulneraciones estructurales se trata), no será fácil identificar el objeto del recurso, y si no hay un objeto claro, la demanda se inadmitirá.

5) Si la vulneración procede de la falta de una política pública, además del problema anterior, nos encontraremos con dificultades añadidas para controlar las omisiones de la Administración.

Seguramente la trata de personas puede considerarse en muchos países una vulneración estructural de los derechos humanos. Tenemos ya planteada la gran complejidad del fenómeno para su análisis desde la doctrina de los derechos humanos. Hay ya amplio acuerdo en afirmar que la mejor manera de abordar el problema es desde los derechos humanos, pero para eso la doctrina tiene que ofrecer luz y, además de recuperar el concepto de contenido esencial, ponerse a precisar los conceptos clave que tiene pendiente desarrollar: obligaciones estatales de protección y vulneraciones estructurales.

Antes de todo ello, debemos aclarar cuáles son los derechos afectados por la trata, pues también aquí hay confusión.

Desde la perspectiva positivista, mayoritaria, no hay más derechos que los reconocidos en las normas jurídicas, sean estas nacionales (derechos fundamentales) o internacionales (derechos humanos), no bastando el *soft law* para hablar propiamente de la existencia de un derecho. No obstante, hoy se practica más bien un positivismo moderado o corregido, más abierto, que admite un continuo trasvase de lo moral y lo político hacia lo jurídico, mediante la interpretación evolutiva de los derechos jurídicamente reconocidos, y no solo mediante propuestas de política jurídica, dirigidas a la ampliación del catálogo de los derechos, tarea esta última que excede de las típicamente desempeñadas por los juristas. Desde esta perspectiva, los numerosos documentos de *soft law* relativos a la trata pueden prestar gran ayuda en las tareas interpretativas, y ello sin tener que caer en un perjudicial activismo, que confundiría el Derecho con la política (Gallagher, 2010, pp.142-143).

Debemos por tanto intentar ante todo una perspectiva interpretativa (que tiene, por cierto, también algo de política), esto es, circunscrita al análisis de las posibilidades del Derecho vigente, evitando, en la medida de lo posible, las propuestas de reforma normativa; en definitiva, primero interpretar (jurídicamente) el catálogo vigente de los derechos y después poner en práctica las garantías que ya existen. La razón es pragmática y profesional: los académicos trabajamos con el Derecho vigente; sin duda, podemos proponer su reforma, pero difícilmente quienes pueden realizarla nos escucharán.

Los tratados que regulan expresamente la trata no suelen hacer referencia directa a derechos humanos concretos, adoptando más bien una perspectiva predominantemente penal. Veamos a título de ejemplo el Protocolo de Palermo. Ciertamente, ya en su Preámbulo, este instrumento internacional alude a la necesidad de proteger a las víctimas «en particular amparando sus derechos humanos internacionalmente reconocidos», y las referencias a las víctimas son frecuentes. Sin embargo, en el articulado este enfoque termina diluyéndose en un punto de vista poco exigente desde la perspectiva de los derechos humanos. Así, se señala que «cuando proceda y en la medida en que lo permita el derecho interno de los

Estados Parte», debe protegerse la privacidad e identidad de las víctimas, procurando que los procedimientos legales sean confidenciales, así como velar por informarlas sobre los procedimientos administrativos y judiciales y posibilitar que sus opiniones se examinen en las etapas apropiadas de las actuaciones penales contra los delincuentes. También se hace referencia a la posibilidad de prever la recuperación física, psicológica y social de las víctimas, suministrándoles alojamiento, asesoramiento e información en un idioma comprensible sobre sus derechos jurídicos, además de asistencia médica, psicológica, material y oportunidades de empleo, educación y capacitación, teniéndose en cuenta, para ello, la edad, el sexo y sus necesidades especiales, en particular ante el caso de niños. A esto se añade la recomendación de esforzarse por prever la seguridad física de las víctimas en su territorio y de asegurar que el ordenamiento jurídico interno les proporcione la posibilidad de obtener compensación. Ahora bien, expresiones como «los Estados Parte se esforzarán», «cuando proceda», «en la medida que lo permita el derecho interno», «tendrán en cuenta», o «considerarán la posibilidad», nos sitúan lejos del reconocimiento de derechos humanos propiamente dichos.

En su tesis doctoral sobre la materia, Trujillo se hace eco del estudio de Gallagher sobre los trabajos preparatorios de Palermo, demostrando que la intención era otra, concluyendo, de manera muy gráfica, «el escaso entendimiento del papel del Estado como posible responsable en situaciones de trata de personas, afirmando [los representantes de los Estados] que ellos no podían ser responsables de lo que hacían los criminales y que, de hecho, si no fuese porque necesitaban la cooperación de otros países para atraparlos, ni siquiera estarían allí». Y concluye Trujillo: «Palermo se había concebido fundamentalmente como un instrumento dirigido a promover la cooperación en las actuaciones de los Estados sobre una base de derecho penal y no de derechos humanos», todo ello pese a que en la CEDAW ya había quedado clara esta perspectiva, y pese a los intentos del ACNUDH, el ACNUR, UNICEF y la OIM de introducirla en Palermo.

El Protocolo de Palermo, pese a las insuficiencias de su enfoque de derechos humanos, significó en su día un indudable avance, y sirvió como detonante de instrumentos posteriores que intentaron remediar estas carencias. En el seno del Consejo de Europa, la Convención de 2005, llamada de Estambul, representa un salto cualitativo, en tanto la perspectiva vinculante de derechos humanos es mucho más evidente, más si tenemos en cuenta los numerosos instrumentos de *soft law* producidos en los últimos años y la incipiente doctrina del TEDH, ya aludida y sobre la que volveremos enseguida. No es momento de exponer ahora toda esta evolución, limitándonos a determinar los derechos afectados por la trata y concretar lo mejor posible las obligaciones estatales de protección (o al menos las más importantes) incluidas en tales derechos, y ello desde una perspectiva reconstructiva de la doctrina internacional y jurisprudencial existente y levemente innovadora sobre ella.

Lo primero que debemos determinar es qué derechos resultan afectados por la trata, y si los catálogos existentes pueden servir para dar respuesta a esta problemática. La trata de personas, tal y como es definida en el Protocolo de Palermo, afecta claramente a varios derechos humanos. En su análisis del tema, la Oficina del ACNUDH enumera un amplio listado de derechos, pero este tipo de planteamientos no me parecen razonables, pues nos obligan a un análisis demasiado complejo. Cada figura de derecho nos exigiría seguramente un estudio independiente, ya que sus normas de reconocimiento, estructuras, finalidades y garantías son diferentes. Nos parece más correcto reducir la complejidad y centrarnos en un número más limitado de derechos. Recordemos las intervenciones enumeradas por el Protocolo de Palermo:

a) La captación, el transporte, el traslado, la acogida o la recepción de personas contra su voluntad son acciones que tienen que ver con el traslado de una persona desde un lugar a otro, concluyendo finalmente en su colocación en un espacio físico diferente al originario o de partida, en muchas ocasiones fuera e incluso bastante lejos de su propio país. Estas acciones afectan a la libertad de movimientos, derecho reconocido en los tratados internacionales y en las Constituciones. El derecho a la libertad personal, pensado más bien para limitar las detenciones de los cuerpos de seguridad, raramente será afectado (aunque el hecho en sí es muy similar), pues la gran mayoría de las intervenciones propias de la trata proceden de personas privadas.

b) Una vez colocada la víctima, contra su voluntad, en un determinado lugar, nos encontramos con dos acciones típicas, que pueden producirse (aunque no será habitual) simultáneamente: la explotación sexual y la explotación laboral. La primera afecta claramente al derecho a la integridad y la segunda al derecho al trabajo, en su vertiente de derecho de libertad.

El caso habitual es entonces la vulneración consecutiva de dos derechos humanos: primero, la libertad de movimiento, y segundo, bien la integridad física, bien la libertad de trabajar. Se trata de tres derechos de naturaleza bien distinta, lo que nos exigiría, en principio, un triple análisis. Podríamos, no obstante, aunque pueda resultar simplificador, acudir al principio de especialidad, o de evitación de la concurrencia de derechos, una técnica interpretativa poco desarrollada en materia de derechos humanos, y que encuentra una cierta inspiración en el concurso de delitos de la dogmática penal. Diría así: si una misma intervención afecta a varias figuras de derechos, debe escogerse la más claramente afectada o, en caso de que a las distintas figuras correspondan distintos niveles de protección, debe escogerse la mejor protegida. Desde esta perspectiva, el candidato más correcto parece ser la integridad, entendida como la intervención sobre el cuerpo (o la libertad, pues se habla comúnmente de integridad física y moral) de una persona sin su consentimiento. Bien podríamos entender que quien desplaza a alguien o le obliga a trabajar contra su voluntad, está afectando también a su integridad, en el sentido amplio del término.

Esta línea interpretativa viene a coincidir con la doctrina del TEDH, que analiza los casos de trata casi exclusivamente como una intervención sobre los derechos reconocidos en el artículo 4 CEDH. Este derecho a no ser sometido a esclavitud, servidumbre o trabajo forzado parece (literalmente) la faceta negativa del derecho al trabajo, entendido como derecho de defensa, y no se encuentra normalmente reconocido en las Constituciones. Es claro además que la trata es mucho más que esto, por mucho que el concepto de «esclavitud» se haya extendido considerablemente (Gallagher, 2010, pp. 189-191). En la búsqueda del necesario diálogo entre el Derecho constitucional y el internacional, creemos más apropiado considerar que el derecho afectado es la integridad (en sentido amplio: física y moral), pues la trata no solo implica servidumbre (dejemos fuera el término «esclavitud», más propio de otras épocas) sino una situación más intensa de anulación de la libertad de la persona. Nuestra tesis se refuerza a la vista del amplísimo concepto de «tratos inhumanos y degradantes» (mejor que «tortura», concepto este más restringido, y que por tanto podría dejar fuera muchas situaciones de trata: McGregor, 2014) manejado por el propio TEDH (y también por los Tribunales Constitucionales), como intervención más grave (y nunca justificable) contra el derecho a la integridad.

El problema principal que plantea este derecho es la determinación del consentimiento, pues su existencia o inexistencia marca la frontera, nada menos, entre el derecho general de libertad (o, en términos próximos, el libre desarrollo de la personalidad, reconocido como derecho fundamental en algunas Constituciones) y la vulneración de un derecho fundamental. Algunas de las acciones realizadas (pienso sobre todo en la prostitución, normalmente no prohibida y por tanto permitida, no tanto en el trabajo forzado, ilegal, aunque consentido) serían legítimas si la persona (ahora sí, presunta) víctima de trata las realizara libremente. ¿Y cuándo sucede esto? La línea divisoria entre lo libre y lo forzado puede resultar sutil, y nos interroga sobre nuestra concepción de la libertad: como bien apunta Aradau (2008), la libertad es muy relativa en condiciones de extrema desigualdad. Normalmente las personas no están secuestradas ni drogadas, son coaccionadas de formas más suaves y difíciles de demostrar. Este problema tiene que ver con la prueba de la pérdida de libertad, una cuestión que encaja mejor en las garantías de los derechos vulnerados. Este es precisamente uno de los principales problemas de la trata, como ha sido destacado en numerosas ocasiones.

Una vez quede establecida la falta de consentimiento, la cuestión clave que plantea el derecho a la integridad es verificar si tiene límites, léase afectaciones justificadas. En todo caso, la ley debe prever con claridad tales intervenciones, siendo bastante evidente, a mi entender, que ninguna ley las permite, sino todo lo contrario. Aunque en términos de laboratorio no sería totalmente descartable pensar en alguna excepción (todos los delitos tienen eximentes o atenuantes), podemos aceptar, como recuerda el TEDH, que nada puede justificar la trata de seres humanos. La integridad no es un derecho absoluto, pero en los casos de trata sí lo es. En otras palabras: desplazar y retener a alguien contra su voluntad u obligarle a prostituirse o a trabajar son vulneraciones de derechos humanos que en ningún caso pueden justificarse: podríamos afirmar, retomando la teoría absoluta del contenido esencial, que sobra todo análisis de la justificación o legitimidad de estas intervenciones, pues estas son violaciones de derechos por definición.

La perspectiva penal, frente a lo que a veces parece pensarse (quizás por la denostada compartimentación de saberes, que se resiste a desaparecer), es también de derechos humanos, pues es claro que los tipos penales relacionados con la trata, así como su prevención, investigación y aplicación, tanto en sede administrativa como judicial, materializan la obligación estatal de protección de la integridad física.

Seguidamente, intentaré sistematizar, y de manera muy sintética, el contenido más relevante del derecho a la integridad, cuando este es afectado por las acciones típicas de la trata, y en concreto las obligaciones estatales de protección en este ámbito, inspirándome en parte en las propuestas de Obokata y Gallagher, reconstruyendo ambas el Derecho internacional en un sentido amplio (respectivamente, 2006, pp. 148-164 y 2010, pp. 276-460), y de Trujillo, reconstruyendo la doctrina del TEDH, si bien adoptaré simultáneamente la perspectiva constitucional e internacional, pues un error que cometen los tres autores citados es centrarse en exclusiva en lo internacional, y esta visión unilateral del problema dificulta la efectividad de los derechos en juego y en definitiva una lucha efectiva contra la trata. Tendré en cuenta fundamentalmente la doctrina del TEDH y solo tangencialmente la emitida por otros órganos internacionales, habida cuenta de que aquella tiene muchas más posibilidades de influir en el Derecho (constitucional pero no solo) nacional y de que «habla» un lenguaje más propio de derechos humanos, entendidos como normas vinculantes.

Las obligaciones estatales de protección relacionadas con la trata son cuatro:

1) Establecer un *marco normativo adecuado* sobre la trata de personas, incluyendo al menos tipos penales, pero también normas administrativas, entre otras, contra los negocios habitualmente utilizados de tapadera para la trata, así como la adecuación de la normativa de inmigración a la evitación del estímulo, la facilitación o la tolerancia de la trata. En definitiva, no basta con la represión penal, requiriéndose una combinación de medidas legislativas y en su caso reglamentarias.

2) Adoptar *medidas efectivas de protección de las víctimas (actuales o potenciales) de trata*, dirigidas a que puedan salir de esta situación o del riesgo de entrar en ella, siempre y cuando las

autoridades estatales conocieran, o debieran haber conocido, las circunstancias reveladoras de una sospecha creíble de que una persona identificada había estado o estaba en riesgo real e inmediato de ser víctima de trata. Nótese que este planteamiento, que tomamos del TEDH, nos sitúa en la lógica tradicional de los derechos fundamentales, a saber, afectación a personas concretas e individualizadas. El TEDH se muestra a veces flexible en la exigencia de esta obligación, aceptando que no es fácil decidir sobre prioridades y recursos y que no puede imponerse a las autoridades una carga imposible o desproporcionada. Sin embargo, hay una obligación concreta que parece indisponible: garantizar la seguridad física de las víctimas de trata mientras se encuentren en sus territorios. Nótese así de nuevo una cierta desconexión entre las obligaciones de Derecho internacional según Palermo y Varsovia, bastante más amplias, y el contenido del derecho fundamental. Pese a su interés, esta doctrina adopta un concepto limitado de protección de las víctimas.

3) *Investigar de manera efectiva los posibles casos de trata.* Se trata de la obligación más concreta y que más depende de las circunstancias de cada caso. Es la más ampliamente desarrollada en Estrasburgo.

4) *Enfrentar las causas y consecuencias de la trata.* El TEDH alude a esta obligación de forma más bien retórica (alude vagamente a la obligación de políticas y programas integrales para prevenir y combatir la trata y de capacitar a los funcionarios), pues no extraer de ella consecuencias significativas. El método de Obokata, en línea con mi propuesta, es pertinente, pues se limita a recordar los derechos ya reconocidos, y que sin duda pueden contribuir a reducir las circunstancias en las que se origina la trata, y que no son otras que la vulnerabilidad de determinados grupos de personas. En este sentido, es pertinente recordar las obligaciones estatales de lucha contra la pobreza, incluyendo la cooperación internacional, una concepción más exigente del derecho a la igualdad, así como el derecho a la

educación. Nótese sin embargo que nos encontramos ante la obligación estatal de más difícil cumplimiento, y no tanto por la indefinición de su contenido (aquí el *soft law* resulta de gran ayuda) como por su carácter meramente objetivo, pues no se trata de obligaciones individualizables. La solución jurídicamente más contundente sería que el TEDH aplicara aquí la doctrina de los «casos piloto», pero de momento no ha llegado a tanto. Cualquier búsqueda de soluciones a medio y largo plazo debe comenzar con un análisis completo y objetivo de los factores estructurales que la originan, que son complejos variados (la pobreza, la globalización, la prostitución, la discriminación sexual y racial, o la guerra), no fáciles de identificar (al respecto, Di Nicola, 2007), y muchos de ellos son de naturaleza cultural, por lo que el Derecho resulta insuficiente por sí solo para abordarlos. En esta dirección, análisis como los de Shelley (2010, p. 295 y ss.) resultan interesantes, pues concluyen con una completa propuesta global, proponiendo una amplia batería de medidas muy heterogéneas, y entre ellas políticas públicas (y jurídicas) mucho más activas: ni los firmantes del Protocolo de Palermo se han tomado en serio su implementación, en bastantes países la legislación es todavía insuficiente y el dogma de la soberanía estatal sigue dificultando todavía una cooperación más fuerte entre los Estados (en sentido similar, McRedmon y Wylie, 2010, p. 216 y ss.). Aun dentro del Derecho, debe atenderse también a la complejidad del problema (por todos, Cameron y Newman, 2008), lo que no siempre sucede: como entre otros demuestra Konrad (2008, p. 161 y ss.), las políticas europeas se han revelado incapaces de atender esta multiplicidad de dimensiones, y de esta forma la vulneración estructural de derechos humanos asociada a la trata tiene difícil solución.

Bibliografía

Aradau, C. (2008). *Rethinking Trafficking in Women.* Londres: Palgrave.

Cameron, S. y Newman, E. (2008). *Trafficking in Humans. Social, cultural and political dimensions.* Nueva York: United Nations University Press.

Gallagher, A. T. (2010). *The international law of human trafficking.* Cambridge: Cambridge University Press.

Konrad, H. (2008). The fight against trafficking in human beings from the European perspective, en S. Cameron y E. Newman, *Trafficking in Humans. Social, cultural and political dimensions* (pp. 161-181). Nueva York: United Nations University Press.

McGregor, L. (2014). Applying the Definition of Torture to the Acts of Non-State Actors: The Case of Trafficking in Human Beings. *Human Rights Quarterly*, 36, 210-241.

McRedmon, P. y Wylie, G. (2010). *Human Trafficking in Europe. Character, causes and consequences.* Londres: Palgrave.

Di Nicola, A. (2007). Researching into human trafficking: issues and problems. En M. Lee (ed.) (p.49). *Human Trafficking.* Portland: Willand.

Obokata, T. (2006). *Trafficking of human beings from a human rights perspective: towards a holistic approach.* Leiden: Martinus Nijhoff.

Shelley, L. (2010). *Human trafficking. A global perspective.* Cambridge: Cambridge University Press.

Trujillo del Arco, A. (2017). *La trata de personas: la trata delito y la trata violación de derechos humanos* (tesis doctoral). Getafe: Universidad Carlos III de Madrid.

Capítulo 4.

PREVENIR CANTERAS HUMANAS DE LA ESCLAVITUD COMO CUESTIÓN DE JUSTICIA SOCIAL[1]

ESTHER POMARES CINTAS
Catedrática de Derecho Penal. Universidad de Jaén. Coordinadora de la Red Iberoamericana de investigación sobre formas contemporáneas de esclavitud y derechos humanos (AUIP, Universidad de Granada)

1. LA AGENDA POLÍTICA INTERNACIONAL Y REGIONAL EUROPEA SOBRE LA TRATA DE SERES HUMANOS HA FRACASADO

1.1. De la «trata de esclavos» a la indefinición de la «trata de seres humanos»

Llama la atención que la noción internacional de la *Trata de esclavos*, cuya prohibición legal se hace efectiva a partir del Pacto Internacional de Derechos Civiles y Políticos de 19 de diciembre de 1966 (art. 8) (Allain, 2017, p. 149), haya sido, sin embargo, actualizada de la mano de instrumentos convencionales ajenos a la naturaleza de los tratados de derechos hu-

1 Este trabajo se enmarca en los Proyectos de investigación *Esclavitud contemporánea y trata de personas en el contexto internacional, nacional y andaluz: un estudio jurídico multidisciplinar y transversal* (P18-RT-2253P), Universidad de Granada; *Derecho penal y distribución de la riqueza en la sociedad tecnológica* (PID2019-107974RB-I00), Universidad de Cantabria.

manos, que la han concebido como herramienta vinculada a objetivos políticos (Pomares Cintas, 2019c, pp. 625 ss.) Así ha procedido la ONU que, esta vez bajo la voz *Trata de personas*, ha articulado el Protocolo para prevenir, reprimir y sancionar la trata de personas, especialmente mujeres y niños, de 15 de noviembre de 2000 (Protocolo de Palermo 2000, en adelante), hermanándolo con el relativo al tráfico ilícito de inmigrantes, de la misma fecha, en aras de una misma pretensión: formalmente, la represión de la *criminalidad organizada transnacional* (ambos complementan la Convención de las Naciones Unidas contra la delincuencia organizada transnacional); materialmente, viéndolo con la perspectiva que ofrece el paso del tiempo, para crear globalmente una maquinaria represiva de contención de desplazamientos contemporáneos de personas provenientes de sectores no cualificados y empobrecidos hacia regiones económicamente más desarrolladas, persiguiendo a quienes los favorecen o facilitan, cualquiera que sea la finalidad que los inspiren. Ello justifica el *significado autónomo* que se desea imprimir al delito de Trata, que gira en torno a conductas que implican movimiento (transnacional) de personas, y la ausencia de una política de justicia social para erradicar lo que debe ser el epicentro: las formas más extremas de explotación a la luz de las condiciones actuales de vida y trabajo.

En este marco, por tanto, se establece el compromiso de los Estados firmantes de tipificar el delito de trata de seres humanos según unos patrones determinados y en un específico ámbito de aplicación: el Protocolo gira en torno a la prevención, investigación y castigo de la trata de personas cuando sea *«de carácter transnacional»* y entrañe *«la participación de un grupo delictivo organizado»* (Art. 4).

En efecto, como se desprende de los Trabajos Preparatorios del Protocolo, la redacción del art. 4 deriva del texto propuesto por Estados Unidos que quedó reflejado en el proyecto de protocolo (A/AC.254/4/Add.3/Rev.6): «Artículo 2. Ámbito de aplicación El presente Protocolo se aplicará, salvo si en el mismo se dispone otra cosa, a prevenir y combatir la trata [interna-

> cional] de personas tal como se define en el artículo 2 bis del presente Protocolo y [, cuando intervenga un grupo delictivo organizado,] tal como se define en el artículo [...] de la Convención.» (UNODC, 2008, p. 378)[2].

En coherencia con ese ámbito de aplicación, en los Trabajos Preparatorios se subrayó «que en la definición de trata debía hacerse referencia al *movimiento o traslado de una persona a una comunidad distinta de la comunidad en la que residiera* ... (véase A/AC.254/CRP.13)». Por ello, se destacó «que la trata debía constituir un *delito separado de sus componentes*» (UNODC, 2008, p. 374), es decir, separado materialmente de la explotación, que se reduce a convertirse en elemento teleológico del delito, y no su vertiente principal. Es decir, el delito de trata cobra *significado autónomo frente a la explotación forzosa*, de tal modo que el elemento central de la trata reside en la idea de movimiento, traslado (desplazamiento) transfronterizo de personas. Las formas de sometimiento del ser humano a situaciones de explotación no forman parte integrante del concepto normativo de trata (Bales, Trodd y /Williamson, 2009, pp. 35 y ss.). Que esta modalidad degradante de cosificación no sea el objeto central de persecución del Protocolo de Palermo lo muestra la realidad: gran parte de personas que sufre esas situaciones permanecen en sus países de origen, no han sido previamente objeto de desplazamiento transnacional: no son víctimas de trata (UNODC, 2010). A ellas no se dirige el Protocolo ONU 2000.

---

2 Art. 4 Protocolo. Ámbito de aplicación. «A menos que contenga una disposición en contrario, el presente Protocolo se aplicará a la prevención, investigación y penalización de los delitos tipificados con arreglo al artículo 5 del presente Protocolo, *cuando esos delitos sean de carácter transnacional y entrañen la participación de un grupo delictivo organizado,* así como a la protección de las víctimas de esos delitos». La cursiva ha sido añadida. Se convierte en regla especial respecto de la cláusula general del art. 34 de la Convención contra la Delincuencia Organizada Transnacional.

Esta retórica se muestra aún más claramente en el marco regional europeo, concretamente, en el Derecho de la Unión Europea que implementa el Protocolo de Palermo 2000, primero en 2002 (antes de su entrada en vigor) –Decisión Marco del Consejo, 2002/629/JAI, de 19 de julio de 2002, relativa a la lucha contra la trata de seres humanos– y luego en 2011, con la aprobación de la Directiva 2011/36/UE del Parlamento Europeo y del Consejo, de 5 abril de 2011, relativa a la prevención y lucha contra la trata de seres humanos y a la protección de las víctimas (Directiva UE 2011, en adelante). Cierto es que la Directiva añadió una dimensión *victimocéntrica* a la regulación de la Trata (Pérez Alonso, 2019, pp. 63 ss.), pero esta vertiente permanece en un segundo plano porque este instrumento normativo no se puede entender al margen de los objetivos comunitarios. Así pues, la lucha contra la *trata de seres humanos*, aun debiendo ser concebida como *proceso* que instrumentaliza a la víctima, con independencia de su nacionalidad o condición migratoria, para someterla a un estado de explotación forzosa, se inscribe estructuralmente en el marco de la política común de inmigración y de control de la fronteras exteriores de la UE, orientada, al igual que la lucha contra la inmigración ilegal, a «garantizar, en todo momento, una gestión eficaz de los flujos migratorios» (arts. 79.1, 79.2 d) Tratado de Funcionamiento de la Unión Europea, de 13 de diciembre de 2007). La Directiva (UE) 2024/1712, de 13 de junio de 2024, que actualiza el texto de la de 2011, no modifica aquel precepto, y sigue contemplando exclusivamente la protección de víctimas de trata (y no las explotadas que no han sido objeto de comportamientos de trata), tal vez porque pertenecen a un sector que requiere ser identificado y controlado, y si es posible, retornado a su país de origen.

Es lo que explica que, en España, que ha asumido el papel de gendarme de la frontera sur europea, se integren «la lucha contra la inmigración irregular y la persecución del tráfico ilícito de personas», y «la persecución de la trata de seres humanos» como «principios de la política inmigratoria» [Artículo 2 bis, g), h) Ley Orgánica 4/2000, de 11 enero, sobre derechos y libertades de los extranjeros en España y su integración social]. Y es lo que explica también que la persecución de la Trata de seres humanos corresponda a mecanismos especializados en *extranjería*: Unidad de Extranjería de la Fiscalía General del Estado, y la Unidad de la Policía nacional contra las Redes de Inmigración Ilegal y flujos migratorios (UCRIF).

El paradigma de la rentabilidad económica del ser humano, el hilo conductor del modelo de producción neoliberal globalmente extendido, ha inspirado de lleno también la gestión y políticas de contención de flujos migratorios de sectores empobrecidos hacia las regiones más industrializadas (Portilla Contreras, 2007; Álvarez García, 2019, pp. 371 ss.). En territorio europeo asistimos a una grave restricción de las vías de migración regular, junto a deficientes sistemas de migración laboral y la precariedad de las opciones u oportunidades laborales y recursos para las mujeres-inmigrantes (Informe temático de la Relatora Especial sobre la trata de personas, 2016; Resolución del Parlamento Europeo, 2016).

La Unión Europea ha ido paulatinamente blindando sus fronteras frente a los movimientos migratorios externos. El *acervo Schengen* ha diseñado una política centrada en la lucha represiva contra la inmigración ilegal, que ha condicionado y endurecido severamente los canales legales de la inmigración en todas sus etapas (entrada, permanencia y circulación) (Pomares Cintas, 2014, pp. 158 ss.). Dificultar las condiciones de entrada y permanencia legales ha producido también el efecto de aumentar la población inmigrante ilegal y fomentar la economía sumergida de una población condenada a la clandestinidad en sectores no cualificados o no regulados (Dictamen del Comité Económico y Social Europeo, 2004; Cuarto Informe General (2013 y 2014) del Grupo de Expertos contra el Tráfico de Seres Humanos del Consejo de Europa (GRETA),

Segundo informe de evaluación GRETA a España, de 20 de junio de 2018).

A ello cabe añadir el reconocimiento de un *estatus de desprotección jurídica*, un modelo de exclusión de derechos básicos y fundamentales vinculado al efecto útil de la expulsión: la *espada de Damocles* del inmigrante irregular. El temor a ser descubierto como tal, a ser detenido, encerrado y expulsado es una amenaza cierta y constante que lo *inocuiza*, acentúa su vulnerabilidad y garantiza, asimismo, su docilidad y disponibilidad ante situaciones de explotación, particularmente, las más extremas (Dictamen del Comité Económico y Social Europeo, 2002; Pomares Cintas , 2013, pp. 98 ss.; 2014, pp. 163 ss.): quedan terminantemente reducidos a una nuda fuerza de trabajo. Esa *disponibilidad* para ser atrapados bajo condiciones de sometimiento forzoso a explotación se puede obtener, simplemente, mediante el aprovechamiento del tratamiento del inmigrante ilegal, que ya le viene dado desde las instituciones comunitarias: ello disuade a la víctima de toda iniciativa de denuncia de su situación. Estigma institucionalizado en la Directiva 2008/115/CE, del Parlamento Europeo y del Consejo, de 16 de diciembre de 2008, relativa a normas y procedimientos comunes en los Estados miembros para el retorno de los nacionales de terceros países en situación irregular, y reforzado por la Directiva 2009/52/CE, del Parlamento Europeo y del Consejo, de 18 de junio de 2009, por la que se establecen normas mínimas sobre las sanciones y medidas aplicables a los empleadores de nacionales de terceros países en situación irregular.

En esta línea, el Tribunal Europeo de Derechos Humanos, en el *Asunto Siliadin Vs. Francia* (núm. 73316/01, Sentencia de 26 de octubre de 2005) ha declarado que alimentar el temor de la víctima a ser detenida, encerrada y expulsada del territorio, es decir, el riesgo derivado del estatus del inmigrante ilegal, constituye un elemento esencial que fundamenta el concepto de sometimiento a explotación a través de los trabajos forzosos.

Los efectos perniciosos del estigma del inmigrante ilegal alcanzan también al inmigrante «provisionalmente» legal, cuya estabilidad administrativa descansa sobre bases sinuosas. Su disponibilidad ante la explotación –en los mismos sectores productivos– se traduce en el temor a perder su ya frágil condición de legalidad por la posibilidad cierta de dejar de cumplir los requisitos que le unen al territorio, esto es, el temor a sufrir el estigma de la ilegalidad. En efecto, la experiencia ha demostrado que el mismo peligro de explotación se extiende a los que ejercen legalmente su derecho a migrar (Informe ACCEM, 2006, pp. 33, 40; Pomares Cintas, 2013, pp. 98 ss.).

En síntesis, la política (anti) migratoria europea coloca al inmigrante en una posición tal de debilidad –tenga o no autorización administrativa para residir y trabajar– que hace que soporte situaciones extremas de explotación, bien porque necesita el puesto de trabajo para aferrarse provisionalmente a su condición de legalidad, o porque simplemente carece de ella. Esa *espada de Damocles* es un factor clave que, sin duda, contribuye a crear canteras humanas de esclavitud. Ahora bien, las instituciones comunitarias, al amparo de la potestad suprema de controlar los flujos de migración, miran sin ver, aun a riesgo de fomentarlas (Dictamen del Comité Económico y Social Europeo, 2004).

1.2. La era del Protocolo de Palermo sobre la trata de personas y las repercusiones de la pandemia Covid-19

Tras la vigencia de los «*Protocolos-tándem*» de Palermo relativos a la persecución del tráfico ilícito de migrantes y la trata de seres humanos, cabe verificar un aumento exponencial de las canteras humanas de la explotación forzosa, es decir, de los sectores en riesgo de explotación extrema, al tiempo en que se ha visto reforzada la represión policial, incluso militar, en las fronteras tanto en los países de origen, tránsito como de destino de las personas desplazadas. Obsérvese, por ejemplo, esta militarización en los itinerarios hacia Estados Unidos (México, Guatemala), particularmente, en la era de la Administración norteamericana de Trump, a modo de externalización del control de sus fronteras[3].

Por otro lado, la era de los «*Protocolos-tándem*» de Palermo ha generado un mar de confusiones terminológicas entre la vertiente de la trata de seres humanos, la persecución de las prácticas de explotación forzosa y el control de movimientos migratorios. Se han mezclado cuestiones conceptuales distintas, en aras de la prioridad de políticas de control de fronteras (Álvarez García, 2019, pp. 371 ss.; Mestre i Mestre, 2020, pp. 20 ss.) pues ni el Protocolo de Palermo 2000, ni la Directiva UE 2011, son tratados de derechos humanos, ni pretenden arrogarse ese elevado papel.

> Ilustran un baile especulador de conceptos las Conclusiones del Consejo de la UE, 2016; la Resolución del Parlamento Europeo, 2016a; Resolución del Parlamento Europeo, 2016b, aapartado 107; Comunicación de la Comisión al Parlamento Europeo, 2015, p. 2.

Las instituciones de la UE son conscientes de esta visión instrumental de la lucha penal contra la trata de seres humanos. Como advierte el Parlamento Europeo, en su Resolución de 5 de julio de 2016, en el campo de batalla terrestre o marítimo, la maquinaria policial (FRONTEX) y militar (EUNAVFOR SOPHIA, incluso barcos de la OTAN) que han instituido las herramientas penales del tráfico ilícito de migrantes y la trata de personas no busca de forma sistemática indicios de peligro de explotación de las personas desplazadas, sino que el objetivo

---

3 (https://elpais.com/mexico/2021-01-18/mexico-militariza-la-frontera-sur-ante-la-llegada-de-la-primera-caravana-de-la-era-biden.html; https://elpais.com/mexico/2021-01-17/guatemala-frena-por-la-fuerza-a-la-caravana-de-migrantes-que-se-dirige-hacia-mexico.html).

es detectar a inmigrantes de modo indistinto; tratan «a los menores en riesgo como delincuentes o migrantes irregulares», y persiste el «temor» de las víctimas de que las autoridades de inmigración tomen medidas contra ellas, las detengan y expulsen, sin oportunidad de ejercer sus derechos como víctimas (apartados 33 y 68), revirtiendo drásticamente contra los derechos de los migrantes y los desplazados forzosos (Pomares Cintas, 2019b).

Hasta tal punto es el celo por el control de los flujos migratorios en el Derecho *de la UE, que se* permite *criminalizar la ayuda humanitaria a inmigrantes* (art. 1.2 Directiva 2002/90/ CE) (Pomares Cintas, 2015; Muñoz Ruiz, 2016). Precisamente con ocasión de la política de externalización del control de las fronteras exteriores, esa puerta abierta se ha convertido en arma clave para disuadir a ONG que se resisten a cumplir condiciones que se les imponen a propósito de polémicos acuerdos, como el de Libia. En el marco del Acuerdo de la UE (e Italia) con Libia (2017), el Gobierno italiano supeditó las actividades humanitarias de las ONG, las funciones encomendadas de salvamento, a la aceptación de un código de conducta: no entrar en aguas libias para ayudar a los que huyen de las costas libias, no trasladarlos a otras naves y colocar a los migrantes rescatados (interceptados) en manos de las autoridades libias. Además, se les obliga a embarcar a agentes preparados para la investigación de redes de tráfico de migrantes, imprimiendo así un gesto policial a las operaciones humanitarias. En suma, las actividades de salvamento de las ONG no debían impedir la contención de migrantes y necesitados de protección internacional en Libia, es decir, la política de interceptar a migrantes y retornarlos a las costas libias (Del Valle, 2016, pp. 22 ss., Sánchez Legido). Semejante condicionamiento desnaturaliza toda función de salvamiento humanitario desde el momento en que se es consciente del riesgo cierto al que son expuestos los desplazados si son devueltos a las autoridades libias: detenciones indiscriminadas, extorsiones, tratos degradantes en su detención, trabajos forzosos, torturas, etc. (Abril, 2018). Esta encrucijada ha sido resuelta por algunas ONG a favor de los migrantes, apostando por surcar el Mediterráneo Central con barcos civiles que rompen barreras[4], que sufren el hostigamiento por parte de algunos países europeos fronterizos y acusaciones por el delito de colaboración en la inmigración ilegal, como el *Open Arms*, «*Acuarius*», «*Ocean Viking*» (operado también por Médicos Sin Fronteras y SOS Mediterranée), «*Alan Kurdi*» (ONG Sea-Eye), «Alex» (colectivo italiano Mediterranea), *Sea Watch 3 (Sea Watch)*, «Aita Mari» (ONG Salvamento Marítimo Humanitario, proyecto Maydayterraneo, 2018).

Movidas por las reglas del estado de necesidad y el concepto de ayuda humanitaria, estas embarcaciones civiles se rebelan ante el cumplimiento de esas condiciones del Acuerdo con Libia[5]. Sin duda, el Tribunal Europeo de Derechos Humanos (TEDH), si tuviera competencia personal y material para ello, condenaría directamente a la UE por ese Acuerdo por falta de garantías de respeto del derecho a no sufrir torturas, tratos inhumanos o degradantes (art. 3 CEDH) o del derecho a la libertad y seguridad personal (art. 5 CEDH).

> La Sentencia del TEDH, en el *Asunto M.S.S. vs. Bélgica y Grecia*, n. 30696/09, de 21 de enero de 2011, consideró contrario al derecho a no sufrir tratos inhumanos o degradantes el traslado de Bélgica a Grecia de un solicitante de asilo cuando

---

4 *Vid.* Diario El País, 19 de marzo 2018. https://elpais.com/internacional/2019/07/02/actualidad/1562094157_265245.html#?ref=rss&format=simple&link=link; https://elpais.com/internacional/2019/12/21/actualidad/1576931888_643431.html#?ref=rss&format=simple&link=link; https://www.publico.es/sociedad/aita-mari-rescata-cinco-horas-148-personas-deriva-cerca-costa-libia.html.

5 https://elpais.com/politica/2019/08/23/actualidad/1566553604_204415.html#?ref=rss&format=simple&link=link

Grecia no ofrecía esas garantías de respeto del derecho del art. 3 del CEDH.

Ante la laguna democrática que presenta el Derecho de la UE, en la medida en que da la espalda al control externo jurisdiccional por parte del TEDH, y a su obligación de adherirse al CEDH, esa función de protección efectiva ante un riesgo cierto de violación de derechos fundamentales y absolutos la están desempeñando hoy esas ONG. Por ello son incómodas para los objetivos de la UE de contención, a cualquier precio, de los desplazamientos hacia Europa, y por ello se explica que hayan sido acusadas de provocar un *efecto llamada* de las migraciones irregulares, de ayudar a la inmigración ilegal facilitando la salida de embarcaciones, recogiendo migrantes cada vez más cerca de las costas libias, a modo de «taxis» para inmigrantes, incluso de colaborar con redes criminales (Abril, 2018).

La persecución de las ONG «subversivas» recuerda a la del movimiento clandestino norteamericano *Underground Railroad*, una red organizada, a mediados del siglo XIX, para ayudar a los esclavos de las plantaciones de los Estados del Sur a escapar a territorios seguros, donde podían vivir libremente, y libres de tratos inhumanos. En un inicio los traslados eran internos, hacia el norte de Estados Unidos, y, posteriormente, cobraron naturaleza transfronteriza hacia destinos como Canadá, principalmente, o México y Centroamérica. Se consideraba una organización criminal, de carácter subversivo, contrario a la *Fugitive Slave Act* de 1850: formaba parte de la resistencia y lucha contra la legislación que instituía la esclavitud, es decir, del movimiento abolicionista[6]. Una de sus más significativas protagonistas y promotoras, fue Harriet Tubman, una mujer negra norteamericana que, tras escaparse al Norte, y alcanzar

---

6 https://revistadehistoria.es/harriet-tubman-la-conductora-de-la-libertad/.

su libertad, regresó para ayudar a cientos de esclavos a huir, fue tenazmente perseguida. El padre de la autora de la obra *La cabaña del Tío Tom*, Harriet Beecher Stowe, fue uno de los conductores de la red clandestina (Lengellé-Tardy, 1971). La historia se repite: hoy el movimiento *Underground Railroad* también sería delictivo, como organización criminal de traficantes de personas.

El ideario del control represivo de las migraciones externas ha convertido la zona del Mediterráneo en un campo de batalla, un dique para la humanidad inmigrante (inmigrantes económicos y solicitantes de asilo o protección internacional). Hoy, y desde hace 30 años, el Mediterráneo es un mar frustrado, de profundos temores, guarda como tesoros las esperanzas de personas que mueren bajo sus aguas.

El caldo de cultivo de la vulnerabilidad institucional de la humanidad inmigrante se ha recrudecido con el ingrediente de la pandemia de la *Covid-19*. En el territorio de la UE se ha reforzado la nacionalización del cierre de fronteras interiores a cal y canto[7]; la agencia policial de la UE (*Frontex*), guardiana de las fronteras exteriores, ha sido cuestionada por prácticas sistemáticas violentas y humillantes contra las personas que llaman a las puertas de Europa[8] (Naïr, 2021; 2020;Martínez Escamilla, 2017). Se han recrudecido, como advierte ACNUR, las detenciones arbitrarias de refugiados y solicitantes de asilo[9].

---

7 https://elpais.com/sociedad/2021-01-29/francia-evita-un-nuevo-confinamiento-pero-refuerza-el-control-en-las-fronteras.html; https://elpais.com/espana/2020-11-06/espana-y-frontex-negocian-una-operacion-para-cerrar-la-ruta-migratoria-canaria.html.

8 Vid. https://elpais.com/internacional/2021-01-12/la-oficina-antifraude-de-la-ue-investiga-si-frontex-realiza-devoluciones-irregulares-de-migrantes.html

9 https://www.acnur.org/noticias/press/2020/7/5f1b0e1c4/acnur-destaca-la-necesidad-urgente-de-que-los-estados-pongan-fin-a-la-detencion.html (24 de julio de 2020).

Hablamos hoy, pues, de fronteras espinosas, interiores y exteriores, que han confinado como rehenes el derecho internacional humanitario y la necesidad de pensar y elaborar otro modelo de política migratoria a medio y largo plazo (Naïr, 2020).

Y, mientras tanto, tras 22 años del Protocolo de Palermo y 20 de directrices comunitarias, las canteras humanas de la esclavitud no sólo no se han debilitado, sino que han crecido conforme aumentan los excedentes humanos del sistema económico global y las necesidades de migrar.

1.3. Un punto de inflexión: Informe de la Relatora Especial sobre la trata de personas, Maria Grazia Giammarinaro, de 17 de julio de 2020

Es hora, pues, de mirar con la perspectiva del Derecho internacional humanitario: el epicentro debe colocarse, directamente, en la prevención de las prácticas contemporáneas de sometimiento forzoso a situaciones de explotación humana, y en la elaboración de un régimen jurídico eficaz que permita identificarlas, perseguirlas y castigarlas.

Porque el escenario es inquietante. No sólo se consideran obsoletos, para abordar la fenomenología de la explotación forzosa en el *mantra* neoliberal, los conceptos de *trabajo forzoso* (Convenio nº 29 de la OIT sobre el Trabajo Forzoso de 1930; Convenio nº 105 OIT relativo a la abolición del trabajo forzoso de 1957), de *esclavitud* y *servidumbre* (Convención de Ginebra sobre la Esclavitud, de 25 de septiembre de 1926; Convención suplementaria de Ginebra, de 7 de septiembre de 1956, sobre la abolición de la Esclavitud, la Trata de esclavos y las instituciones y prácticas análogas a la Esclavitud); también está estancada, en el plano convencional, la búsqueda de un instrumento internacional nuevo.

El efecto inmediato de esta parálisis es la vigencia de un régimen jurídico internacional de tutela del ser humano ante la cosificación[10] «funcionalmente inoperante como herramienta para mitigar la explotación» (Allain, 2017, p. 181). Actualizarlo y revitalizarlo no consta entre los objetivos del Protocolo de Palermo de 2000, ni tampoco se remueve esta grave deficiencia en el ámbito de la UE: la Directiva (UE) 2024/1712, que modifica la Directiva 2011/36/UE, no toca una letra del art. 79 TFUE, que, como se ha señalado, vincula la lucha contra la trata de seres humanos con la política de gestión de las migraciones y el control de las fronteras exteriores. Tampoco abre la puerta a la necesidad de elaborar, a través del art. 83 TFUE, un marco de armonización legislativa sobre las directrices de incriminación de la explotación forzosa.

En definitiva, el impacto de una visión de fondo anclada en la prioridad global del interés del control migratorio, y no en mitigar la explotación del ser humano, es patente.

La era del Protocolo de Palermo sobre la trata, sumida en los efectos del *mantra* neoliberal que ha desenmascarado la pandemia (Arcos Ramírez, 2017, pp. 83 ss.; Pérez Machío, 2016), señala que es hora de cambiar de paradigma, de mirar al fondo. Y esa es la voz que se desprende del excepcional Informe presentado en 2020 por la Relatora Especial sobre la trata de personas, Maria Grazia Giammarinaro, a la Asamblea General de la ONU (A/75/169, 17 de julio de 2020), que reconoce importantes deficiencias sobre las que he venido insistiendo: el Protocolo de Palermo de 2000 sobre trata de personas no

---

10 Art. 8 Pacto Internacional de Derechos Civiles y Políticos, de 19 de diciembre de 1966; art. 4 Convenio Europeo para la Protección de los Derechos Humanos y de las Libertades Fundamentales, de 4 de noviembre de 1950; art. 6 Convención Americana Sobre Derechos Humanos, de 22 de noviembre de 1969; art. 5 Carta Africana sobre los Derechos Humanos y de los Pueblos, de 27 de julio de 1981.

satisface el enfoque del Derecho internacional humanitario ni la mirada de la jurisprudencia de los tribunales regionales de derechos humanos, cuya doctrina evolutiva ha roto moldes en la definición y lucha contra las formas modernas de esclavitud (Pomares Cintas, 2013, pp. 98 ss., 121 ss.; 2014, pp. 158 ss; 2021, pp. 1059 ss.).

Pero no sólo eso.

La virtualidad del Informe, a mi juicio, se centra en una cuestión más profunda: reconoce el «carácter sistémico de la explotación» y considera prevenir las canteras de la esclavitud «como una cuestión de justicia social», no sólo como un asunto penal, que constituye la punta del iceberg. En efecto, hoy seguimos hablando de abusos sistémicos sobre el ser humano (que tiene plurales aristas), más rentables y a mayor escala que en la era de la esclavitud como sistema de producción económica, porque discurre por hilos invisibles y otro modelo capaz de atrapar al ser humano con similar eficacia (Lengellé-Tardy; 1971;2002). En estos otros escenarios, combatir el *dumping* social, o la llamada competencia *desleal* empresarial, ha conseguido el efecto de desplomar, como un gran *tsunami* global, el techo de los derechos laborales y económicos, que se han visto gravemente filtrados también por el eje de la mercantilización (Ramonet, 2011; Mantouvalou, 2012; Hortal Ibarra, 2018; Terradillos Basoco, 2021), sin hablar de las repercusiones de la precarización de las políticas migratorias laborales al son de la gestión-contención de movimientos migratorios no cualificados y de sectores empobrecidos. Significativa es la expresión del TEDH que nos habla de una «reminiscencia de los primeros años de la revolución industrial» cuando reconoce una situación de explotación que califica de *servicios forzosos* en el contexto de la agricultura estacionaria (Sentencia de 30 de marzo de 2017, *Asunto Chowdury y otros v. Grecia*, núm. 21884/15).

De ahí la necesidad de elaborar un régimen jurídico en el que la obligación de erradicar las prácticas extremas de explotación humana incluya, de modo intrínseco, neutralizar los factores que contribuyen a crear canteras humanas de la esclavitud moderna.

La implantación de líneas directrices sobre conducta empresarial socialmente responsable es, en realidad, un paliativo frente a lo que se califica, cual lenguaje de un balance mercantil (Guamán Hernández, 2021, pp. 92, 93), de «efectos adversos» en las operaciones de las filiales y cadenas de suministro de las empresas de la UE: esos «*efectos adversos*» son, «en particular, *cuestiones de derechos humanos, como el trabajo forzoso, el trabajo infantil, la inadecuación de la salud y la seguridad en el lugar de trabajo, la explotación de los trabajadores*» (Propuesta de Directiva sobre diligencia debida de las empresas en materia de sostenibilidad, de 23 de febrero de 2022[11]). El texto finalmente aprobado (Directiva UE 2024/1760 sobre diligencia debida de las empresas en materia de sostenibilidad) consagra un sistema que pivota sobre el lenguaje propio de la gestión empresarial *ad intra* –«detección y medición de riesgos», «priorización» (Guamán Hernández, 2021, pp. 92, 93)– cuando se habla, ni más ni menos, de ¡violaciones de derechos humanos absolutos!, que se conciben al mismo nivel de la distorsión del postulado de la igualdad de condiciones para las empresas en el mercado único: «garantizar unas condiciones de competencia equitativas a las empresas en el mercado interior» (Considerando 98).

Este programa sobre la diligencia debida empresarial no es una hoja de ruta que se halle a la altura de la envergadura de los derechos humanos a proteger a lo largo de las cadenas mundiales de suministro[12]. No tiene vocación de convertirse

---

11 La cursiva es añadida.

12 Véase, bajo una óptica de fondo distinta, Informe temático de la Relatora Especial sobre las formas contemporáneas de esclavitud, Maria Grazia Giammarinaro, sobre el fortalecimiento de las normas voluntarias de

en un mecanismo para conseguir «(por sí mismo) el objetivo de garantizar que las empresas transnacionales cumplan su deber de respetar los derechos humanos» (Guamán Hernández, 2021, p. 94; véase también, de la misma autora, 2024, pp. 53 ss.) Y la falta de una auténtica red de garantías «implica la impunidad de las corporaciones y la indefensión de las víctimas» (Guamán Hernández, 2021, p. 93).

Ante esta perspectiva, el mencionado Informe de la Relatora de Naciones Unidas hace un llamamiento para que se adopten alternativas al Protocolo de Palermo de 2000, incluso la adopción de «un posible instrumento internacional nuevo» que aborde la problemática desde esa doble perspectiva. Es decir, integrando elementos de *justicia social*.

Ello implica el deber consciente de implementar y desarrollar políticas públicas de erradicación de los factores que favorecen situaciones extremas de explotación. Entre estos factores, destacan los siguientes:

(a) la precarización estructural, además de un deficiente servicio de inspección laboral, en ciertos sectores no cualificados: el trabajo doméstico, servicios de cuidado doméstico, servicios de limpieza, talleres textiles, agricultura y construcción (Recomendaciones de la OSCE para combatir el delito de trata con ocasión de la invasión de Ucrania, SEC.GAL/48/22, 22 de abril de 2022; Convenio OIT 189 sobre el Trabajo Decente para las trabajadoras y los trabajadores domésticos, 16 de junio 2011; Correa Da Silva/Cingolani, 2020; Miñarro Yanini, 2014; Berasaluze Gerrikagoitia, 2020).

(b) la ausencia de regulación de las condiciones y derechos laborales en torno a actividades o servicios como el trabajo se-

---

las empresas destinadas a prevenir y combatir la trata de personas y la explotación laboral, especialmente en las cadenas de suministro, de 28 de marzo de 2017 (A/HRC/35/37); y las Recomendaciones de la citada relatora en su Informe de 17 de julio de 2020.

xual, que subraya su desamparo legal y lo condena al abuso y la clandestinidad (Hava García, 2006; Baucells Lladós, 2006, pp. 201, 202; Maqueda Abreu, 2017; Corrêa Borges, 2013).

En otro nivel, a medio y largo plazo, habrá que afrontar las causas estructurales del perfil contemporáneo de los flujos migratorios, pues se reconoce que los factores que los impulsan «tienen vocación de permanencia» (Comunicación de la Comisión Europea, 2016). Asimismo, se requiere flexibilizar los canales para la migración regular, los sistemas de migración laboral, permitiendo la regularización en el territorio del país de destino (Cuarto Informe General GRETA, 2013 y 2014; Sentencia TEDH de 30 de marzo de 2017, *Asunto Chowdury y otros v. Grecia*). Y, al mismo tiempo, subsanar la precariedad de las opciones u oportunidades laborales y recursos para las mujeres-inmigrantes que las colocan en una posición de desventaja en los sectores de actividad no cualificados, una situación que se agrava en los períodos de crisis económica (Resolución del Parlamento Europeo, 2016b; Informe temático de la Relatora Especial sobre la trata de personas, 2016; DAUNIS RODRÍGUEZ, 2012, p. 94).

En definitiva, las respuestas a los factores que favorecen canteras humanas de esclavitud no pueden ser excusadas por trascender las competencias en relación con la persecución de la trata de personas. Hasta ahora ha sido una interrogante pendiente guardada en el cajón de las agendas políticas internacionales y regionales.

2. LAS CLAVES PARA LA INCRIMINACIÓN DE LAS SITUACIONES DE SOMETIMIENTO FORZOSO A EXPLOTACIÓN DEL SER HUMANO

A la hora de afrontar la trata de seres humanos, la escala de medición debe discurrir propiamente a la altura de los tratados de derechos humanos: la trata debe ser estrictamente concebida en tanto proceso conducente a someter a la víctima a una situación forzosa de explotación, cualquiera que ésta sea, bajo la esfera de disponibilidad y control de otra persona (Montoya Vivanco, 2016; Gallo/García Sedano, 2020).

Una interpretación que mira al derecho internacional de los derechos humanos conduce a sustentar un alcance estricto de la noción de la Trata de personas, en la medida en que su prohibición se encuentran intrínsecamente anudada al sustrato que le confiere sentido: la protección universal de las personas, como norma de *ius cogens*, frente a las prácticas de *esclavitud* o formas de explotación de significación análoga en la fenomenología de hoy –*servidumbre, trabajos o servicios forzosos*– (Art. 8 Pacto Internacional de Derechos Civiles y Políticos de 19-12-1966; art. 4 Convenio para la Protección de los Derechos Humanos y de las Libertades Fundamentales de 4-11-1950; art. 6 Convención Americana sobre Derechos Humanos de 22-11-1969; art. 5 Carta Africana sobre los Derechos Humanos y de los Pueblos de 27-7-1981) (Pomares Cintas, 2019a, pp. 400 ss.).

Porque es precisamente ese sustrato lo que fundamenta las obligaciones de los Estados en relación con la incriminación del sometimiento forzoso a una situación de explotación (Villacampa Estiarte, 2015, pp. 416, 418; 2020). Ello implica, a su vez, el deber de perseguir las respectivas conductas como tales y el deber de proteger y asistir a las víctimas, sin necesidad de que la condición que las subyuga se haya derivado de un comportamiento previo de trata de personas (Rodríguez Montañés, 2014). El Protocolo de la OIT, de 11 de junio de 2014, relativo al Convenio núm. 29 sobre el Trabajo Forzoso, ratifica estas obligaciones.

En esta línea, véanse las siguientes Sentencias del TEDH: 73316/01, de 26-10-2005 (Asunto Siliadin Vs. Francia); 25965/04, de 7-1-2010 (Asunto Rantsev vs. Chipre y Rusia); 4239/08, de 13-11-2012 (Asunto C.N. Vs. Reino Unido);

60561/14, de 25-6-2020 (Asunto S.M. Vs. Croacia); Sentencia de la Corte Interamericana de Derechos Humanos (CIDH), de 20-10-2016 (Caso Trabajadores de la Hacienda Brasil Verde Vs. Brasil).

Así, en puridad, deberíamos reemplazar el término «trata de seres humanos» por otro más significativo para evitar desvirtuarlo y desviarlo a otros objetivos: *trata de esclavos contemporáneos,* abarcando mujeres, hombres y menores de edad.

Ahora bien, unida a políticas sociales y migratorias neutralizadoras de canteras de explotación humana, una política criminal solvente en esta materia ha de apostar por una definición que permita identificar y, con ello, perseguir *toda* práctica de sometimiento forzoso a una situación de explotación (Maqueda Abreu, 2018, Valverde Cano, 2019).

Las claves de las situaciones de explotación humana subsumibles en el contexto de la esclavitud moderna no dependen, en sí, de la naturaleza del servicio, prestación o tipo de actividad, sino del eje de una *relación o estado de sometimiento* a la esfera de control y disponibilidad de otra persona, como una extensión de su posesión, y de los métodos o procedimientos capaces de constreñir la voluntad de la víctima (OIT, 2005; 2006; UNODC, 2010).

Desde la perspectiva del derecho internacional de los derechos humanos, todas las modalidades de explotación que específicamente se mencionan en el contexto de la trata –*explotación sexual, celebración de matrimonios forzados, explotación para realizar actividades delictivas, mendicidad, extracción de órganos corporales de la víctima, etc.*–, deben compartir un eje cualitativo común: deben reconducirse, sin perjuicio de sus particularidades, a los parámetros de una situación de explotación forzosa en el modelo socioeconómico vigente. Es el planteamiento que respalda la doctrina evolutiva de los Tribunales internacionales y regionales de derechos humanos, que ha interpretado, con los ojos de hoy, los ejes de la denominada *esclavitud moderna* (Bonet Pérez, 2017, pp. 184 ss.; Mestre i Mestre, 2020, pp. 20 ss.).

> Sentencias TEDH de 26-10-2005 (*Asunto Siliadin Vs. Francia);* de 7-1-2010 (*Asunto Rantsev vs. Chipre y Rusia);* de 11-10-2012 (*Asunto C.N. y V. Vs. Francia);* de 13-11- 2012 (*Asunto C.N. Vs. Reino Unido);* de 30-3-2017 (*Asunto Chowdury y otros v. Grecia*), Sentencia CIDH, de 20-10-2016 (*Caso Trabajadores de la Hacienda Brasil Verde Vs. Brasil*]. Véase también, en esta línea, STS 298/2015, de 13-5.

En otras palabras, las finalidades de explotación sexual, mendicidad, o el matrimonio forzado, no aluden, en el contexto de la trata, a prácticas de aprovechamiento del ser humano cualitativamente distintas del eje que une los términos de esclavitud, servidumbre o servicios forzosos (Pomares Cintas, 2019a, pp. 413 ss.; en esta línea, en España, Memorias de la Fiscalía General del Estado, Unidad de Extranjería, 2019). De este modo, la finalidad de «explotación sexual» trasciende el ejercicio de la prostitución ajena: equivale aquí a la «Explotación sexual en condiciones de análoga significación a la esclavitud (servicios forzados, servidumbre)» (Informe temático de la Relatora Especial sobre la trata de personas 2016; UNODC, 2010; Resolución del Parlamento Europeo, 2016b; Sentencia TEDH de 7-1-2010, *Asunto Rantsev Vs. Chipre y Rusia*). Por las mismas razones, el *matrimonio forzado,* como finalidad en el contexto de la trata, no se reduce al riesgo cierto de «celebrar» la unión forzada de la víctima con otra persona, sino que debe tener como objetivo subyugarla a una situación derivada de esa unión que implique elementos de explotación personal como la servidumbre doméstica o sexual (Informe temático de la Relatora Especial sobre las formas contemporáneas de esclavitud, 2012; Informe temático, 2016; Villacampa Estiarte, 2015, pp. 407 ss.; Pomares Cintas 2019a, pp. 414 ss.; Sentencia Audiencia Provincial de Huelva (Sección 3.ª), num. 229/2019, de 20 diciembre; Sentencia Tribunal Superior de Justicia de Andalucía, Granada, num. 211/2021, de 28 julio.).

Admitir otro alcance de las modalidades de explotación desvirtuaría la prohibición de la trata de personas como *derecho humano absoluto,* al tiempo que equipararía la prohibición de las formas de explotación en condiciones análogas a la esclavitud, es decir, sus formas más severas, a cualquier otra forma de explotación (no forzosa) que no atienda a esos parámetros.

Una incriminación que opte por la diversificación penal de los conceptos de esclavitud, servidumbre y trabajos o servicios forzosos, como compartimentos estancos, a través de formulaciones que los encorseten, o descripciones muy imprecisas, puede ser obstáculo para su persecución. En la práctica, esas figuras aparecen interrelacionadas, de modo que se haría «difícil detectar la forma exacta de explotación a la que se somete a las víctimas» (Comunicación de la Comisión Europea sobre la Estrategia de la Unión Europea para la erradicación de la trata de seres humanos, 2012-2016).

En su lugar, habría que apostar por una incriminación única capaz de aglutinar el *sustrato esencial* que fundamenta todo sometimiento forzoso del ser humano a una situación de explotación.

De un lado, el ejercicio de un poder de control-disposición de carácter fáctico sobre la víctima; de otro, el recurso a métodos o procedimientos para someterla y obligarla a realizar una prestación, actividad o servicio, cualquiera que sea su naturaleza.

La gravedad de este escenario de sometimiento del ser humano es susceptible de ser ponderada, esto es, admite graduaciones. Su mayor o menor entidad dependerá del grado de restricción de esferas de libertades de la víctima. Habrá que valorar si el poder de disposición del explotador se extiende más allá de la realización de la prestación, actividad o servicio de que se trate, afectando a la capacidad de determinación de los tiempos de vida de la víctima. Es el derecho de la persona a no ser cosificada en escenarios de explotación forzosa el que está en juego (art. 4 CEDH, art. 6 CADH), el derecho absoluto a no ser reducida a la condición de objeto en manos de otra persona.

Bajo la tutela de este derecho humano, se propone la incorporación en el Código penal (no en leyes especiales) de un Capítulo que englobe, junto al delito de trata de seres humanos, las formas más severas de explotación.

Bibliografía

Abril, G. (2018). Reportaje *La batalla del Mediterráneo,* El País Semanal, nº 2155, 14 enero 2018.

Allain, J., (2017). 125 años de abolición: el derecho de la esclavitud y la explotación humana. En E. Pérez Alonso (Dir.), *El Derecho ante las formas contemporáneas de esclavitud* (pp.147-182). Valencia: Tirant lo Blanch.

Álvarez García, F.J. (2019). Criterios de armonización de la legislación penal centroamericana en materia de trata de personas. En E. Pérez Alonso y E. Pomares Cintas (Coords.), *La trata de seres humanos en el contexto penal iberoamericano.* Valencia: Tirant lo Blanch.

Arcos Ramírez, F. (2017). Globalización, pobreza y esclavitud contemporánea: una mirada cosmopolita. En E. Pérez Alonso (Dir.), *El Derecho ante las formas contemporáneas de esclavitud.* Valencia: Tirant lo Blanch.

Bales, K., Trodd, Z. y Williamson, A.K. (2009). *Modern Slavery. The secret World of 27 million people.* Oxford: Oneworld.

Baucells Lladós, J., (2006). El tráfico ilegal de personas para su explotación sexual. En Mª J. Rodríguez Mesa y L. Ruíz Rodríguez (Coords.), *Inmigración y sistema penal. Retos y desafíos para el siglo XXI* (pp. 173-202). Valencia: Tirant lo Blanch.

Berasaluze Gerrikagoitia, L. (2021). *Trata de seres humanos con fines de explotación laboral y protección de las víctimas.* Pamplona: Aranzadi.

Bonet Pérez, J., (2017) La interpretación de los conceptos de esclavitud y de otras prácticas análogas a la luz del ordenamiento jurídico internacional: aproximación teórica y jurisdiccional. En E. Pérez Alonso (Dir.), *El Derecho ante las formas contemporáneas de esclavitud* (pp. 183-210) Valencia: Tirant lo Blanch.

P.C. Corrêa Borges, Org. (2013). *Tráfico de Pessoas para Exploraçâo Sexual: Prostituiçâo e Trabalho Sexual Escravo* Unesp. Sâo Paulo: Cultua Acadêmica Editora.

Correa Da Silva, W. y Cingolani, C. (2020). *Labour Trafficking and Exploitation in Rural Andalusia.* En J. Reeves, *Modern Slavery and Human Trafficking.* I ntechOpen. https://doi.org/10.5772/intechopen.90090

Daunis Rodríguez, A. (2012). Cuestiones clave de la prostitución y trata de personas. Aproximación al caso andaluz. En A. Iglesias Skulj y L. Mª Puente Aba (Coords.), *Sistema penal y perspectiva de género: trabajo sexual y trata de personas* (pp. 91-120). Granada: Comares.

Del Valle, H. (2016). Search and Rescue in the Mediterranean Sea: Negotiating Political Differences. *Refugee Survey Quartely* (35)2, 22-40. https://doi.org/10.1093/rsq/hdw002

Gallo, P. y García Sedano T. (2020). *Formas modernas de esclavitud y explotación laboral.* Montevideo: BdF.

Guamán Hernández, A. (2021). Diligencia debida en derechos humanos: ¿un instrumento idóneo para regular la relación entre derechos humanos y empresas transnacionales?. *Revista de Derecho Social,* n. 95, 65-94.

Guamán Hernández, A (2024). La Directiva sobre due diligence en sostenibilidad: la inconsistencia del nuevo marco normativo sobre responsabilidad empresarial de la Unión Europea. *Revista de Trabajo y Seguridad Social,* 482, 53-90.

Hava García, E. (2006) Trata de personas, prostitución y políticas migratorias. *Estudios penales y criminológicos,* nº 26, 81-124.

Hortal Ibarra, J.C. (2018). Tutela de las condiciones laborales y reformas penales: ¿el ocaso del Derecho Penal del Trabajo? *Revista de Derecho Penal y Criminología,* n. 20, 65-85.

Lengellé Tardy, M. (1971). *La esclavitud.* Barcelona: Ed Oikos-Tau.

Lengellé Tardy, M. (2002). *La esclavitud moderna.* Barcelona: Bellaterra.

Mantouvalou, V. (2012). Are Labour Rights Human Rights? *European Labour Law Journal* , 3(2),151-172. doi:10.1177/201395251200300204

Maqueda Abreu, Mª L. (2017). La prostitución: el «pecado» de las mujeres. *Cuadernos electrónicos de Filosofía del Derecho,* n. 35; 64-89. DOI: https://doi.org/10.7203/CEFD.35.9791

Maqueda Abreu, Mª L. (2018). Trata y esclavitud no son lo mismo, pero ¿qué son?, En, *Estudios jurídico penales y criminológicos* en *Homenaje al Prof.Dr. Dr.H.c.m, Lorenzo Morillas Cueva,* Vol. II, Ed. Dykinson.

Martínez Escamilla, M. (2017) Fronteras sin derechos. Las devoluciones en caliente. En A. M. López Sala y D. Godenau (Coords.), *Estados de contención, estados de detención: el control de la inmigración irregular en España* (pp. 54-74). España: Anthropos.

Mestre i Mestre, R. M. (2020). La jurisprudencia del TEDH en materia de trata de seres humanos y la necesidad de regresar a las categorías jurídicas de esclavitud, servidumbre y trabajo forzado. *RELIES: Revista del Laboratorio Iberoamericano para el Estudio Sociohistórico de Las Sexualidades*, 4, 08-226. https://doi.org/10.46661/relies.5187

Miñarro Yanini, M. (2014). Formas esclavas de trabajo y servicio del hogar familiar: delimitación conceptual, problemática específica y propuestas. *Relaciones Laborales, n.* 10, 2014, t. 1, La Ley.

Montoys Vivanco, Y. (2016). El delito de trata de personas como delito complejo y sus dificultades en la jurisprudencia peruana. *Revista de la Facultad de Derecho* (PUCP), n. 76, 393-419. https://doi.org/10.18800/derechopucp.201601.016.

Muñoz Ruiz, J. (2016). La ayuda humanitaria: ¿una excusa absolutoria o una causa de justificación? *Revista Electrónica de Ciencia Penal y Criminología*, 18-08.

Naïr, S. (2021). Una época sombría para los refugiados. *Diario El País*, 1 de febrero de 2021.

Naïr, S. (2020a). Los rechazos a golpes de Frontex. *Diario El País*, 21 de diciembre de 2020.

Naïr, S. (2020b). Los inmigrantes, ¿otra vez olvidados? *Diario El País*, 22 de junio de 2020.

Pérez Alonso, E., (2019). Marco normativo y política criminal contra la trata de seres humanos en la Unión europea. En (Pérez Alonso / Pomares Cintas, Coords.), *La trata de seres humanos en el contexto penal iberoamericano*. Valencia: Tirant lo Blanch.

Pérez Machío, A.I. (2016). Trata de personas con fines de explotación laboral: la globalización del delito y su incidencia en la criminalización de la victimización irregular. *Estudios Penales y Criminológicos*, nº 36, 371-446.

Pomares Cintas, E. (2013). *El Derecho penal ante la explotación laboral y otras formas de violencia en el trabajo*. Valencia: Tirant lo Blanch.

Pomares Cintas, E., (2014) La Unión europea ante la inmigración ilegal: la institucionalización del odio. *Eunomía. Revista en Cultura de la Legalidad*, nº 7.

Pomares Cintas, E. (2015a). Reforma del Código penal español en torno al delito de tráfico ilegal de migrantes como instrumento de lucha contra la inmigración ilegal en la Unión Europea. *Revista de Estudos Jurídicos UNESP* (Universidad Estatal Paulista), n. 29, 1-20.

Pomares Cintas, E. (2019a). Hacia una *coalición regional sudamericana contra la trata de personas:* protocolo regional de buenas prácticas en torno al eje de persecución del delito de trata de personas y modalidades de explotación asimiladas a la esclavitud. En Pérez Alonso y Pomares Cintas (Coords.), *La trata de seres humanos en el contexto penal iberoamericano* (pp. 386-434). Valencia: Tirant lo Blanch.

Pomares Cintas, E. (2019b). La generalizzazione della privazione di libertà dei richiedenti protezione internazionale nello spazio giuridico europeo. Rivista *Altre Modernitá,* Universitá degli Studi di Milano;

Pomares Cintas, E. (2019c). La metamorfosis del concepto de *trata de blancas* en el seno de la Sociedad de Naciones como paradigma del control de los flujos migratorios contemporáneos. En, (E. Pérez Alonso y S. Olarte Encabo, Dirs.), *Formas contemporáneas de esclavitud y derechos humanos en clave de globalización, género y trata de personas* (pp. 625-646). Valencia: Tirant lo Blanch.

Pomares Cintas, E. (2020). La prostitución, rehén permanente del discurso de la trata de personas. *RELIES: Revista del Laboratorio Iberoamericano para el Estudio Sociohistórico de las Sexualidades,* (4), 173-191.

Pomares Cintas, E. (2024). Delito de Trata de seres humanos. En, (Álvarez García, Dir.), *Tratado de Derecho Penal Español. Parte Especial (I).* 4ª Ed. Valencia: Tirant Lo Blanch.

Portilla Contreras, G., (2007). *El Derecho Penal entre el cosmopolitismo universalista y el relativismo posmodernista.* Valencia: Tirant lo Blanch.

Ramonet, I. (2011). Esclavos en Europa. *Le Monde diplomatique,* nº 189, julio.

Rodríguez Montañés, T. (2014). Trata de seres humanos y explotación laboral: reflexiones sobre la realidad práctica. *La Ley Penal,* n.º 109.

Sánchez Legido, A. (2018). ¿Héroes o villanos? las ONG´s de rescate y las políticas europeas de lucha contra la inmigración irregular (a propósito del caso *Open Arms*). Revista *General de Derecho Europeo,* 46.

Terradillos Basoco, J.M. (2021). Delitos contra los derechos de los trabajadores: veinticinco años de política legislativa errática. *Estudios Penales y Criminológicos.*

Valverde Cano, A.B., (2019). It's all about control: el concepto de trabajos forzosos. *Revista de Derecho Penal y Criminología,* 22, 239-299.

Villacampa Estiarte, C. (2015). El delito de trata de seres humanos. En, (G. Quintero Olivares, Dir.), *Comentario a la reforma penal de 2015.* Madrid: Thompson Reuters-Aranzadi.

Villacampa Estiarte, C., (2020) ¿Es necesaria una ley integral contra la trata de seres humanos? *Revista General de Derecho Penal 33.*

ANEXO DOCUMENTAL

-Comunicación de la Comisión europea (2015) al Parlamento europeo, al Consejo, al Comité Económico y Social europeo y al Comité de las Regiones sobre el Plan de Acción de la UE contra el tráfico ilícito de migrantes (2015-2020), 27 de mayo de 2015 (COM (2015) 285 final.

-Comunicación de la Comisión europea (2016) sobre el Primer informe de situación sobre el Marco de Asociación con terceros países en el contexto de la Agenda Europea de Migración.

- Conclusiones del Consejo de la UE sobre el tráfico ilícito de migrantes, 10 y 11 de marzo de 2016 (Doc. nº 6995/16).

-Dictamen del Comité Económico y Social Europeo (2002), de 25 de abril de 2002, sobre la «Comunicación de la Comisión al Consejo y al Parlamento Europeo relativa a una política común de inmigración ilegal» [COM (2001) 672 final].

-Dictamen del Comité Económico y Social Europeo (2004), de 15 de diciembre de 2004, sobre la «Comunicación de la Comisión al Consejo, al Parlamento Europeo, al Comité Económico y Social Europeo y al Comité de las Regiones–Estudio sobre los vínculos entre la migración legal e ilegal» [COM (2004) 412 final].

-Informe ACCEM, (G.Susaj/K.Nikopoulou/A.Giménez-Salinas Framis, Coord.), 2006, *La Trata de Personas con Fines de Explotación Laboral. Un estudio de aproximación a la realidad en España.*

-Informe temático de la Relatora Especial sobre las formas contemporáneas de esclavitud, incluidas sus causas y consecuencias, sobre el matrimonio servil, 2012.

-Informe temático de la Relatora Especial sobre la trata de personas, especialmente mujeres y niños, de 3 de mayo de 2016, sobre la protección de las víctimas de la trata de personas y las personas en riesgo de ser objeto de trata en situaciones de conflicto y posteriores a conflictos (A/HRC/32/41).

-Informe de la Relatora Especial sobre la trata de personas, Maria Grazia Giammarinaro, a la Asamblea General de la ONU (A/75/169, 17 de julio de 2020).

-Maydayterraneo-Proyecto (2018) Aita Mari, Asistencia y Socorro a embarcaciones de personas migrantes que utilizan las rutas marítimas del Mediterráneo, Monitorización del cumplimiento de los derechos humanos en la mar.

-Memorias de la Fiscalía General del Estado, Unidad de Extranjería, 2019.

-OIT (2005), *Una alianza global contra el trabajo forzoso*;

-OIT (2006), *Trata de Seres Humanos y Trabajo Forzoso como Forma de Explotación. Guía sobre la Legislación y su Aplicación.*

-Resolución del Parlamento Europeo (2016a), de 12 de mayo de 2016, sobre la aplicación de la Directiva 2011/36/UE, de 5 de abril de 2011, relativa a la prevención y lucha contra la trata de seres humanos y a la protección de las víctimas desde la perspectiva de género (2015/2118(INI).

-Resolución del Parlamento Europeo (2016b), de 5 de julio de 2016, sobre la lucha contra la trata de seres humanos en las relaciones exteriores de la Unión [2015/2340(INI)].

-UNODC (2008), *Travaux Préparatories de las negociaciones para la elaboración de la Convención de las Naciones Unidas contra la Delincuencia Organizada Transnacional y sus Protocolos.*

-UNODC (2010), *Ley modelo contra la trata de personas.*

Capítulo 5.

MÁS ALLÁ DE LAS FRONTERAS CORPORATIVAS: DE LAS LÍNEAS DIRECTRICES DE LA OCDE A LA DIRECTIVA EUROPEA SOBRE DILIGENCIA DEBIDA EN DERECHOS HUMANOS, MEDIO AMBIENTE Y CLIMA (CS3D)

SARA ORTIZ-ARCE VIZCARRO

Departamento de Derecho mercantil, del trabajo e internacional privado

Universidad de Valladolid

Esta aportación partirá de una introducción sobre el marco de referencia. En la sección 1 continuaremos con las Líneas Directrices de la OCDE, la Declaración Tripartita de la OIT, los Principios Rectores sobre Empresas y Derechos Humanos de la ONU como punto de arranque y sus limitaciones. Dedicaremos la sección 2 a la construcción de un instrumento jurídicamente vinculante en el ámbito internacional, comprendiendo la Resolución 26/9, el primer borrador, su Protocolo, así como el proyecto revisado. La sección 3 se enfoca en la Directiva de la UE sobre Diligencia Debida, que dará paso a unas conclusiones finales.

INTRODUCCIÓN

Las cadenas globales de valor (en adelante CGV) han transformado el comercio internacional, incrementando la interdependencia económica y planteando desafíos relevantes. Este análisis se centrará específicamente en los principales instrumentos sobre diligencia debida en el ámbito internacional y de la Unión Europea, dirigida a mejorar la estrategia empresarial y la gestión del riesgo, así como a la protección de los derechos humanos, del medio ambiente y la crisis climática.

A continuación nos centraremos en algunas características, para la mejor comprensión del escenario:

a) Algunos beneficios y vulnerabilidades de las CGV

Por una parte, estas actividades enfocadas en la producción de bienes o servicios de dimensión transfronteriza pueden incrementar el empleo y la transferencia de tecnología hacia los países en desarrollo. Sin embargo, esto también entraña vulnerabilidades; ya sea por la mayor exposición a tensiones comerciales y geopolíticas, especialmente en sectores estratégicos como el energético y los semiconductores; ya sea por la ineficaz protección de los derechos humanos en ciertas regiones, donde se acusa una fragmentación en la regulación laboral, medioambiental y en la reducción de las emisiones de gases de efecto invernadero (GEI). De este modo, el contraste entre las distintas legislaciones en todo el mundo favorece prácticas comerciales desleales como el *dumping social* y el *dumping ecológico.*

b) Condiciones de trabajo mejorables

Según Park, Lundquist y Stolzenburg (2023, pp. 278-289) en los países en desarrollo las condiciones en el entorno laboral son susceptibles de mejorar; si bien, pueden verse empeoradas en entornos escasamente sancionadores. Esto es particularmente evidente cuando empresas orientadas a la reducción de costes en el mercado mundial ejercen un poder de mercado significativo sobre los proveedores locales, como ocurre en algunas plataformas digitales dominantes. En este contexto, otros autores destacan que las empresas líderes tienen una gran influencia sobre plazos de entrega, precios y condiciones laborales, lo que puede conducir a prácticas abusivas en los eslabones inferiores de la cadena (Delautre, 2019, p. 26). En este sentido, resulta necesario que en estos entornos más vulnerables las empresas transnacionales y los Estados participen activamente en la protección de los derechos humanos, como afirman Muchlinski y Arnold (2024):

> Las empresas transnacionales representan un papel crucial al aportar inversión directa extranjera y empleo formal en los países en desarrollo. No obstante, la reducción de la pobreza requiere la implicación activa de los actores privados y públicos, en quienes recae la obligación de mitigar aquellas condiciones estructurales que conducen a prácticas laborales injustas e indignas y asumen un grado de responsabilidad, no solo moral sino legal, si actúan para perpetuarlas (p. 20).

c) La necesaria efectividad de los derechos

Desafortunadamente, la materialización de la dignidad humana se aleja en incontables ocasiones de lo propugnado en la normativa. Esta dicotomía se evidencia en múltiples esferas de la vida social y económica actual. Por ello, podríamos abordar los derechos humanos desde el pensamiento de Hannah Arendt (1962), como el «derecho a tener derechos», en sus múltiples facetas[1]. Seguidamente se ilustra esta disparidad, con el propósito de facilitar una reflexión sobre la efectividad de

---

1 *The fundamental deprivation of human rights is manifested first and above all in the deprivation of a place in the world which makes opinions significant and actions effective. [...] We became aware of the existence of a right to have rights (and that means to live in a framework where one is judged by one's actions and opinions) and a right to belong to some kind of organized community, only when millions of people emerged who had lost and could*

los mecanismos de protección de los derechos humanos en el contexto actual de las CGV. Según estimaciones de la Organización Internacional del Trabajo (OIT) 49,6 millones de personas han sufrido condiciones de esclavitud moderna, mientras que cerca de 27,6 millones estaban sometidas a trabajo forzoso (OIT, 2022, p. 5). La complejidad de las cadenas de suministro, junto a la opacidad en la información externa sobre proveedores dificultan el seguimiento, la prevención y reparación a las víctimas, propiciando prácticas de abusos laborales, el trabajo infantil, el acaparamiento de tierras o los graves daños medioambientales y a la salud, en algunos sectores como la agricultura, la construcción, el textil o la minería (Human Rights Watch, 2016).

Tras lo anteriormente señalado, está cobrando protagonismo la regulación de las prácticas empresariales desde el ámbito internacional, regional y nacional. Además están adquiriendo enorme relevancia iniciativas de debida diligencia, divulgación y transparencia dirigidas a las empresas, como excelente medio de mejorar las condiciones laborales en las CGS (Delautre, 2019, p. 33). Es preciso analizar las más destacables, a continuación.

1. LAS INICIATIVAS DE PROTECCIÓN DE LOS DERECHOS HUMANOS POR LAS EMPRESAS

Como exponen Vicente Blanco y Bardel (2024), los antecedentes de la regulación en materia de Responsabilidad Social Empresarial (RSE) surgieron en el proceso de descolonización tras la Segunda Guerra Mundial y la petición de los países en desarrollo de un Nuevo Orden Económico Mundial. En 1972,

---

not regain these rights because of the new global political situation (Arendt, 1962, pp. 296-297).

la Resolución 1721 (LIII) del ECOSOC requirió que se examinaran las consecuencias de las empresas multinacionales para el desarrollo; se sucedieron diversos intentos hacia el establecimiento de un Código de Conducta Internacional, que culminaron en 2011 con los Principios Rectores sobre Empresas y Derechos Humanos de las Naciones Unidas y continuaron con la Resolución 26/9 del Consejo de Derechos Humanos en 2014, que buscaba crear un instrumento jurídicamente vinculante sobre empresas transnacionales y derechos humanos (pp. 135-137)[2].

También en los años 70 del s. XX tuvieron lugar avances adicionales desde otras organizaciones internacionales. En 1976, la OCDE (Organización para la Cooperación y el Desarrollo Económico) adoptó *las Líneas Directrices* para Empresas Multinacionales y, desde entonces, se han sucedido múltiples versiones.

Ruggie (2015) examina el papel fundamental de las Directrices para atajar los abusos de derechos humanos y sobre el medio ambiente de las empresas; el fenómeno de liberalización del comercio mundial y la proliferación de tratados de libre comercio e inversión en la década de 1990 supuso un reto. Por ello, se ha tratado de adecuarlas a la realidad cambiante de la protección de los derechos humanos. De hecho, se alinearon con los PRNU, fortaleciéndose la responsabilidad corpo-

---

[2] Contemporáneamente a los esfuerzos de las Naciones Unidas, la Organización para la Cooperación y el Desarrollo Económicos (OCDE) también abordó la cuestión de la regulación de las empresas multinacionales. El 21 de junio de 1976, la OCDE adoptó la Declaración sobre la inversión internacional y las empresas multinacionales, que incluía como anexo las Líneas Directrices de la OCDE para Empresas Multinacionales. Estas Directrices, aunque de carácter voluntario, representaron uno de los primeros intentos de establecer principios y estándares para una conducta empresarial responsable internacionalmente (Vicente Blanco y Bardel, 2024, pp. 137-138).

rativa, el reconocimiento de derechos humanos al margen de la ratificación por algunos Estados y la adecuación a criterios sobre diligencia debida. El sistema descentralizado de los puntos nacionales de contacto (PNC) ha jugado una importante labor para la prevención y resolución de conflictos a través del diálogo o la mediación, por lo que además resulta crítica la colaboración de los Estados (pp. 99-123)[3].

Ha sido enormemente importante, también en cuanto a su aplicación práctica en distintos tribunales[4].

La *Declaración Tripartita de Principios sobre las Empresas Multinacionales y la Política Social* (Oficina OIT, Ginebra 1977) para la cooperación entre los representantes de los Estados, de los empleadores y de los trabajadores, que ha estado sujeta a sucesivas revisiones; ofrece una orientación donde están presentes los derechos humanos básicos, así como los fundamentales de los trabajadores reconocidos internacionalmente, la responsabilidad de las empresas transnacionales e incluso unos estándares de conducta empresarial responsable.

Posteriormente, desde las Naciones Unidas (ONU) el Consejo de Derechos Humanos publicó en 2011 los *Principios Rectores sobre las Empresas y los Derechos Humanos* (en adelante PRNU)[5].

---

3 Nótese que los PNC se incorporan en la Directiva de la UE sobre Diligencia Debida.

4 Como ejemplo ilustrativo, en los Países Bajos el Tribunal de Distrito de La Haya acogió los PRNU y las Directrices de la OCDE en el caso *Milieudefensie v. Royal Dutch Shell* (Rechtbank Den Haag, Sentencia del 26 de mayo de 2021, C/09/571932 / HA ZA 19-379, ECLI:NL:RBDHA:2021:5337), declarando responsable a Shell en su cadena de valor, por cuanto le fue exigible una reducción significativa de sus emisiones de carbono (Ortiz-Arce Vizcarro, 2024, p. 149).

5 (HR/PUB/11/04), a partir del Informe del Representante Especial del Secretario General para la cuestión de los derechos humanos y

En ellos, tanto las empresas como los Estados son reconocidos como sujetos de responsabilidad internacional en su conducta respecto a los derechos humanos y el medio ambiente (prevenir, mitigar y remediar)[6].

Los PRNU tienen carácter voluntario y cabe precisar que, aun tratándose de *soft law,* parte de su contenido está presente en normas de *lege lata.* Además, giran en torno a tres pilares; el deber del Estado de proteger los derechos humanos, la responsabilidad corporativa de respetar los derechos humanos, como personas o grupos, y el acceso a mecanismos de reparación para las víctimas de abusos relacionados con las empresas. Esencialmente, se conectan directamente con una adecuada gestión empresarial del riesgo actual o potencial, junto a una conducta de diligencia debida en la protección de los derechos humanos, pero con particularidades únicas. Ruggie y Sherman (2017) aclaran que la *due diligence* exigible a las empresas en los Principios Rectores no debe confundirse con un mero proceso de gestión de riesgos comerciales o un estándar legal tradicional; en su lugar, se asemeja a una norma social transnacional para operar, concibiéndose como un proceso proactivo y continuo que forma parte de un marco más amplio de responsabilidad empresarial. También, los autores enfatizan que este concepto redefine lo que se considera «razonable» en términos de responsabilidad corporativa, abarcando la evaluación, integra-

---

las empresas transnacionales y otras empresas, John Ruggie, 21 de marzo de 2011 (A/HRC/17/31), bajo la denominación *Los Principios Rectores sobre las empresas y los derechos humanos: puesta en práctica del marco de las Naciones Unidas para proteger, respetar y remediar.* Disponible en:

6 Puede verse el análisis de los Principios Rectores en un contexto de víctimas del cambio climático y su petición ante la Comisión de Derechos Humanos filipina de 2015, contra las principales empresas productoras de combustibles fósiles y cemento (*Carbon Majors*): (Ortiz-Arce Vizcarro, 2022, pp. 377-382).

ción, seguimiento y comunicación de los impactos en derechos humanos. Subrayan que la diligencia debida debe adaptarse al tamaño de la empresa, los riesgos específicos y el contexto operativo, extendiéndose no solo las actividades propias de la empresa (que causan o contribuyen al efecto adverso), sino también a aquellas vinculadas a sus operaciones de productos o servicios a través de sus relaciones comerciales (pp. 923-927).

Sin lugar a dudas los también llamados Principios de Ruggie han tenido una influencia considerable sobre la práctica empresarial, también han inspirado nueva normativa y han venido siendo alegados en diversos procedimientos judiciales[7]. Ahora bien, los novedosos PRNU constituían un avance significativo, pero no definitivo. Se requería un paso más hacia un instrumento jurídicamente vinculante de ámbito internacional que complementara las limitaciones del enfoque voluntario.

2. LA CONSTRUCCIÓN DE UN INSTRUMENTO JURÍDICAMENTE VINCULANTE

Dadas las deficiencias en la normativa respecto a la vulneración de los derechos humanos en un contexto de mundiali-

7 Dado su potencial, los Principios Rectores han sido criticados respecto a su insuficiente aplicación por algunos tribunales. Por ejemplo, Cantú Rivera (2024) señala que la Corte Interamericana de Derechos Humanos ha incorporado los Principios Rectores sobre las Empresas y los Derechos Humanos en su jurisprudencia desde 2015, integrándolos con los estándares de la Convención Americana sobre Derechos Humanos y otros instrumentos internacionales; sin embargo, su aplicación aún no es consistente, especialmente en lo que respecta a la responsabilidad de las empresas de respetar los derechos humanos (p. 352).

zación, la Resolución A/HRC/RES/26/9 representa un paso crucial hacia la creación de un tratado internacional vinculante.

En sus primeros esbozos, se reconocía a los Estados como responsables principales en la protección de los derechos humanos y de amparar a las víctimas en su jurisdicción; paralelamente las empresas trasnacionales deben respetar los derechos humanos, en tanto invoca a la sociedad civil para la prevención, mitigación y subsanación de los efectos negativos de la actividad empresarial[8]. Guamán Hernández y Moreno González (2018, p.181) afirman que durante las sesiones del Grupo de Trabajo hubo disenso acerca de la posible incompatibilidad de la Resolución 26/9 con los Principio Rectores, cuestión que ha quedado superada por la aceptación de su compatibilidad. Concretamente, en las cadenas de suministro era urgente ofrecer un marco equitativo, de estándares entre las empresas en un nuevo tratado y una respuesta corporativa donde se identificara, previera, mitigara y rindieran cuentas respecto a los impactos negativos (HRW, 2016, pp. 4 y 5).

Posteriormente se elaboró el «*borrador cero*» que venía a articular algunos aspectos más concretos de su configuración[9]. Para el fortalecimiento de la prevención, introdujo la diligencia debida de la actividad empresarial en sentido amplio

---

8 El 26 de junio de 2014, el Consejo de Derechos Humanos de las Naciones Unidas, dio el *placet* para que el Grupo de Trabajo sobre Empresas y Derechos Humanos iniciara la elaboración de un tratado vinculante. ONU, Consejo de Derechos Humanos (2014). *Elaboración de un instrumento internacional jurídicamente vinculante sobre las empresas transnacionales y otras empresas con respecto a los derechos humanos.* Resolución A/HRC/RES/26/9. Recuperado de https://documents.un.org/doc/undoc/gen/g14/082/55/pdf/g1408255.pdf

9 ONU (2018). *Legally binding instrument to regulate, in international human rights law, the activities of transnational corporations and other business enterprises, Zero draft* (16-7-2018).

(seguimiento del impacto, identificación y evaluación de las vulneraciones potenciales o reales, prevención en la actividad propia o de sus filiales, terceros). Se trataba de un texto en desarrollo, pero aun así sorprende la frecuente ambigüedad en muchos términos y contradicciones internas[10]. Adicionalmente se redactó un *Borrador de Protocolo* (facultativo) al texto anterior, que proponía la creación del Mecanismo de Implementación Nacional para el Tratado vinculante[11].

A partir 2019 el borrador fue mejorado en la «*versión revisada del borrador*»[12]. En éste, se ofrece una mayor coherencia y apuesta por un ámbito de aplicación extendido a todas las em-

---

10 A título ilustrativo, en su Preámbulo (art. 1) sigue recayendo en los Estados la responsabilidad principal para la protección de los derechos humanos; mientras parece situar a las empresas en un segundo plano, limitándolas a su obligación de respeto y gestión de los impactos derivados de su propia actividad. Esto podría contrastar sustancialmente con la declaración de intenciones y el ámbito de aplicación (arts. 2 y 3) que esencialmente residen en la promoción de los derechos humanos en la actividad de las empresas transnacionales, el acceso a la justicia y reparación a las víctimas cuando se infringieran. La competencia judicial internacional (art. 5) resulta confusa e indeterminada (conociendo, bien los tribunales del lugar del hecho dañoso, o bien en la residencia habitual y el domicilio de la persona física o jurídica, respectivamente; el criterio para la determinación del domicilio es excesivamente amplio (estatutario, administración central, centro de actividad, intereses principales, sucursales…). De ahí que se optara por modificar este documento.

11 ONU (2018). *Draft optional protocol to the legally binding instrument to regulate, in international human rights law, the activities of transnational corporations and other business enterprises.*

12 *Open-ended intergovernmental working group on transnational corporations and other business enterprises with respect to human rights* (OEIGWG, 2019). *Legally binding instrument to regulate, in international human rights law, the activities of transnational corporations and other business enterprises: Revised draft.*

presas, incluidas las transnacionales. Pigrau Solé e Iglesias Márquez (2019) destacan la ampliación del concepto de diligencia debida y su compatibilidad con los PRNU y las guías sectoriales de la OCDE. López (2019) afirma que mejora notablemente la responsabilidad jurídica por la vulneración de derechos humanos y ofrece un amplio abanico de acciones civil, administrativa y penal; e insta a los Estados a adecuar su legislación para responder ante delitos como crímenes de guerra, de lesa humanidad y genocidio, tortura.

3. LA DIRECTIVA SOBRE DILIGENCIA DEBIDA

La Directiva sobre Diligencia Debida (CS3D) constituye un hito para la protección de los derechos humanos, el medio ambiente y el clima en el gobierno corporativo de las empresas transnacionales[13]. Su naturaleza vinculante conllevó un largo proceso de negociación[14]. A continuación se exponen los aspectos más importantes, muchos de ellos inspirados en los Principios Rectores y en las Directrices de la OCDE ya referidas. Cabe advertir que la transposición por los Estados miembros se realizará de un modo gradual, a partir de los dos años, y su armonización podría presentar dificultades.

---

13 Parlamento Europeo y Consejo de la Unión Europea (2024). Directiva (UE) 2024/1760, de 13 de junio de 2024, sobre diligencia debida de las empresas en materia de sostenibilidad y por la que se modifican la Directiva (UE) 2019/1937 y el Reglamento (UE) 2023/2859. [DOUE L, 2024/1760, 5.7.2024], ELI.

14 Sobre el proceso de adopción de la Directiva y análisis de la misma puede verse: Ortiz-Arce Vizcarro, 2024. Nuevos horizontes para la UE en la Directiva Due Diligence: derechos humanos, medio ambiente y rendición de cuentas corporativa en las cadenas de valor. *Revista Española de Empresas y Derechos Humanos*, (3), pp. 148-152.

a) Objeto y ámbito de aplicación

En primer lugar, responde a la necesidad de regular el comportamiento empresarial del riesgo respecto a los efectos adversos reales o potenciales sobre los derechos humanos y el medio ambiente, la responsabilidad por incumplimiento y la adopción de un plan para la mitigación climática (art. 1 y considerando 16)[15]. Es aplicable a grandes empresas de la UE o con alguna vinculación relevante (art. 2)[16].

b) Obligaciones de diligencia debida

Constan de un proceso continuo en toda la actividad[17]. Incluye tanto la identificación de impactos adversos reales y potenciales sobre los derechos humanos y el medio ambiente, como la prevención, eliminación o mitigación de tales impactos, la rendición de cuentas sobre las medidas adoptadas, la integración de la diligencia debida en el conjunto de las políticas corporativas, así como la disposición de un procedimiento de reclamación para las partes interesadas (art. 5 y ss.). La

15 La Directiva exige que las empresas adopten un plan que asegurare un modelo de negocio y estrategia acorde con una transición económica sostenible y los límites de calentamiento global (a 1.5°C) del Acuerdo de París de 2015

16 Pueden verse los criterios en el propio art. 2. Se trata de empresas con más de 1000 empleados y volumen de negocio mundial neto de 240 millones de euros (M€): o bien, a la empresa matriz de un grupo que hubiera alcanzado esas cifras anuales; o bien para aquellas vinculadas a franquicias, bajo determinadas condiciones). También se aplica a empresas de terceros países (con volumen de negocios neto superior a 450 M€ en la UE, o ser la matriz última de un grupo que alcanzara ese umbral; o bien para aquellas vinculadas a franquicias, bajo determinadas condiciones).

17 Las obligaciones se extienden a toda la cadena de valor, incluyendo proveedores directos e indirectos y subcontratistas (considerando 16).

Directiva está enfocada no solo en la gestión de la actividad de la propia empresa, sino también de sus filiales y partes con las que tuviera relación comercial; es decir, no se centra en la distancia de los eslabones de la cadena de valor, sino que conforma parte de la estrategia empresarial interna y externa. Pero también entraña dificultad el acceso a determinada información de lo largo de la cadena de valor; de ahí, la necesidad de acceso a herramientas tecnológicas que puedan ayudar en esta labor. Como afirman Pietropaoli, Elliott y Gonzalez de Aguinaga (2024) la gestión de los efectos adversos potenciales o reales de su actividad, la de sus filiales y otras partes vinculadas debe conducir a un enfoque basado en el riesgo, mediante la integración de la diligencia debida en el gobierno empresarial, la identificación de los impactos, facilitar mecanismos de reparación, transparencia con los *stakeholders*, el establecimiento de mecanismos de notificación y la supervisión de la efectividad junto a la comunicación pública (p. 9).

a) Responsabilidad civil, supervisión y sanciones

Los daños serán reparados y se compensará a las víctimas, en un sistema justo judicial o extrajudicial (en Puntos Nacionales de Contacto); tras el incumplimiento de sus obligaciones de diligencia debida se prevé un sistema de responsabilidad civil para reparar los daños a las víctimas, donde deberá demostrarse la relación de causalidad (Considerandos 79, 80, 90). Recae en los Estados la designación de autoridades de supervisión del cumplimiento, con potestad sancionadora (arts. 15, 25-28, 31). Para la efectividad de la Directiva, se establecen unas autoridades nacionales de control (art. 24).

b) Partes interesadas

La Directiva propone una gestión de la diligencia debida desde la apertura, transparencia y publicidad (art. 13). Esto implica la consulta activa con determinados grupos de interés, como sindicatos, ONG, o colectivos afectados, quienes están particularmente incluidos en esta norma y las empresas deben mantener una fluida comunicación y transparencia.

c) Competitividad

Una posible amenaza para la competitividad de las empresas europeas es verse inmersas en una regulación mucho más estricta que en el exterior; aunque los efectos para las Pymes no serán directos, por no entrar en el ámbito de aplicación de la Directiva. Un modo de mitigar estos efectos es a través de la adopción de procesos de debida diligencia en otras zonas del mundo, como a través de la aplicación de normas similares ya vistas anteriormente, entre las que se encuentran los Principios Rectores de las Naciones Unidas y las Líneas Directrices de la OCDE.

4. CONCLUSIONES

En las anteriores páginas se ha explorado la evolución y el estado actual de la diligencia debida corporativa en materia de derechos humanos y medio ambiente, centrándose en el contexto de las cadenas globales de valor (CGV) y las iniciativas regulatorias internacionales y europeas.

En primer lugar, el análisis revela la complejidad y los desafíos inherentes a las CGV. Si bien estas pueden fomentar el desarrollo económico, también presentan riesgos significativos para los derechos humanos y el medio ambiente, especialmente en países con marcos regulatorios débiles.

En segundo lugar, cabe destacar la importancia de la participación activa tanto de las empresas transnacionales como de los Estados en la protección de los derechos humanos. Esta responsabilidad compartida es crucial para abordar las condiciones estructurales que conducen a prácticas laborales injustas.

En tercer lugar, se observa una evolución significativa en las iniciativas internacionales de protección de los derechos humanos por parte de las empresas. Desde los primeros esfuerzos en los años 70 hasta los Principios Rectores sobre Empresas y Derechos Humanos de la ONU en 2011, se ha producido un cambio gradual hacia un enfoque más integral y vinculante.

En cuarto lugar, cabe subrayar la importancia de los Principios Rectores de la ONU como un hito en la definición de la responsabilidad corporativa. Estos principios han redefinido el concepto de diligencia debida, extendiéndolo más allá de la mera gestión de riesgos comerciales. También se ha tratado de analizar el empeño en la adopción de un instrumento jurídicamente vinculante de ámbito internacional. Esto refleja la necesidad de superar las limitaciones de los enfoques voluntarios y establecer un marco legal más robusto para la responsabilidad corporativa y ESG (*enviromental, social and gobernance*).

Finalmente, se examina la Directiva de la Unión Europea sobre Diligencia Debida (CS3D) como un avance significativo en la regulación de la conducta empresarial. Entre otros aspectos, esta directiva establece obligaciones concretas para las empresas en términos de identificación, prevención y mitigación de impactos adversos potenciales o reales, así como mecanismos de reparación y responsabilidad civil. Ahora bien, aunque se han logrado avances significativos en la regulación de la diligencia debida corporativa, aún quedan desafíos importantes. La implementación efectiva de estas normativas, especialmente en contextos transnacionales complejos, requerirá una colaboración continua entre Estados, empresas y sociedad civil. Además, será crucial el seguimiento y evaluación del impacto real de estas regulaciones en la protección de los derechos humanos y el medio ambiente a lo largo de las cadenas globales de valor.

Bibliografía

Arendt, H. (1962). *The origins of totalitarianism.*. (Séptima impresión, trabajo original publicado en 1958). Cleveland and New York: Meridian Books.

Bueno, N., Bernaz, N., Holly, G., y Martin-Ortega, O. (2024). The EU Directive on Corporate Sustainability Due Diligence (CSDDD): The Final Political Compromise. *Business and Human Rights Journal, 1-7.*

Cantú Rivera, H. (2024). The Inter-American Court of Human Rights and Business and Human Rights: Advancing the UNGPs through Contentious Cases. *Journal of Human Rights Practice,* 16(1), 342-359.

Delautre, G. (2019). *Decent work in global supply chains: An internal research review (Working* Paper No. 47). Ginebra: OIT.

Guamán Hernández, A., & Moreno González, G. (2018). *Empresas transnacionales y Derechos Humanos: la necesidad de un instrumento vinculante.* Albacete: Editorial Bomarzo.

Human Rights Watch (2016). Los derechos humanos en las cadenas de suministro: Un llamado a favor de una norma internacional vinculante sobre la debida diligencia.

López, C. (2019, 2 de octubre). *El proyecto revisado de un tratado sobre empresas y derechos humanos: mejoras innovadoras y perspectivas más claras. Investment Treaty News, 10*(4), 12-1, International Institute for Sustainable Development (IISD).

Muchlinski, P., y Arnold, D. G. (2024, mayo). Sweatshops and Labour Law: The Ethical and Legal Implications of Ignoring Labour Law in Developing Countries. *Business and Human Rights Journal,* 1-20. doi:10.1017/bhj.2024.9

Organización Internacional del Trabajo (OIT), Walk Free y Organización Internacional para las Migraciones (OIM) (2022). *Estimaciones mundiales sobre la esclavitud moderna: trabajo forzoso y matrimonio forzoso–Resumen Ejecutivo.* Ginebra: OIT.

Ortiz-Arce Vizcarro, S. (2022). Los litigios climáticos: ¿una oportunidad para la UE con impacto global? En F. J. Zamora Cabot, L. Sales Pallarés, & M. C. Marullo (Eds.), *La lucha en clave judicial frente al cambio climático* (pp. 357-385). Editoriale Scientifica

Ortiz-Arce Vizcarro, S. (2024). Nuevos horizontes para la UE en la Directiva Due Diligence: derechos humanos, medio ambiente y rendición de cuentas corporativa en las cadenas de valor. *Revista Española de Empresas y Derechos Humanos,* (3), 145-165.

Park, S. H., Lundquist, K., y Stolzenburg, V. (2023). Global Value Chains for Inclusive Development. En Research Institute for Global Value Chains at the University of International Business and Economics, Asian Development Bank, Institute of Developing Economies–Japan External Trade Organization, & World Trade Organization (Eds.), *Global Value Chain Development Report 2023: Resilient and sustainable GVCs in turbulent times* (pp. 271-290). World Trade Organization.

Pietropaoli, I., Elliott, J., y Gonzalez de Aguinaga, S. (2024). Towards New Human Rights and Environment Due Diligence Laws: Reflections on Changes in Corporate Practice. BIICLO.

Pigrau Solé, A., e Iglesias Márquez, D. (2019). *La responsabilidad de las empresas en la protección de los derechos humanos: un análisis del contexto actual y la necesidad de un tratado vinculante.* Policy Paper ICIP, 19.

Ruggie, J. (2015). Human rights and the OECD guidelines for multinational enterprises. *The Brown Journal of World Affairs,* 22(1), 33-50.

Ruggie, J. G., y Sherman, J. F. (2017). The Concept of 'Due Diligence' in the UN Guiding Principles on Business and Human Rights: A Reply to Jonathan Bonnitcha and Robert McCorquodale. *European Journal of International Law,* 28(3), 921-928.

Vicente Blanco, D. J., y Bardel, D. (2024). Las nuevas obligaciones de información corporativa en materia de sostenibilidad en la Unión Europea: La Directiva (UE) 2022/2464 y la naturaleza de sus normas. *Cuadernos Europeos de Deusto,* (70), 133-168.

Capítulo 6.

LA REPARACIÓN DE LAS VÍCTIMAS DE LOS DELITOS DE TRATA Y DE SUS FINALIDADES DE EXPLOTACIÓN: PERSPECTIVAS Y RETOS

TANIA GARCÍA SEDANO
Magistrada Suplente en la Audiencia Provincial de Madrid, Doctora en Derecho

1. INTRODUCCIÓN

Nuestro país ha dado muchos pasos para cumplir los compromisos internacionalmente asumidos para identificar, proteger y reparar a las víctimas de trata. No obstante, queda camino por recorrer. La trata de seres humanos constituye un delito muy grave y la negación prácticamente de todos los derechos humanos de las víctimas (Alto Comisionado de Naciones Unidas para los derechos humanos, 2014). Íntimamente vinculada a la trata se encuentran las situaciones de explotación que hacen crecer exponencialmente las violaciones de derechos y multiplican el daño a las víctimas. Con posterioridad, durante el procedimiento judicial la revictimización se hará patente, de un modo u otro. Es preciso que, más allá de medidas tuitivas se articulen obligaciones específicas que hagan tangible la reparación efectiva de las víctimas.

2. CONCEPTO DE VÍCTIMA DE TRATA DE SERES HUMANOS

Desde la órbita del Derecho Internacional de Derechos Humanos no se encuentra una definición unitaria de víctima. Pese a ello, debe subrayarse por su carácter holístico la definición contenida en la Ley Modelo de lucha contra la trata adoptada por la Oficina de las Naciones Unidas contra la Droga y el Delito (2010) que establece: «Por *víctima de la trata* se entenderá (...) toda persona natural que haya sido sometida a la trata de personas, o respecto de la cual [las autoridades competentes, incluidas las organizaciones no gubernamentales designadas, cuando corresponda] puedan razonablemente creer que es una víctima de la trata de personas, aun cuando el perpetrador no haya sido identificado, aprehendido, enjuiciado o condenado. Respecto de todos los otros artículos, una víctima de la trata será toda persona o personas identificadas de conformidad con el párrafo 1 del artículo 18 de la presente Ley».

Si nos atenemos a una mirada exclusivamente penal, víctima será aquella persona titular del bien jurídico protegido que ha sido lesionado o puesto en peligro. En esa línea, la Ley 4/2015, de 27 de abril, del Estatuto de la víctima del delito, BOE núm. 101 (2015), en adelante EV, en su Preámbulo, apartado IV, establece que el concepto de víctima que queda fijado en la misma se aplica «a toda persona que sufra un perjuicio físico, moral o económico como consecuencia de un delito(...)»; el articulado del EV al perfilar su ámbito subjetivo incluye no sólo las víctimas directas, siempre que sean personas físicas, sino también las indirectas, artículo 2 EV.

En nuestro país se ha aprobado el Anteproyecto de Ley Orgánica integral contra la trata y la explotación de seres humanos que establece distintas medidas encaminadas a la detección de situaciones de trata y explotación, artículo 25, la identificación provisional de presuntas víctimas de trata y explotación, artículo 26, la identificación definitiva, artículo 27, y la resolución definitiva de identificación como víctima de trata y explotación de seres humanos; pero no define el estatus jurídico de presunta víctima, al que expresamente dedica un precepto, y tampoco el de víctima de trata de seres humanos.

Lo que sí hace el Anteproyecto, es reconocer que la víctima podrá ser declarada como tal en el seno del proceso penal y ello motivado por la Sentencia del Tribunal Superior de Justicia de Cataluña, de 2 de noviembre de 2021, que establece: «Es un caso, no infrecuente, en que la administración no las identifica, y que existe un periodo bien corto entre la captación y la explotación para la efectiva comisión del delito. Siguiendo con el argumento se evidencia también que, si rechazáramos la posibilidad de la declaración judicial de ser *víctima de trata en juicio* y la práctica de prueba para su acreditación, sin que se juzgue ni se persiga a los tratantes, se haría inviable o al menos les dificultaríamos enormemente a estas víctimas acudir a un recurso de revisión para anular la condena, que, de esta manera con la prueba pertinente puede evitarse, y analizarse en el juicio».

Por otro lado, la propia Fiscalía General del Estado (2019) a propósito del análisis de las diligencias de seguimiento, define dos tipos de víctimas: «aquellas que por los indicadores o indicios objetivos concurrentes no es posible dudar racionalmente de su condición de víctima» y «aquellas víctimas en las que concurre algún indicador o signo de trata aislado de notoria gravedad que exigen una labor de investigación rigurosa dentro del ámbito de un proceso penal».

Por su parte, la Resolución de 7 de julio de 2022, de la Secretaría de Estado de Igualdad y contra la Violencia de Género, por la que se publica el Acuerdo de la Conferencia Sectorial de Igualdad de 27 de mayo de 2022, relativo a la acreditación administrativa de la condición de víctima de trata de seres humanos y/o explotación sexual, BOE núm. 167 (2022), que establece el procedimiento de emisión de la acreditación, en el ámbito administrativo de las situaciones de trata con fines de explotación sexual y trata mixta.

En definitiva, estamos ante círculos concéntricos que tienen como objetivo el definir el concepto de víctima. Situación que, sin dejar de resultar paradójica, no hace más que evidenciar que estamos ante una cuestión decisiva pues se erige como condición previa esencial para realizar el derecho a la reparación (por lo que a efectos de este trabajo nos conlleva).

3. LA REPARACIÓN

3.1. Contexto desde el Derecho Internacional de los Derechos Humanos

La reparación debe contextualizarse dentro del marco global de la promoción y la protección de los derechos humanos y libertades fundamentales y de la prevención y la corrección de los abusos contra estos derechos (Comisión de derechos humanos. Subcomisión de Prevención de la Discriminación y derechos de las minorías, 1993). Para su consecución habrán de implementarse mecanismos judiciales y administrativos que permitan a las víctimas obtener reparación mediante procedimientos oficiales u oficiosos que sean ágiles, justos, poco costosos y accesibles (Declaración sobre los principios fundamentales de justicia para las víctimas de delitos y del abuso del poder, adoptada por la Asamblea General en su resolución 40/34).

De conformidad con el artículo 6 párrafo 6 del Protocolo para prevenir, reprimir y sancionar la trata de personas, especialmente mujeres y niños, estamos ante una obligación estatal integrada por la adopción de medidas que brinden a las víctimas de la trata de personas la posibilidad de obtener indemnización por los daños sufridos.

Reparar significa devolver a la víctima a la situación anterior, siempre que sea posible, incluyendo el restablecimiento de la libertad, disfrute de derechos humanos, identidad, la vida familiar la ciudadanía, el regreso a su lugar de residencia, la reintegración en su empleo y la devolución de sus bienes; una indemnización apropiada y proporcional a la gravedad de la violación y a las circunstancias de cada caso por todos los perjuicios económicamente evaluables, tales como: daño físico o mental; pérdida de oportunidades, en particular las de empleo, educación y prestaciones sociales; daños materiales y la pérdida de ingresos, incluido el lucro cesante y los perjuicios morales(en este sentido, la Recomendación CEDAW nº 35 consagró que las reparaciones deben incluir medidas como «la indemnización monetaria, la prestación de servicios jurídicos, sociales y de salud, incluidos servicios de la salud sexual, reproductiva y mental para una recuperación completa, y la satisfacción y garantías de no repetición»); gastos de asistencia jurídica o de expertos, medicamentos y servicios médicos, psicológicos y sociales; rehabilitación; atención médica y psicológica, así como servicios jurídicos y sociales; satisfacción; medidas eficaces para conseguir que no continúen las violaciones; verificación de los hechos y revelación de la verdad, en la medida que no provoque más daños; búsqueda de personas desaparecidas; declaración oficial o decisión judicial que restablezca la dignidad, la reputación y los derechos de la víctima y de las personas estrechamente vinculadas a ella; una disculpa pública; aplicación de sanciones judiciales o administrativas a los responsables de las violaciones; conmemoraciones; inclusión en la enseñanza; así como garantías de no repetición, entendidas como medidas que contribuyan a la prevención (*Principios y directrices básicos sobre el derecho de las víctimas de violaciones manifiestas de las normas internacionales de derechos humanos y de violaciones graves del derecho internacional humanitario a interponer recursos y obtener reparaciones).*

En el ámbito regional europeo, la Directiva (UE)2024/1712 del Parlamento Europeo y del Consejo de 13 de junio de 2024 que modifica la Directiva 2011/36/UE relativa a la prevención y lucha contra la trata de seres humanos y a la protección de las víctimas, impone la obligación estatal de garantizar que las víctimas de la trata de seres humanos tengan acceso a los regímenes existentes de indemnización a las víctimas de delitos violentos dolosos, artículo 17.

En el contexto del Convenio del Consejo de Europa por un lado, el Convenio Europeo sobre Indemnización a las Víctimas de Delitos Violentos y de la Recomendación 2006 (8) del Comité de Ministros y Ministras de los Estados Miembros del Consejo de Europa sobre asistencia a víctimas de delito, ha establecido un contexto pionero de protección de las víctimas ante el delito. Por otro, el Convenio sobre la lucha contra la trata de seres humanos (Convenio nº 197 del Consejo de Europa), establece el derecho de toda víctima a ser indemnizada por los infractores y la obligación de adoptar las medidas necesarias para garantizar que las víctimas sean indemnizadas, en las condiciones previstas en su derecho interno, artículo 15. El Consejo de Europa es propositivo y pone como ejemplo el establecimiento de un fondo para la indemnización de las víctimas, o la implementación de medidas o programas dirigidos a la asistencia y a la integración social de las mismas.

3.2. Ordenamiento jurídico interno

La reparación (Gallego, 2015, p.407) según el artículo 112 de la Ley Orgánica 10/95, de 23 de noviembre, del Código Penal, BOE núm. 281 (1995), en adelante CP, incluye obligaciones que pueden cumplirse de tres formas. En primer lugar, la reparación específica o *in natura* que supondrá el arreglo de la cosa dañada o su sustitución por otra igual. En segundo, la indemnización o sustitución por equivalente que fundamentalmente se traduce en la valoración dineraria del daño sufrido. Y, por último, la reparación en especie o entrega de bienes cuyo valor equivalga al daño sufrido.

Nuestro CP establece modalidades específicas de reparación a lo largo de su articulado. Así, los artículos 339 y 340 del CP prevén medidas concretas en los delitos contra el medioambiente, el artículo 216 CP sienta la publicación o divulgación de la sentencia condenatoria en delitos contra el honor y el 227 del CP establece el pago de las cuantías económicas adeudadas por impago de pensiones alimenticias (Gallego, 2015, p.408).

En esa situación no es posible dilucidar el parámetro que ha guiado al legislador en el establecimiento de modalidades concretas de reparación a propósito de algunos delitos. Sorprende que en el caso que nos ocupa no se haya incorporado una previsión específica y ello por la gravedad y atención que este fenómeno recibe.

Por eso, una posibilidad idónea, en atención a la gravedad y entidad de la trata de seres humanos, sería la inclusión de un párrafo 13 en el artículo 177 bis del CP que establezca la obligación de reparar a las víctimas de trata. La reparación, del mismo modo que la pena a imponer, no sería renunciable. Avalaría esta propuesta lo dispuesto en la Ley Orgánica 10/2022, BOE nº 215 (2022), de Garantía Integral de la Libertad Sexual, en adelante LOGILS, la cual incluye diversas medidas para la reparación, e incluso modificó a la Ley Orgánica 1/2004, de 28 de diciembre, de Medidas de Protección Integral contra la Violencia de Género para la inclusión del Capítulo V derecho a la reparación.

No es la opción incorporada al Anteproyecto de Ley Orgánica integral contra la trata y la explotación de seres humanos que dedica su Capítulo V rubricado «Derecho de reparación e indemnización» a esta figura.

En ese sentido, es preciso subrayar que España deberá trasponer la Directiva (UE)2024/1712 del Parlamento Europeo y del Consejo de 13 de junio de 2024 y consideramos que debería ser con ocasión de la aprobación de la Ley Orgánica Integral de lucha contra la trata y la explotación. Ello sería acorde con la reivindicación, calificable como histórica, tanto de la Red Española contra la trata como de otros agentes sociales. Esa reivindicación tuvo eco en el informe de la Subcomisión del Congreso para el análisis y estudio de la trata de seres humanos con fines de explotación sexual, e incluso en el Pacto de Estado contra la violencia de género.

En todo caso, la interpretación de este derecho deberá realizarse conforme al Folleto Informativo N° 36 sobre Los Derechos Humanos y la Trata de Personas de Naciones Unidas (2014), que establece que en los casos de trata, las formas de reparación consisten en restitución, indemnización, rehabilitación, satisfacción y garantías de no repetición (tal y como prevé la LOGILS en sus artículos 53 y siguientes).

3.2.1. La reparación simbólica

El punto de partida debe ser conceptualizar que reparar no sólo significa volver al estado de cosas anterior a la comisión del delito, sino que también implica eliminar la fuente del daño y adoptar medidas preventivas, para que no se siga desarrollando en el futuro. No compartimos que reparación sea sinónimo de resarcimiento, sino que debe definirse en un contexto más amplio y complejo sobre los daños, las víctimas y las comunidades.

Además, la reparación debe entenderse como un proceso y no como un hecho aislado en el que se realizan determinados actos simbólicos o materiales, sino el proceso en el que se desarrollan los mismos (Hamber, 1998, p.9).

De este modo, se posibilita que las medidas simbólicas adquieran una renovada virtualidad para las víctimas, las comunidades y el conjunto de la sociedad, pues tienden no sólo a reparar sino también a restaurar la confianza y a transformar el imaginario de impunidad.

En ese sentido, la Comisión de Derechos Humanos (1993) ha propuesto como medida reparadora la difusión en medios de comunicación, en los libros de historia y en el material didáctico una relación exacta de la historia de la esclavitud, incluida una relación de los actos y las actividades de los autores y sus cómplices, y de los sufrimientos de las víctimas.

En nuestro contexto socio –jurídico encontramos un antecedente en la Ley 8/2021, de 2 de junio, por la que se reforma la legislación civil y procesal para el apoyo a las personas con discapacidad en el ejercicio de su capacidad jurídica, BOE núm. 132 (2021), que ha eliminado la esterilización forzosa o no consentida de mujeres discapacitadas en España, eliminando, para tal fin, el párrafo segundo del artículo 156 del Código Penal, que, en la actualidad, despenaliza las esterilizaciones no consentidas, previa autorización judicial, tal y como ya se nos recomendó por el Comité de Derechos de las Personas con Discapacidad de Naciones Unidas.

A propósito de la finalidad de explotación sexual, el artículo 57 de la LOGILS establece que la reparación simbólica incluirá, por parte de los poderes públicos, el reconocimiento de la violencia y declaraciones institucionales que restablezcan la dignidad y reputación de las víctimas siempre desde un enfoque reparador integral transformador, que las administraciones públicas promuevan el compromiso colectivo contra las violencias sexuales y el respeto por las víctimas, y acciones de rechazo a las violencias sexuales y adoptarán las medidas necesarias para evitar la repetición del delito.

Más allá de las contenidas en la LOGILS, la reparación simbólica podría consistir en la eliminación de las marcas del vudú, los tatuajes utilizados durante el proceso y la explotación, la reconstitución genital, etc. En todo caso, la clave para que sean realmente efectivas para las víctimas es incorporar los elementos culturales que forman parte de su cosmovisión.

Consideramos que esta forma de reparación debe ser incorporada al modelo vigente en nuestro país para todas las finalidades de trata de seres humanos.

3.2.2. Reparación y justicia restaurativa

Hay autoras como Soleto y Grane (2018) que ante la constatación de la ineficacia del sistema de reparación a las víctimas a través de la indemnización contenida en sentencias condenatorias (Soleto, 2019, p.493) proponen la justicia restaurativa como instrumento facilitador de la reparación a las víctimas. Ante esta posibilidad la doctrina se muestra dividida sobre la idoneidad en atención a la naturaleza del delito origen de la reparación (Villacampa, 2012, p.208).

4. LA RESPONSABILIDAD CIVIL

El CP establece, artículo 116, que toda persona criminalmente responsable de un delito lo es también civilmente si del hecho se derivaran daños y perjuicios

No existirá responsabilidad civil derivada de la comisión de un delito en casos de sentencias absolutorias o autos de sobreseimiento. Ciertamente, ni una ni otros prejuzgarán la calificación que de los hechos pudiera realizarse en la jurisdicción civil con la excepción de que se declare la inexistencia de los hechos objeto del procedimiento.

En ese sentido, de un proceso penal solo nacerá la responsabilidad civil si existe, y se constata, un nexo causal entre la infracción penal y el daño. De tal modo que la obligación resarcitoria exigirá una justificación propia del nexo causal entre el daño y el hecho delictivo, así como del daño y de su entidad.

4.1. El ejercicio de la acción civil en el ordenamiento jurídico español

4.1.1. La acción civil en el proceso penal

La existencia de un procedimiento penal dentro del que, con arreglo a los principios constitucionales, se pueda imponer una pena no excluye que la responsabilidad civil se exija o en la jurisdicción civil o en el procedimiento penal. En ese sentido, la responsabilidad civil derivada de la comisión de un delito está regulada en los artículos 109 a 122 del CP.

La responsabilidad civil deriva de la comisión de un delito y conlleva la obligación de indemnizar los perjuicios materiales y morales que hubiese irrogado, artículos 110 y 113 del CP. En los casos en los que el sujeto activo del delito sea una persona jurídica, artículo 116.3 del CP, debe tenerse en cuenta que si el ámbito en que se ha desarrollado la actividad ilícita fuera objeto de aseguramiento, artículo 117 CP, serán responsables civiles con las limitaciones establecidas legal y contractualmente.

Encontrándonos ante el ejercicio de una acción de naturaleza civil sus principios serán los propios del derecho civil a salvo de las reglas especiales contenidas en el CP. Como bien sienta Arnaiz, estamos ante una acumulación heterogénea de acciones (2006, p.32) salvo que la víctima haya renunciado expresamente a cualquier tipo de indemnización o se haya reservado el derecho de acudir a la jurisdicción civil, artículos 100 y 108 del Real Decreto de 14 de septiembre de 1882 por el que se aprueba la Ley de Enjuiciamiento Criminal, Gaceta de Madrid núm. 260 (1882), en adelante LECRIM.

La incoación de pieza separada de responsabilidad civil, se apertura por el Juez, de oficio a instancia de parte, artículo 590 de la LECRIM, en la que se mandará que el imputado o los imputados preste fianza bastante para asegurar las responsabilidades pecuniarias que en definitiva puedan declararse procedentes, decretándose en el mismo auto el embargo de bienes suficientes para cubrir dichas responsabilidades si no prestare la fianza, artículo 589 LECRIM. La fianza, durante el procedimiento podrá ser aumentada o reducida según las circunstancias que sobrevengan, artículos 611 y 612 LECRIM, y podrá imponerse a terceros que incurran en responsabilidad civil subsidiaria, artículos 615 y siguientes de la LECRIM.

4.1.2. Contenido de la Responsabilidad civil

De conformidad con el artículo 110 CP la responsabilidad civil *ex delicto* comprenderá la restitución, la reparación del daño y la indemnización de los perjuicios materiales y morales.

La Ley Orgánica 10/2022, de 6 de septiembre, de Garantía Integral de la Libertad Sexual, establece su aplicación a la trata de seres humanos con fines de explotación sexual, artículo 3 párrafo 1 *in fine.*

En concreto, por lo que se refiere a la indemnización el artículo 53 sienta, incorporando el derecho internacional de los derechos humanos al que se ha hecho referencia, que la indemnización por daños y perjuicios materiales y morales deberá garantizar la satisfacción económicamente evaluable de, al menos, los siguientes conceptos: «a) El daño físico y psicológico, incluido el daño moral y el daño a la dignidad. b) La pérdida de oportunidades, incluidas las oportunidades de educación, empleo y prestaciones sociales. c) Los daños materiales y la pérdida de ingresos, incluido el lucro cesante. d) El daño social, entendido como el daño al proyecto de vida. El daño social puede derivar en una situación de vulnerabilidad social consecuencia del delito del que se es víctima. e) El tratamiento terapéutico, social y de salud sexual y reproductiva».

4.1.3. La indemnización de los perjuicios materiales y morales

Si nos circunscribimos a la indemnización de la víctima, existen tres tendencias: aquella en la que es el Estado el que indemniza; aquella en la que corresponde a la persona condenada; y un tercer modelo, como el español, en el que conviven las dos posibilidades de modo subsidiario.

El modelo español prevé que para que la víctima de un delito sea indemnizada es preciso que exista una sentencia condenatoria dictada en un procedimiento judicial ya sea de naturaleza penal o civil.

Nuestro país, para dar cumplimiento a la obligación de incorporar al derecho interno la Directiva 2012/29/UE, aprobó la Ley 4/2015, de 27 de abril, que regula el EV. Su Exposición de Motivos afirma que: «el reconocimiento, protección y apoyo a la víctima no se limita a los aspectos materiales y a la reparación económica, sino que también se extiende a su dimensión moral».

En el año 2009 se modificó su artículo 15 con la incorporación de un párrafo 4º para que el Letrado de la Administración de Justicia cuide que las víctimas en el momento de interponer denuncia o, en todo caso, en su primera comparecencia ante el órgano competente, sea informada de las posibilidades de obtener en el proceso penal la restitución y reparación del daño sufrido.

En todo caso, en los procedimientos de trata no son frecuentes las peticiones de indemnización a favor de las víctimas (Consejo General del Poder Judicial, 2018). Ello puede obedecer a que la asistencia jurídica gratuita se pospone en el tiempo. Así se evidencia de la Recomendación formulada por el Defensor del Pueblo, 1 de marzo de 2018, a las Fuerzas y Cuerpos de Seguridad, Expediente núm. 1700778, que disponía: «Establecer los mecanismos adecuados para facilitar –antes de que se formule denuncia o querella o se inicie un procedimiento penal– el asesoramiento y defensa jurídica a las presuntas víctimas de trata, a fin de determinar, en el proceso de evaluación individual, sus necesidades especiales de protección y evitarles perjuicios, que de otro modo, pudieran derivarse de la investigación policial o del propio proceso penal».

Desde otro prisma, en los casos de víctimas de trata que se encuentran en los CIES, CATES y CETIS sería recomendable que su asistencia letrada fuera atribuida a Letrados y Letradas del Turno de Oficio para garantizar la salvaguarda de sus intereses y derechos así como para dificultar la actividad de las redes de trata.

Para concluir, el artículo 2 de la Ley 1/1996, de 10 de enero, de asistencia jurídica gratuita, BOE núm. 11 (1996), establece su ámbito subjetivo y en su apartado g) la cobertura del derecho a las víctimas de determinados delitos entre los que se encuentra el delito de trata de seres humanos. Ahora bien, en el caso del delito de trata se da la particularidad de que no cabe exigir la auto identificación que, por otro lado, no tiene carta de naturaleza en nuestro ordenamiento y condiciona la titularidad del ejercicio.

En todo caso, con carácter general, la víctima de cualquier delito podrá estar acompañada de una persona de su elección desde el primer contacto con autoridades y funcionarios, artículo 4 del EV, así como derecho a información, artículo 5 EV.

4.1.4. La cuantificación de la responsabilidad civil en los procedimientos sobre trata de seres humanos

El artículo 115 CP explicita la obligación judicial de establecer razonadamente las bases de cuantificación de los daños e indemnizaciones que podrá fijarse en la resolución o en el momento de su ejecución.

Los principios que rigen en la aplicación de la indemnización son el principio de reparación integral de los daños y perjuicios sufridos, lo que se conoce como *restituto in integrum*; y la determinación del *quantum* indemnizatorio, que es una valoración reservada a los Tribunales de instancia. Por lo que se refiere a la indemnización de los daños morales, su determinación también queda reservada al arbitrio judicial con debida motivación; además, la determinación de la indemnización está supeditada, como ya se ha avanzado, al principio de justicia rogada.

La cuantificación de la indemnización oscila enormemente en atención a las circunstancias concurrentes (Consejo General del Poder Judicial, 2018). Así, por ejemplo, se ha valorado en 15.000 euros reconocidos por la Sentencia de la Audiencia Provincial de Madrid de 26 de diciembre de 2012; 10.000 euros fijados por la Sentencia de la Audiencia Provincial de Barcelona de 6 de febrero de 2013; 300 euros fueron establecidos por la Sentencia de la Audiencia Provincial de Cádiz; 250.000 euros por haber sufrido un aborto forzado se determinaron por la Sentencia de la Audiencia Provincial de Barcelona de 15 de septiembre de 2014.

En la reciente Sentencia del Tribunal Europeo de Derechos Humanos, Krachmova vs Bulgaria de fecha 28 de febrero de 2024, el Tribunal se pronuncia por primera vez sobre el derecho de las víctimas a solicitar una indemnización por el lucro cesante dejado de percibir durante el tiempo que ha permanecido en situación de explotación. Ahora, los avances no han quedado ahí. Así, en la Sentencia del Tribunal Europeo de Derechos Humanos, TV vs España de fecha 10 de Octubre de 2024, el Tribunal concluye que las deficiencias en el deber de investigar las denuncias graves de trata de seres humanos conllevan la obligación de pago por parte del Estado de 15.000 euros en concepto de daños morales y 12.000 por costas y gastos.

5. GARANTÍA DE NO REPETICIÓN

Como se adelantaba al comienzo de este trabajo, la perspectiva del Derecho Internacional de los Derechos Humanos dista de la adoptada en los ordenamientos internos. En el primer caso, los sujetos incumplidores son los Estados que no cumplen sus obligaciones estructurales tanto en el ámbito legislativo como de implementación de políticas públicas. Ahora bien, eso no supone ni que sus conductas queden impunes ni que de las mismas no derive la obligación de indemnizar.

El Tribunal Europeo de Derechos humanos ha considerado que la falta de eficacia del sistema penal (refiriéndose a los delitos contra la libertad sexual) constituye una infracción del artículo 13 y del artículo 3 del Convenio Europeo, Sentencias del Tribunal Europeo de Derechos Humanos, W vs Eslovenia nº 24125/2006 de 23 de enero de 2014; O´Keeffe vs Irlanda, 28 de enero de 2014, Gran Sala M.A vs Eslovenia nº 3400 y ND vs Eslovenia nº16605/09 de 15 de enero de 2015.

En el caso de nuestro país, el Comité para la Eliminación de la Discriminación de la Mujer (CEDAW), Dictamen de 16 de julio de 2014, Comunicación 47/2012, declaró que España precisa del apoyo de los agentes estatales para dar cumplimiento a las obligaciones de diligencia debida asumidas por el Estado. Pese a la resolución emitida por un Comité de Naciones Unidas, sin embargo, no resultó sencilla su ejecución. Así, tuvo que ser el Tribunal Supremo quien declaró la responsabilidad del Estado[1].

La LOGILS establece la garantía de no repetición en su artículo 55 con carácter bicéfalo. Así, por un lado, prevé la obligación de las administraciones públicas de impulsar medidas necesarias para que las víctimas de trata con fines de explotación

1 Sentencia del Tribunal Supremo, Sala de lo Contencioso Administrativo, de 17 de Julio de 2018.

sexual cuenten, en todo momento, con protección efectiva ante represalias o amenazas. Por otro, establece la obligación de promover programas específicos dirigidos a favorecer la reinserción y prevenir la reincidencia de las personas condenadas por éste delito.

6. AYUDAS PÚBLICAS COMPENSATORIAS

La Recomendación nº 35 del Comité CEDAW consagró la obligación estatal de Estados establecer «fondos específicos de reparaciones y diseñar programas de reparaciones a la discriminación subyacente o la situación de desventaja que causó la violación o contribuyó de manera significativa a ella, teniendo en cuenta los aspectos individuales, institucionales y estructurales».

Por su parte, el Consejo de Europa ha construido un marco normativo articulado sobre el principio de subsidiariedad de los Estados en la indemnización a las víctimas. Así se consagra en la Convención 116 sobre Compensación a víctimas de crímenes violentos de 1983, artículo 223, como en la Recomendación (2006) 8 del Comité de Ministros y Ministras de los Estados miembros sobre asistencia a víctimas de delitos, en su artículo 8.

Es preciso subrayar que, como adelantábamos, España deberá trasponer la Directiva (UE)2024/1712 del Parlamento Europeo y del Consejo de 13 de junio de 2024, que en su artículo 17 regula la indemnización estableciendo la obligación estatal de garantizar que las víctimas de trata tengan acceso a los regímenes de indemnización a las víctimas de delitos violentos.

En nuestro ordenamiento interno, la Ley 35/1995, de 11 de diciembre, de ayudas y asistencia a las víctimas de delitos violentos y contra la libertad sexual BOE núm. 296 (1995), estableció ayudas económicas a las víctimas de delitos violentos y contra la libertad sexual a cargo de los presupuestos generales del Estado. Esta Ley significó, en el momento de su promulgación, la primera Ley en tutelar los derechos de las víctimas, y constituye la clave de arco del sistema de compensación estatal que se construye sobre la base de una resolución judicial firme que declare la indemnización y que la persona condenada sea declarada insolvente.

Ahora bien, las víctimas de trata de seres humanos no aparecen incluidas como beneficiarias en el artículo 2 de la Ley 35/95 de 11 de diciembre[2]. La incorporación de la Directiva debe llevar pareja su reforma, máxime si tenemos en cuenta que según la Circular FGE 2/1998 estas ayudas constituyen *tertium genius* de obligación resarcitoria de naturaleza especial que el Estado se impone a sí mismo[3]. Se trata, por tanto de un derecho de configuración legal (Solé, 1997, p. 225-226) cuyo fundamento se ubica en los principios de solidaridad y equidad.

---

2 La Sentencia del Tribunal de Justicia de la UE de 11 de octubre de 2016, asunto C-601/14, condenó a Italia por no haber establecido un sistema de indemnización estatal a víctimas de delitos violentos que fuera aplicable a víctimas de delitos contra la libertad sexual que era obligatorio desde la entrada en vigor de la Directiva 2004/80, del Consejo de 29 de abril de 2004, sobre indemnización a las víctimas de delitos, para delitos sexuales.

3 Sentencia del Tribunal Supremo de 19 de diciembre de 1997, Sala Contencioso Administrativo, cuyo FJ 6º establece que «[…] el concepto legal de ayudas públicas, contemplado en esta Ley debe distinguirse de figuras afines y, señaladamente, de la indemnización. No cabe admitir que la prestación económica que el Estado asume sea una indemnización, ya que este no puede asumir sustitutoriamente las indemnizaciones debidas por el culpable del delito ni, desde otra perspectiva, es razonable incluir el daño moral provocado por el delito. La Ley, por el contrario, se construye sobre el concepto de ayudas públicas –plenamente recogido en nuestro ordenamiento– referido directamente al principio de solidaridad en que se inspira».

En todo caso, esa previsión tampoco constituiría una solución definitiva debido, fundamentalmente, a su deficiente dotación presupuestaria (Subijana, 2006, p.197; Landrove, 1998, p.182; García-Pablos, 1993, p. 303; Tamarit, 2013, pp. 22 y 23). No obstante, el artículo 56 de la LOGILS establece la dotación de fondos para hacer efectivo el derecho a la reparación de las víctimas, resultantes de la ejecución de los bienes, efectos y ganancias decomisados por los jueces y tribunales a los condenados por los delitos previstos en el artículo 127 bis del Código Penal. Previsión que no termina de compadecerse con lo dispuesto en la Recomendación nº 38 del Comité CEDAW, que establece la obligación de velar por que las mujeres y las niñas víctimas de la trata tengan derecho a indemnización, pago de atrasos y otras reparaciones adaptadas a las necesidades, y hacer lo posible por que esos recursos jurídicos no estén supeditados al decomiso de los activos de los tratantes.

7. CONCLUSIONES

Se hace necesario implementar mejoras que posibiliten que la reparación y la indemnización a las víctimas de trata sea efectiva y adecuada conforme a los compromisos asumidos por España, tanto en el ámbito internacional como en el de la Unión Europea.

Bibliografía

Alto Comisionado de Naciones Unidas para los derechos humanos (2014). *Los derechos humanos y la trata de personas.* Folleto Informativo36. Nueva York y Ginebra: Naciones Unidas.

Arnaiz, A (2006) *Las partes civiles en el proceso penal.* Valencia: Tirant lo Blanch.

Baca, B et all (Coords) (2006). *Manual de victimología.* Valencia: Tirant lo Blanch.

Comisión de Derechos Humanos. Subcomisión de Prevención de la Discriminación y derechos de las minorías. (1993). *Estudio relativo al derecho de restitución, indemnización y rehabilitación a las víctimas de violaciones flagrantes de los derechos humanos y las libertades fundamentales.* Documento: E/CN.4/Sub.2/1993/8.

Comité para la Eliminación de la Discriminación contra la Mujer (2017). *Recomendación general núm. 35 sobre la violencia por razón de género contra la mujer, por la que se actualiza la recomendación general núm. 19* CEDAW/C/GC/35: Recuperado de https://www.ohchr.org/es/treaty-bodies/cedaw/general-recommendations

Comité para la Eliminación de la Discriminación contra la Mujer (2021). *Recomendación general núm. 38 relativa a la trata de mujeres y niñas en el contexto de la migración global.* Recuperado de: CEDAW/C/GC/38: https://www.ohchr.org/es/treaty-bodies/cedaw/general-recommendations

Comité para la Eliminación de la Discriminación contra la Mujer. (2019) *Recomendación general núm. Nº 19: La violencia contra la mujer.* CEDAW/C/GC/19: Recuperado de https://www.ohchr.org/es/treaty-bodies/cedaw/general-recommendations

Consejo General del Poder Judicial. (2018) *Guía de criterios de actuación judicial frente a la trata de seres humanos.* Madrid: Poder Judicial.

Fiscalía General del Estado Español (2019). *Memoria anual.* Madrid: Gobierno de España.

Gallego, J.I. (2015). Artículo 112 CP. En Corcoy, M. y MIR, S. (Dir). *Comentarios al Código Penal. Reforma LO 1/2015 y 2/2015.* (405-445) Valencia: Tirant lo Blanch.

García-Pablos De Molina, A. (1993) El redescubrimiento de la víctima: victimización secundaria y programas de reparación del daño. La denominada victimización terciaria (el penado como víctima del sistema legal). En *Cuadernos de Derecho Judicial,* 1993, 1-45.

Hamber, B. (1998) Repairing the Irreparable: dealing with double-binds of making reparations for crimes of the past. *Ethnicity and Health, 5*(3 & 4), 215-226,.

Landrove, G. (1998). *La moderna victimología.* Valencia: Tirant lo Blanch.

Parlamento Europeo. (2020). *Informe sobre la aplicación de la Directiva 2011/36/UE relativa a la prevención y lucha contra la trata de seres humanos y a la protección de las víctimas.* Documento: 2020/2029(INI).

Parlamento Europeo. (2016.) *Resolución del Parlamento Europeo, de 25 de octubre de 2016, sobre la lucha contra la corrupción y el seguimiento de la Resolución de la Comisión CRIM.* Documento: 2015/2110(INI).

Soleto, H. (2019). Justicia restaurativa para la mejor reparación a la víctima. En H. Soleto, y A. Carrascosa. *Justicia restaurativa: una justicia para las víctimas.* (pp. 491-520) Valencia: Tirant lo Blanch.

Soleto, H y Grané, A. (Eds) (2018). *La eficacia de la reparación a la víctima en el proceso penal a través de las indemnizaciones: Un estudio de campo en la Comunidad de Madrid.* Madrid: Dykinson.

Solé, J. (1997). La tutela de la víctima en el proceso penal. Barcelona: José María Bosch.

Subijana, I.J. (2006). *El principio de protección de las víctimas en el orden jurídico penal. Del olvido al reconocimiento.* Granada: Comares.

Tamarit, J.M. (2013). Paradojas y patologías en la construcción social, política y jurídica de la victimidad. Indret: *Revista para el Análisis del Derecho, 1,* 2-31.

Villacampa, C. (2012). *Justicia restaurativa aplicada a supuestos de violencia de género. Revista Penal, 30,* 178-216.

Capítulo 7.
PAISAJES DE LA RUTA: UNA AGENCIA NARRATIVA DE MUJERES QUE ATRAVIESAN FRONTERAS

ESPERANZA JORGE BARBUZANO
Área de Didáctica y Organización Escolar, Departamento de Educación y Psicología Social, Universidad Pablo de Olavide

INMACULADA ANTOLÍNEZ DOMÍNGUEZ
Área de Trabajo Social y Servicios Sociales, Departamento de Derecho del Trabajo y la Seguridad Social, Universidad de Cádiz

INTRODUCCIÓN AL PAISAJE

Dándole un espacio privilegiado a la frase «el mapa nunca es realidad» de John Brian Harley (1989), impulsor de la cartografía crítica, reconocemos a este como texto gráfico y a todo relato como un mapeo dialéctico. Quienes escribimos estas letras entendemos los mapas como composiciones aspirantes a las libertades que contienen la esencia de la narrativa paisajística, alejados del encorsetamiento del mandato de la representación de la verdad. Representamos el espacio desde nuestro lugar de observación, reflejando las relaciones e intereses «desde una relación de poder» (McDowell, 2000, p. 217). A estos textos gráficos se les ha otorgado la misión de hacer creer que no está la humanidad provista de lo cambiante, matizable o impreciso. Y que sobre sus coordenadas cartesianas podemos ver el mundo que pisamos ajustadamente definido como realidad única, estática y plasmada en un formato de papel nombrado en siglas (quizás un DIN A0, normas ISO216).

Esa exótica exactitud nos acerca de alguna manera a la ambiciosa sensación de creer controlar la vida alejándonos del deber básico como especie y como seres éticos de tener que escucharla, dialogarla y entenderla en sus complejidades para hacer posible el sostenimiento de la misma. En estas páginas se hablará del cuidado y del descuido, así como de lo rentable que puede ser para nuestros sistemas socioeconómicos que nos inclinemos más (mucho más) hacia la segunda opción. Y lo haremos esbozando los escenarios que habitan las mujeres viajeras y viajadas que atraviesan por tierra el África occidental y norte en dirección a Europa, en múltiples ocasiones vinculadas a formas de control, explotación y/o trata de personas. Las señalamos también *viajadas* con la intención de destacar no sólo el movimiento sobre el espacio público, también el valioso sedimento que deja la experiencia y la posibilidad, a partir de esta, de elaborar narración con la que relatar el mundo. Ese que no está acostumbrado a cartografiarse con y desde ellas, que excluye sus formas, y que omite sus reflexiones y propuestas, que las deshumaniza (Lugones, 2012).

Es con estas ausencias que queda escrito el globo terráqueo sobre mapas atravesados por fronteras inventadas de afiladas cuchillas y naciones que se apilan unas sobre otras ejerciendo la presión precisa para provocar ahogo histórico, desangramiento interno o saqueo oculto a las que están alojadas en los sures del acopio. Mientras, a las de los nortes, encaramadas en la cumbre, las vemos con manos y bocas libres para cartografiar «como una forma de construir orden en nuestro mundo[1]» (Harley, 1989, p. 15).

> Supongo que la narrativa más conveniente siempre ha sido retratar a las naciones oprimidas sistemáticamente por naciones más poderosas como tierras de nadie, periferias bárbaras cuyo

[1] Traducción propia de: *«as a way of building order into our world»*.

> caos y color de piel amenazan la blanca paz de los civilizados (Luiselli, 2019, p. 157).

Sobre los mapas se cristaliza la tinta (de estilográfica o impresora) que intenta sepultar bajo sus trazos definitivos el ritmo ondulante de la vida, las tiranteces de la propuesta, las falsedades que contiene. Tensiones que entendemos creativas (del Valle, 2005) porque promueven inventar salidas y por ello pueden ser timón del accionar transformador y de prácticas de libertad. Ese es el matiz que nos hace querer distinguir al mapa del paisaje. El primero pareciera que necesita matar la escena amplia para secuestrar y petrificar la imagen que desea conservar. El segundo precisa el ritmo vital que confirma el movimiento que contiene la posibilidad y la exigencia de cambio. Y lo hace sin disimular que está conformado por los relatos que nunca pueden estar carentes de la pugna del poder.

Los paisajes de los que hablaremos apuestan por contener a los seres que son excluidos como resultado de las distintas formas de discriminación y que cuestionan y alteran, con su propia experiencia relacional, la fingida inmovilidad. Sus relatos son esenciales puesto que portan la urgencia de cuestionar lo establecido, lo cambiable. Por eso nos hemos empeñado en acompañar a las protagonistas del viaje migratorio en la producción de relatos que contengan las tensiones de las miradas diversas y que, en nuestro caso, las muestran desde imágenes sobre lámina, discursos orales, fotografías o un gesto performativo en contextos de reflexión crítica. A partir de estas coordenadas y desde el 2013 hemos venido trabajando en la frontera sur española con mujeres que la viven y la atraviesan procedentes del continente africano, muchas de ellas con episodios biográficos relacionados con formas de explotación y/o trata de personas. Este ejercicio ha tenido el marco múltiple de proyectos académicos de investigación[2], intervención social a través de ONG, una tesis doctoral (Jorge, 2020) y contextos de compromiso o militancia[3].

En la obra de teatro *Instrucciones para abrazar el aire* de la compañía ecuatoriana Malayerba dos personajes embotan un escabeche de conejo. Esos botes, además de alimento, acogen información clandestina con la que esperan apoyar las acciones que la insurgencia dirige contra la dictadura argentina del 76. Esta imagen de embotar comida y textos nos puede permitir explicar qué es paisaje o narrativa paisajística para nosotras. No pretendían aquellas actorales manos meter entre cristales una revolución, ni siquiera el alimento en sentido amplio. Esos botes contenían su parte de revolución y su parte de alimento, aunque ambos fueran ofrecidos a la humanidad completa. Del mismo modo, cada paisaje aporta su porción de información experiencial y emocional sobre el mundo a partir de una objetividad encarnada (Haraway, 1995) que desvela el lugar desde donde mira quien lo relata. Este paisaje buscará complementarse en escucha con otras narrativas paisajísticas para crear la ecología discursiva (también en movimiento). Desde esa colectividad podremos hacer girar el tambor del zootropo cartográfico que nos ofrecerá la ilusión de estar viendo una historia de

---

2 Entre los más destacados: «Violencias de género en un contexto de cambios: retos y desafíos para un análisis desde la perspectiva de género». 2021-2023. (B-SEJ-220-UGR20). IP: Ana Alcázar; «Investigación sobre elementos claves en el trayecto migratorio de mujeres subsaharianas. El paso por Malí y Marruecos hacia Andalucía». 2020-2021. Contrato OTRI de la Universidad de Cádiz con la ONG Mujeres en Zona de Conflicto (MZC); «Trata de personas, salud integral y cuidados: Mujeres transfronterizas en tránsito de Marruecos hacia Andalucía». 2014-2017. (2014SEC001). IP: Nuria Cordero.

3 Las autoras del capítulo pertenecen a diversos colectivos ciudadanos de apoyo y acogida digna a población migrante en la frontera sur española.

mundo, aquella de la que habla el conjunto diverso de mapas-paisajes que la componen.

VIAJERAS DE LA RUTA DE LOS SILENCIOS

Entre quienes moran el camino en este capítulo hablaremos de las mujeres que han experimentado el viaje desde sus territorios en el África occidental hacia Europa y que, a la vez, lo han-hemos narrado. Por ello, son pobladoras del paisaje y trazadoras del paisaje. Viajeras que habitan la franja excepcional del relato de los cuerpos vividos. Es importante señalar en este punto que los estudios previos que hemos realizado nos han señalado los «silencios impuestos» (Jorge, Antolínez y Alonso, 2020) como una de las principales huellas que portan las mujeres que caminan la ruta del Mediterráneo occidental cuando el viaje está vinculado a futuras formas de explotación o a la trata de personas. «Ahí tú no puedes hablar. Da igual si tienes derecho o no tienes derecho. Lo único que puedes hacer es callar» (T-B, Granada, Estado español, 2015)[4], afirma una de las jóvenes que comenzó el trayecto con 14 años y llegó al Estado español con 17 después de haber vivido «todas las cosas malas. No hay cosa malo que no está ahí. Toda la cosa malo está ahí dentro con ellos». Para concluir la idea, B. quiso reforzar la limitación para contar:

> No puedes denunciar, no tienes derecho para quejarte. ¿Y a quién vas a denunciar? ¿A la policía? No tienes ni papel. Primero el idioma, no habla el idioma y segundo papel y tercero qué persona conoces para denunciar a alguien. Y si denunciar, ¿dónde vas a ir? Cuando ya la persona coge la policía hay otra persona. Esto es un grupo y puede coger a la mujer y la puede matar. Porque no hay tu familia ahí, ni tu hermana, ni nadie.

---

4 En el capítulo, la sigla T. hace referencia al discurso producido en el marco de un taller colectivo y la sigla E. a una entrevista.

> Puede pegar, lo mata, lo tira, le da igual (T-B, Granada, Estado español, 2015).

Estos silencios están relacionados con la necesidad de ocultamiento de un entramado o negocio que puede incurrir en la ilegalidad y, en el caso de la trata, en delito. Pero, igualmente, este pretendido amordazamiento puede buscar el adiestramiento y el castigo que se precisan para asegurar la esclavización de la persona. Un castigo que viene de viejo y que en el caso de las mujeres se justifica desde la necesidad de educar sancionando la conducta «desviada de la norma» (Juliano, 2005), como puede ser el propio hecho de salir al espacio público de la migración.

> Muchas mujeres (durante el camino) están muy cerradas, los hombres no quieren que salgan afuera a buscar su vida propia. Y, además, dos cosas, para protegerse y también para humillar a ellas. Porque ahí la mujer no tiene voz de hablar, de tomar su propia decisión. Aunque ella viene sola desde el momento en que tú ya has entrado en ese territorio, ya no estás sola, ya tienes un patrón que te va a mandar a dónde puedes llegarse. Y van a decir, «oye, yo soy el dueño de ti. Lo que yo digo, tú lo vas a hacer» (T-Jen, Sevilla, Estado español, 2017).

En los estudios de Almudena Cortés (2018) con las mujeres migrantes centroamericanas que se dirigen a Estados Unidos de América se apunta el rol del orden de género en los regímenes de movilidad y su intersección con las propuestas de gobernanza neoliberal de los procesos migratorios. Destaca la autora los tipos de violencia sexual y de género dirigidas de forma específica a cuerpos de mujeres «jóvenes, pobres, de piel oscura e indígenas» (Cortés, 2018, p. 30). Esta afirmación, centrada en las mujeres centroamericanas, entra en diálogo con nuestra experiencia en las rutas que unen el África occidental con Europa. En el caso de las jóvenes participantes en este trabajo hemos concluido designando la ruta como una «fábrica de miedos» (Jorge y Antolínez, 2018), base para establecer la «escuela de silencios» precisa para desarrollar las formas de explotación posteriores.

Los silenciamientos a los que hacemos alusión pueden ser tanto narrativos (imposición de discurso, control de lo que se dice o ausencia total de narrativa) como corporales (agresiones físicas, control, ocultamiento o desaparición) desaparición, ocultamiento o control y agresión física).

> ¿Por qué quieres hacer esto conmigo? Porque esto es lo que hacemos aquí. Aunque te guste, aunque no te guste. Por las buenas o a la fuerza. Y me pegaba. Me pegaba mucho porque no tengo tanta fuerza. Porque todavía soy chica, no como ahora que tengo 19. Entonces no tenía 15 años. Se fue a coger la cuerda. Me siguió pegando, ató mis manos, mis piernas, y se acostó conmigo (T-B, Granada, Estado español, 2015).

Estas personas que han llegado a territorio español vinculadas a la trata de personas podrían acceder a una cierta protección en tanto que victimizadas por un delito. Sin embargo, para reconocerlas como tal han de ser «identificadas» a través de una entrevista. Esta será realizada por el «personal de las Fuerzas y Cuerpos de Seguridad competentes para la investigación de estos delitos», según consta en el apartado VI.B del Protocolo marco de protección de las víctimas de trata de seres humanos (2011).

Es decir, se hace imprescindible que quienes de partida llegan con alguna cuota de silenciamiento narren sus historias para que puedan acceder a un derecho básico de restablecimiento por las violencias experimentadas y la explotación. Esta exigencia narrativa está en estrecha relación con la línea de abordaje de la temática claramente «criminocéntrica» donde se prima la persecución del delito y se persigue el testimonio de las mujeres para engordar el expediente. Ello lleva a que el eje de la propuesta de intervención se articule a partir de la infracción y no de los derechos de la persona, poniendo muchas veces en riesgo su integridad y los procesos de recuperación y/o empoderamiento que pueda estar desarrollando. Así es explicado por Encarna Márquez, mediadora intercultural de la asociación Algeciras Acoge:

> ¿Para qué necesitas la entrevista? ¿Qué es lo que tú quieres sacar de ahí? Lo que quieres es esa colaboración. Ese es el principal obstáculo, que la policía busca que tú des información y si no (la das) no te voy a identificar. Y la víctima lo que necesita es que sea identificada si hablo contigo o si no hablo contigo (...) Si tú has sido traída por una organización criminal es enfrentarte a esa organización. Y eres tú la víctima, tú eres la que lo has sufrido y tú vas a estar siempre en el punto de mira (E-Márquez, 2016).

LAS NARRATIVAS CREATIVAS, LA INSURGENCIA DEL RELATO

Sin embargo, a pesar de lo complejo que puede ser acompañar itinerarios de elaboración de relato en los contextos descritos, nuestra tozuda apuesta ha sido y sigue siendo crear los artilugios (metodológicos) precisos para ello. Así, hemos ejercido de investigadoras «bricoleur» (Denzin y Lincoln, 1994, p.4), constructoras de nuevas formas e instrumentos para facilitar la producción de relatos enfrentándonos humildemente a los retos que se plantean. A continuación, señalaremos tres de estos desafíos que a su vez nos ayudarán a recorrer la propuesta metodológica.

Primer reto: mujeres pretendidamente silenciadas

En el empeño por facilitar procesos dialógicos, en nuestro caso transcontinentales, hemos partido de las producciones narrativas (Balasch y Montenegro, 2003) para reformularlas ampliamente desde lo que hemos llamado los «condicionantes de discurso» (Jorge y Antolínez, 2018). Nos referimos a aquellos que violentan y limitan el ejercicio narrativo durante el tránsito y una vez en destino. Entre ellos destacamos para el análisis que nos ocupa: las amenazas que reciben hacia ellas y personas cercanas; la situación administrativa irregular, la entrevista y el miedo a la expulsión; y la narración de graves episodios de daño.

La propuesta desarrollada se sustenta en el fomento: de la utilización de formas diversas narrativas para la construcción del relato de vida, pudiendo realizarse «producciones estéticamente comunicables mediante los diferentes lenguajes simbólicos (corporales, sonoros, visuales, dramáticos, literarios)» (Ros, 2005, p. 2); de la puesta en valor del relato experiencial que se nutre de la memoria encarnada (Del Valle, 1995) que otorga protagonismo a la vivencia de los cuerpos (Esteban, 2004); y de una ética de cuidados (Noddings 1988; Gilligan 1982) que asegure colocar el restablecimiento y la agencia del grupo en el centro del proceso, donde se valore de forma especial las situaciones de riesgo, reconociendo los límites discursivos y los silencios elegidos. Igualmente se propone que se aborde la construcción de los relatos de vida desde la salud global y los cuidados, alejándonos de hacerlo a partir de la reconstrucción de los daños y las violencias. Han de ser las profesionales o las investigadoras quienes adquieran las habilidades para poder detectar en los relatos situaciones de explotación o trata sin que tenga que ponerse en riesgo o vivir la re-victimización quien narra.

La adaptación minuciosa (y mimosa) de la metodología a cada sesión, contexto, grupo o persona nos llevó a diseñar y poner en marcha 36 tipos de procesos de producción narrativa. La creatividad ha sido el ingrediente común en estas recetas procesuales. Por un lado, hemos travestido la base común de la propuesta tantas veces como rostros, historias, daños o evocación de futuros hubiera. Y, por otro, la imaginación ha permitido dar sentido a la experiencia (Bruner, 2003) que analizábamos y que poníamos en relación con el resto de historias para escuchar la voz común y construir desde el grupo disconforme.

En un proceso amplio que duró algo más de año y medio con un grupo de mujeres nigerianas que se encuentran en asentamientos chabolistas agrícolas al sur del Estado español, propusimos realizar un cuento breve de ficción que partiera de algún episodio de vida de ellas. La narrativa de S. comienza de la siguiente manera:

> En mi país es un problema si te casas y no tienes hijos. A la familia del marido no le va a gustar. Van a pensar que la mujer sólo vino para comerse el dinero y que no da el bebé que corresponde. Si sólo tienes hijas también es un problema (T-S., Huelva, Estado español, 2016).

Este fragmento hace alusión al lugar secundario que ella siente que se ocupa por parir a una niña o nacer siéndolo. La revisión del texto completo del relato de S. la hicimos grupalmente en una playa de Huelva, siendo esta la primera vez que se acercaba al mar desde que años atrás hubiera sobrevivido a un naufragio. Con un solo bañador para tres, camisetas y pantalones cortos hubo remojón hasta las rodillas, risas y evocaciones. Acabar el proceso de relatos en uno de los puntos de daño más importantes no fue casualidad. Quisimos provocar este acercamiento al lugar por entender que el grupo (entre el que nos contamos) ofrecía cuotas importantes de seguridad, escucha y trenzado de objetivos.

Un segundo fragmento de su relato dice: «Cuando mi abuela supo que mi madre estaba embarazada de mí, se la llevó a otro pueblo, donde mucha gente no se dio cuenta del embarazo. Todo fue bien (aunque antes se le hubieran muerto mis hermanos) porque mi abuela conoce las hierbas». La metodología generada en este proyecto ha pretendido dotarse de las hierbas que precisamos las narradoras para accionar, minimizando la posibilidad de una victimización secundaria y reajustando las fuerzas para golpear discursivamente allí donde podría ser preciso para ayudar a desestabilizar las estructuras de la inequidad.

A G. la conocimos cuando comenzaba a mellar (en pequeña y necesaria cuota) estas estructuras al abandonar la explotación sexual y relatar lo sucedido. Ella viajó teniendo 14 años y con 16 llegó al Estado español con un bebé engendrado entre agresiones del camino. Para dar el paso de acudir a un recurso de protección tuvo que dejar a su hijo (las lágrimas al contarlo alargan los brillos de su mirada hasta las mejillas) en un lugar seguro puesto que las amenazas para que siguiera en la actividad (con la que debía cubrir la deuda que, en ese momento, oscilaba entre 25.000 y 60.000 euros para las chicas nigerianas, según nuestros datos de campo) estaban dirigidas principalmente al menor. En una sesión en la que reflexionábamos sobre los orígenes de la captación ella apuntó:

> La gente que viene de Nigeria, ellas son de pueblo, no son de ciudad. Aunque hay algunas de ciudad que saben un poquito, no es una persona que vive mejor en la casa, es pobre que puedes manejar. Pero esos pobres tienen su derecho a saber a quién van a dar a su hija, qué trabajo va a hacer, qué es lo que espera la chica (T-G, Cádiz, Estado español, 2018).

Así, mientras pretendíamos acompañar a algunas de las mujeres en sus itinerarios de recuperación a través del relato, estas nos matizaron que el restablecimiento pasa por la visión colectiva del daño. Desde ese lugar, varias de las participantes dirigieron sus discursos a la denuncia para lo que sería una posible transformación social. G. continuó el análisis añadiendo que, en esta temática, eran prioritarias ciertas acciones en Nigeria.

Si ustedes podían (llevarles estos mensajes), que las chicas sepan primero la realidad. Eso lo primero, para que sepa la realidad que hay aquí. Porque las chicas vienen con muchas promesas, mentiras, engaños. Tienen que saber eso, lo que está pasando en Europa para que ellas tomen su decisión para venir (T-G, Cádiz, Estado español, 2017).

Esta propuesta, muy similar a la que nos hicieron otras compañeras en los distintos puntos del trayecto, nos obligaba a construir esa llamada «realidad» que creímos compuesta por el conjunto de experiencias que atesoraban las viajeras.

Así, las inicialmente silenciadas no sólo narraban, sino que establecieron como proyecto conjunto aportar lucha dialéctica al debate social sobre la ocupación y explotación de los cuerpos de las jóvenes y mujeres. Su arma: el relato. El público al que aspiraban llegar era la ciudadanía en general, pero muy especialmente sus «hermanas» en origen.

Segundo reto: mujeres en movimiento

La movilidad de estas jóvenes y mujeres está muy relacionada con el ocultamiento o la ocupación de espacios de difícil acceso. En muchas ocasiones el acercamiento a ellas ha estado acompañado por las organizaciones locales que trabajan la temática. Ello ha permitido que el diseño de nuestra metodología y de los objetivos esté en escucha con los itinerarios de intervención y restablecimiento que las entidades estaban desarrollando. Y, por supuesto, de forma prioritaria con los objetivos que las mujeres nos compartían.

El desplazamiento en ocasiones también está vinculado a los cambios de lugar de las chicas entre zonas de explotación, algo beneficioso para el negocio. Así, pronto se nos presentó el reto de la movilidad más allá de la propia migración. Seguir a mujeres que se trasladan o proponerles un parón para crear espacios de diálogo y poder continuar juntas trayecto y paisaje ha exigido una constante adaptación y reformulación. Planteamos a esta altura del texto que realicemos un pequeño acercamiento a la ruta migratoria de la mano (narrativa) de las viajeras.

Ante la propuesta de dibujar la ruta, un grupo de jóvenes sentadas sobre papel continuo reflexionaron y bocetaron un mordisco de África y de la Europa a la que habían llegado. A lo largo de estos trazos dialogaron sobre lo que señalaban como «puntos claves de daño» del viaje por tierra para las mujeres.

Paisaje 1: Nuestras huellas en la ruta

Fuente: Producción narrativa creativa, proyecto ALMA, Algeciras, 2016.

Las participantes dibujaron pisadas de distintos colores para ordenar la geografía que las había visto hacer camino. Ese que nosotras desandaríamos en el marco de una etnografía multilocal (Marcus, 2001) siguiendo sus trazos.

A partir de los señalamientos timoneros que nos hicieron en este y otros tantos espacios de reflexión desplegamos «campamentos» en 19 territorios dentro de la superficie terrestre que ese primer paisaje permite evocar. De un lugar a otro nos han ido llevando sus indicaciones, enlaces, conocidas, ONG, noticias de prensa o la huida del punto anterior. Comenzando por el sur del Estado español (en centros de internamiento, casas de acogida, calles nocturnas y prostíbulos, zonas agrícolas, etc.); cruzamos a Marruecos recorriendo las áreas fronterizas, las ciudades de paso o aquellas donde se encuentran instaladas, recursos de entidades, o asentamientos migrantes en el monte; para luego viajar a Nigeria en dos ocasiones, una centrada en trabajar en escuelas, prostíbulos, ONG o albergues para niñas de la calle, y la segunda desarrollando el proyecto en el ámbito comunitario. Este itinerario así explicado pareciera lineal, pero realmente se desarrolló con viajes múltiples que fueron enlazando territorios, narrativas contextualizadas.

A lo largo del recorrido instalamos los campamentos como espacios de descanso, análisis y creatividad de las narradoras que portan sobre la cabeza palabras, gestos, pinturas o las fotografías para relatar lo experimentable, transformable y denunciable. A veces para ello nos hemos provisto de una silla coja en un polígono industrial que las ve ir y volver recorriendo la acera. En ocasiones, la infraestructura de una entidad nos ha permitido desarrollar talleres de meses, procesos narrativos amplios con una nevera asegurándonos la merienda. Otras veces el campamento duró instalado apenas unas horas, esas que ellas pudieron robarle a quienes las controlan y esperan que vuelvan con dinero de mendigar en los semáforos, recoger aceitunas o frutos rojos, o friccionar el cuerpo sobre la sábana y bajo otro cuerpo.

En 2020 nos acercamos a la ruta hacia Malí y Níger, puntos claves señalados por ellas en el Paisaje 1 por diversos motivos: conflictos armados; refuerzo del control-bloqueo migratorio con la externalización de las fronteras europeas; región receptora de migrantes expulsados desde Canarias vía Mauritania; y atravesada por desiertos en los que se pierden personas que deambulan hasta secársele los cuerpos, y donde la «única luz es la luna» (T-A, Casablanca, Marruecos, 2020), esa que ayuda a esconderte cuando vienen «matando y violando».

Con ellas hemos atravesado físicamente, o en sus relatos, fronteras. Las geopolíticas que dan perímetro a «los dominios» y autorizan el control de accesos y salidas, aunque ello implique ganarse el calificativo de «tanatopolíticas» (Aguilar, 2017) en el caso de la frontera sur española. Pero también, entre otras, las fronteras socioeconómicas, que dividen los techos y a las personas en: llovibles y permeables hasta el derrumbe; y estancos, con blindaje antigotera. Con estos trazados fronterizos quedan nuestras sociedades definidas a base de la fragmentación donde la altura de los muros tiene la misión de impedir que un sector vea-sienta al otro. En nuestro caso a «las otras», las mujeres racializadas migrantes y explotables, provocando «una estructura de silencio, de otredad doble, de violencia y por ende, de invisibilidad» (N´gom, 2015, p. 124).

Como un ejemplo tangible de muros que se elevan tenemos las vallas de las ciudades autónomas de Ceuta y Melilla, dolorosas reliquias coloniales españolas en el continente africano cuyas alturas no dejan de aumentar, de ocultar. Una de las jóvenes que comenzó un proceso de construcción de relato con nosotras porque quería prepararse para la entrevista en comisaría nos dijo que algo que no podía contar a la policía era lo que le hicieron en Marruecos cerca de la frontera: «Me desperté y todo estaba negro. Yo pensé que estaba muerta. Todo oscuro. Luego me di cuenta que estaba dentro de un contenedor de basura. Allí me tiraron después de pegarme y violarme todos» (T-F, Algeciras, Estado español, 2016).

Igualmente son muros geográficos fronterizos (de agua salada, rocas y cráneos) el mar Mediterráneo y el océano Atlántico. Según el último informe de la Asociación Pro Derechos Humanos de Andalucía, en los tres años anteriores han muerto o desaparecido 5.744 personas (APDHA, 2023). La entidad especializada en migración señala en su informe de 2022 que, aunque las entradas de mujeres representen el 10% en frontera sur, tienen sin embargo el doble de probabilidades de morir durante el cruce en comparación con sus compañeros varones.

B. consiguió sobrevivir con «unas cinco más» a un naufragio, pero su mejor amiga (según ella la nombra) y otras cuarenta personas murieron. «Desde ese día, cada noche imagino una forma distinta para ayudarla» (T-B, Granada, Estado español, 2015).

Tercer reto: Una alacena para las narrativas

Como sastres del boceto, las investigadoras hemos engarzado las narrativas que las mujeres han generado en los distintos puntos geográficos y desde los diversos momentos vitales para conformar un tapiz de paisajes discursivos, relatos colectivos que analizaran críticamente la temática. Para tal misión nos hicimos con una cámara de vídeo y foto, una grabadora y con un conjunto de fichas (diseñadas según contextos y objetivos) en las que plasmar las narrativas escritas y/o plásticas. Con este hatillo de herramientas y la mirada dispuesta comenzamos la recolección de relatos.

En un ejercicio de idas y vueltas fuimos delineando reflexiones propiciadas en los procesos de producción que generaron 603 narrativas creativas a lo largo de la ruta. Y tuvimos que inventar la forma de almacenar este material y hacerlo sin que perdiera el ritmo de la experiencia y el entrelazado de los hechos, los matices de las emociones y el contenido clave para analizar la temática. Igualmente, precisamos un anaquel que nos permitiera agilidad en el rebusque a todas las que nos asomaríamos en él. Incluso a las torpes investigadoras que partimos de la mirada desubicada de quienes contemplamos desde afuera, y que a veces nos sorprendemos alojadas en prejuicios y privilegios, y desalojadas de la necesidad imperiosa del cambio social (que también tiene que ver con el viraje de paradigmas y metodologías).

En un proceso prolongado durante meses con B., se conformó su historia de vida en una narrativa oral-escrita. En una primera etapa fue facilitada con la elaboración de un árbol de lana, cuyas ramas eran metáfora de cada capítulo biográfico. A partir de este ejercicio se generó un relato inicial que fue tomando forma con las sesiones de transcripción, análisis y revisión con investigadoras y relatora. El resultado fue utilizado como texto base para el acopio del resto de producciones. Para ello, comenzamos localizando con B. los «hitos» (del Valle, 1995) fundamentales relacionados con la temática en su historia. El entramado de hitos conformó la estructura sostén del almacenamiento. A partir de cada hito, a modo de alacena, se fueron apilando fracciones del relato biográfico del resto de participantes. Previamente se realizó el trabajo de localización de aquellos fragmentos o *retales narrativos* (Jorge, 2020) que estaban relacionados con cada hito en estudio. Así se pudieron observar divergencias, coincidencias, aportaciones o reformulaciones que permitían una constante alimentación discursiva del almacenamiento.

Al mantenerse la ubicación espacio-temporal de los acontecimientos de la historia base, dicha estructura permitió mantener el ritmo biográfico y la lógica consecuencial en el conjunto de la sistematización. El análisis posterior realizado con varias de las participantes terminó de concretar el contenido y la compartimentación (siempre multi-relacionada) que dio forma al acopio de narrativas desde el lugar y la emoción privilegiada de quienes han vivido y reflexionado la experiencia. A dicho acopio lo llamamos el *almacén encarnado* (Jorge y Antolínez, 2018).

Esta puesta en común de los acontecimientos relacionándolos con las vivencias de las demás ha permitido darle sentido a la temática a partir de la opresión, la supervivencia o la respuesta contestataria a un modelo sustentado en la explotación desde mujeres racializadas (Kempadoo, 2017). Por ello, se han propiciado escenarios de permanente análisis crítico con los grupos de participantes apelando a sus imaginarios, claves y señalamientos puesto que para el debate cuestionador al modelo «tenemos mucho que ganar con una mirada africana de la globalización» (Mama, 2014, p. 488).

Cuatro de las mujeres además han podido (dadas sus condiciones mínimas de protección y estabilidad socioeconómica) tener una mayor implicación en el proceso. Ellas, las *revisadoras*, además de haber sido co-constructoras de las narrativas creativas, han examinado el material que se ha ido generando, estando presentes en las distintas etapas del proyecto. Sus contribuciones son vinculantes y permiten asegurar el cribado de las producciones de investigación desde el tamiz de la sabiduría experiencial crítica. En este sentido, hemos apostado por «avanzar hacia la ruptura de la rígida dicotomía entre «ellas» las proveedoras de datos en bruto y «nosotras» las analistas, dándoles a «ellas» la oportunidad de dar sentido a los datos que han proporcionado y comparar sus conclusiones con las nuestras» (Hale, 2001, p. 14)[5].

UNA CARTOGRAFÍA PAISAJÍSTICA

Con voz para el canto o la narración, pincel o bolígrafo, cámara de fotos o cuerpo las viajeras trazaron los paisajes biográficos que las nombran, mientras describen el mundo que recorren y aquel que podrían construir. No son mapas certeros y únicos. Son acopios de susurros que se acompasan para nombrar lo oculto. Los resultados discursivos se han moldeado al grupo o la persona que lo emite, y al público al que va diri-

[5] Traducción propia de: «(...) *to move toward breaking down the rigid dichotomy between «they» the providers of raw data and «we» the analysts, giving «them» the opportunity to make sense of the data they have provided and to compare their conclusions with your own»*.

gido, con objetivos diversos. Atreviéndonos a hacer dos hatillos excesivamente genéricos de los fines para los que fueron producidas las narrativas (además de los de la propia investigación), señalaríamos que: por un lado, están aquellos que han buscado principalmente generar el relato personal requerido en los procesos de identificación de situaciones susceptibles de protección internacional o vinculación a la trata. Y, por otro lado, los que han conformado una creación colectiva donde se ha promovido la reflexión crítica y la denuncia. En este último caso, los relatos o *retales* lanzados al cielo y dirigidos a sus hermanas en origen exigen reconocer además a las narradoras como educadoras entre pares que analizan y proponen este ejercicio como práctica de la libertad y fuerza para el cambio (Freire, 1971).

Pese al agrupamiento que hemos hecho en relato individual y colectivo, se podría decir que las narrativas generadas han tenido en común este deseo de liberar desde lo individual-relacional a lo colectivo amplio. Incluso en los procesos mayormente dirigidos a la entrevista personal con la policía se plasmó la esperanza de estar aportando para la no repetición de los hechos. Como señala Freire (1998, p. 25), esta esperanza «necesita de la práctica para volverse historia concreta». Y continúa: «sin el embate la esperanza, como necesidad ontológica, se desmorona». Quizás ese sea el sentido de este proyecto: facilitar el ejercicio discursivo que contenga la confrontación al poder que se ejerce cuando otros y otras cuentan (o silencian) tu historia, quedando esa narración como la «historia definitiva» (Ngozi, 2009, p. 4).

A modo de ejemplo de narrativa individual atravesada por el compromiso con la construcción de un mundo futuro que L. señala como «mejor» aportamos el siguiente *paisaje corporal.*

Paisaje 2: Nos escribimos sobre siluetas

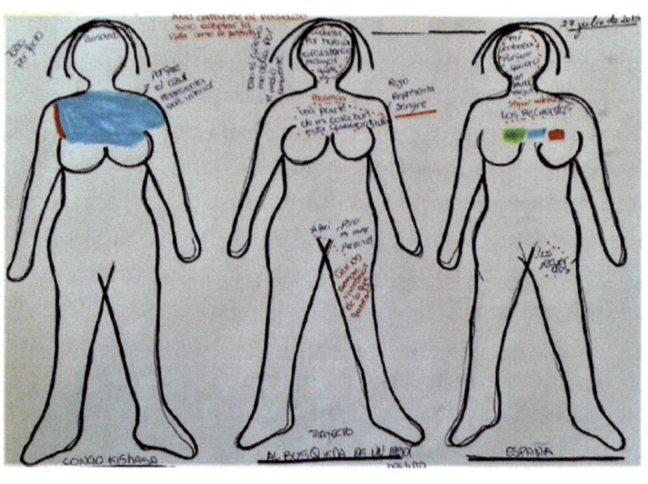

Fuente: Producción narrativa creativa, L, AGAEC, Granada, 2015.

Como primer señalamiento L. nos comparte el uso que ha hecho de los colores en la silueta que la representa en el momento actual, simbolizada con el tercer contorno de la ficha. Nos dice que,

> el verde te da la oportunidad de comenzar de nuevo, es esperanza. El azul me recuerda que tengo la oportunidad de tener la misma paz que tenía en mi país. Y el rojo que es sangre, a pesar de tener una vida nueva…, los recuerdos siempre se quedan (T-L, Granada, Estado español, 2015).

En esta sesión, en la que participaron tres jóvenes, propusimos escribirnos sobre la representación del cuerpo en las siguientes etapas de vida: origen (antes del viaje), durante el trayecto (que L. describe en su ficha como la «búsqueda de un mejor destino»), y el momento en el que se encontraban cuando hicimos el taller. En la primera figura, pinta de azul su pecho que ella relaciona con «paz». En la silueta central sólo ha empleado el color rojo. Subraya la palabra «sangre» y utiliza el rotulador con trazos discontinuos para señalar la parte de la cabeza, el pecho y el sexo. Este trazo muy sutil (como un pespunte provisional) y que en un momento dado señalara que quería borrar algo de lo que había escrito fueron pequeñas pistas del paso que estaba comenzando a dar. Ella llegó a las costas españolas siendo menor de edad, habiendo salido con once años y afirmó en los distintos recursos en los que estuvo que no había sufrido agresiones. La elaboración de esta narrativa gráfica le permitió plasmar un SOS entre las piernas de la silueta del trayecto. Ella escribió: «Aquí, pero es muy personal» y añadió con el rotulador rojo «que NO siempre viviremos de lo que queremos».

Esta pincelada de daño que nos gritó L., acompañándola con reflexiones como la que colocó en el pecho de la figura, «una parte de mi corazón está quebrantado», nos llevaron a dar continuidad al proceso creativo en sesiones posteriores en coordinación con la técnica de la entidad para, juntas, llegar a dar forma a un relato henchido de daños y superación. En la tercera figura L. localiza el dolor en la «cabeza porque quiero un mundo mejor». Desde esa inconformidad que combina con la serenidad y la juventud relató, dirigiéndose a sus hermanas que se encuentran en origen pensando en migrar:

> Puedes tener una oportunidad en tu mismo país porque si toda África, toda la gente quiere ir a Europa, nunca vamos a cambiar África. (...) Si tienes la oportunidad de estar en tu país, está, no vengas a Europa. Europa no es todo, no es si tú no vienes a Europa tú no eres nadie. No, tú puedes ser alguien en tu país, en cualquier sitio que tú estés (T-L, Granada, Estado español, 2015).

A continuación, pretendiendo traer a estas páginas una pequeña muestra de una narrativa colectiva, presentamos el *paisaje de la ruta* en forma de Mapa de Senderos de Cuidados que elaboró un grupo de mujeres ubicadas en el norte de Marruecos. Estas fueron hilvanadoras de los relatos de tantas otras con las que pudimos trabajar discursivamente a lo largo del 2020 y

2021 en Bamako (Malí), Tánger (Marruecos), Andalucía e Islas Canarias.

Paisaje 3: Mapa de senderos cuidados

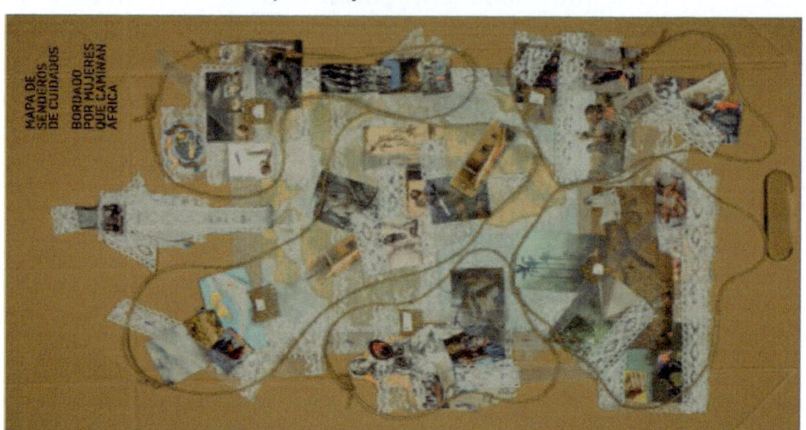

Fuente: Producción narrativa creativa, proyecto Universidad Cádiz y MZC, 2020-2021

Este Mapa tiene como paisaje de partida aquel que las participantes elaboraron destacando los hitos de violencia que ellas localizaron desde origen hasta destino (Paisaje 4).

Paisaje 4: Mapa de violencias

Fuente: Producción narrativa creativa, proyecto Universidad Cádiz y MZC, 2020-2021.

Para concluir este pequeño acercamiento a una *cartografía paisajística* de las rutas que algunas mujeres procedentes del África occidental compartieron con nosotras, queremos señalar el trabajo comprometido de construcción de «realidades» que tomó forma de audiovisual bajo el título de *Irioweniasi. El hilo de la luna*[6]. En 2015 viajamos por primera vez a Nigeria con la intención de construir campamentos dialógicos con jóvenes ya que una de las características de la trata nigeriana es la temprana edad a la que son captadas (Hadjab, 2016). Con nosotras viajó un pequeño vídeo de diez minutos que contenía los mensajes directos que las participantes quisieron enviar a sus «hermanas». Unos meses antes comenzamos a recolectar las narrativas que se generaban con la intención de alertar sobre los engaños que envuelven el viaje a Europa. Una de las viajeras señaló utilizando una metáfora muy común en Nigeria: «Europa no es leche y miel como me habían contado (...) Aquí me esperaban para que hiciera de prostituta» (T-B, Sevilla, España, 2017).

Otra de las jóvenes que había estado ocho años en explotación sexual en varios países europeos y que se había acogido a un programa de retorno a Nigeria, abandonando la red, propuso que la filmáramos (asegurando el anonimato). La cámara de vídeo estaba siendo agenciada por quienes querían-exigían hablar porque querían-exigían parar el daño:

> Estoy aconsejando a las chicas jóvenes, especialmente a nuestras madres. S i alguien viene a deciros que quiere llevarse a vuestras hijas a Europa, necesitáis preguntar antes de tomar la decisión. Alguien vendrá a deciros que quiere llevarse a vuestras hijas a Europa sin deciros qué van a hacer allí. Ellas están ejerciendo la prostitución allá. No es que ellas estén allí trabajando. Sobre todo en Italia, Francia, Suiza, Holanda, Dinamar-

---

[6] Enlace del documental Irioweniasi. El Hilo de la Luna: https://vimeo.com/250402023

ca…, en cualquier sitio. Ella está trabajando en las calles (T-M, Benin City, Nigeria, 2015).

El pequeño vídeo casero se proyectó en centros educativos, prostíbulos y ONG. Las narrativas de contestación (que fueron muchas) se recogieron para dar continuidad al ensamblado al que unimos también las producciones generadas en Marruecos y, en definitiva, las pinceladas dialógicas que de uno y otro punto del trayecto fueron matizando el mensaje coral final. A las voces de las mujeres se unieron las del personal técnico de entidades o instituciones. También los dibujos de una artista[7] que supo esconder el rostro de las participantes para mostrarlo pleno en ilustraciones; y el sonido[8] de las pisadas y de los cantos del trayecto para construir la metáfora sonora de las viajeras que llegan cargadas de saberes, futuro, cultura, transformación.

Este diálogo entre territorios atravesó fronteras y desiertos (de arena, agua y burocracia) donde tantas personas han perdido la vida que es perder humanidad (no como seres de una especie sino como sueño de futuro ético). Y se conformó el audiovisual definitivo que con la vocación de diseminar denuncia ha recorrido, que sepamos, catorce países; fue traducido a cuatro idiomas; y hemos podido participar en más de cien videoforum. Además, ha recibido seis galardones en festivales nacionales e internacionales de cine político, etnográfico y de defensa de derechos humanos.

Las viajeras, pretendidamente silenciadas, nos han narrado la vida y sus traspatios, y nos retan a revisar nuestros modelos. Ellas hablan desde la rotundidad que aporta saberse construyendo la contra-historia: «Alguien que pueda estar viendo este vídeo puede aprender de él y puede creer que lo que estoy di-

---

7 María del Mar Muriel, artista sevillana.

8 Rubén Alonso, miembro del proyecto Antropoloops.

ciendo es verdad. No estoy mintiendo. He estado allí. He visto muchas cosas. He sufrido» (T-M, Benin City, Nigeria, 2015). En el verano de 2019, mientras montábamos una pieza teatral en Marruecos, Ch. hizo parar el ensayo para referir uno de esos sufrimientos a los que alude M. Con las manos en alto nos dijo que teníamos que incluir que en el camino venden chicas, «a mí me vendieron dos veces» (T-Ch, Casablanca, Marruecos, 2019).

Después de escuchar esta frase no nos quedó más que reforzarnos (con vigas gruesas de madera y palabras livianas de vida) en la determinación de reconocer los relatos de las viajeras como nuestros faros guías. Narraciones que a veces suenan e iluminan tenuemente, con llama débil, en cansancio o descanso; y que otras arden con la fuerza con la que ellas saltan fronteras, para ocupar los espacios legítimos del diálogo social y colocarse a nuestro lado, permitiéndonos con su presencia y accionar (en este caso narrativo) atisbar libertad (Davis, 2005).

Bibliografía

Aguilar, María José (2017). Tanatopolíticas migratorias en España y la UE: La elección de la barbarie. En Ana Rosado y Rafael Lara (Coord.), *Derechos Humanos en la Frontera Sur 2017* (pp. 15-32). Sevilla: Asociación Pro-Derechos Humanos de Andalucía.

APDHA (2022). *Derechos Humanos en la Frontera Sur. Mujeres y frontera sur.* Sevilla: Asociación Pro Derechos Humanos de Andalucía.

APDHA (2023). *Derechos Humanos en la Frontera Sur. 35 Años de vidas sin rostro.* Sevilla: Asociación Pro Derechos Humanos de Andalucía.

Bruner, Jerome (2003). *La Fábrica de Historias: Derecho, literatura, vida.* Buenos Aires: FCE.

Cortés, Almudena (2018). Violencia de género y frontera: migrantes centroamericanas en México hacia los EEUU. *European Review of Latin American and Caribbean Studies,* 105, 39-60.

Davis, Angela Y. (2005). La raza y la clase en los albores de la campaña por los derechos de las mujeres. *Relaciones internacionales,* 2, 1-24.

Del Valle, Teresa (1995). Metodología para la elaboración de la autobiografía, en Carmela Sanz, *Invisibilidad y presencia. Seminario internacional Género y trayectoria profesional del profesorado universitario* (pp. 281-289). Madrid, España: Instituto de Investigaciones Feministas de la Universidad Complutense de Madrid.

Del Valle, Teresa (2005). El potencial de la tensión y su aportación a la antropología desde la crítica la feminista: fuentes, procesos y tipologías. En Virginia Maquieira et al. (Eds.), *Democracia, feminismo y universidad en el siglo XXI* (pp. 227.242). Madrid, España: Instituto Universitario de Estudios de la Mujer, Universidad Autónoma de Madrid.

Denzin, Norman y Lincoln, Yvonna (eds.) (1994). *Handbook of Qualitative Research.* Thousand Oaks: Sage Publications.

Esteban, Mari Luz (2004). *Antropología del cuerpo. Género, itinerarios corporales, identidad y cambio.* Barcelona: Bellaterra.

Freire, Paulo (1998). *Pedagogía de la esperanza. Un reencuentro con la pedagogía del oprimido.* Ciudad de México: Siglo XXI.

Gilligan, Carol (1982). *In a different voice. Psychological Theory and Women's Development.* Cambridge: Harvard University Press.

Hadjab, Habiba. (2016). *Las nuevas generaciones de personas menores migrantes.* (Tesis doctoral). Universidad de Granada.

Hale, Charles R. (2001). What is activist research? *SSRC,* 2(1-2), 13-15.

Harley, John Brian (1989). Deconstructing the Map. *Cartographica, 26* (2), 1-20.

Haraway, Donna (1995). *Ciencia, ciborgs y mujeres: la reinvención de la naturaleza.* Valencia: Ediciones Cátedra.

Jorge, Esperanza; Antolinez, Inmaculada y Alonso, Araceli (2020), ¿Pueden hablar las «víctimas» de trata? Una etnografía multisituada sobre la construcción del silencio y su confrontación en la trata nigeriana con fines de explotación sexual. *Revista AIBR.* 15(3), 463-489.

Jorge, Esperanza y Antolínez, Inmaculada (2018). Rebuscando los miedos fabricados en la ruta migratoria con jóvenes y mujeres nigerianas que cruzan la frontera sur española. En. Almudena Cortés y Josefina Manjarrez (Eds.) *Género, Migraciones y Derechos Humanos* (pp. 291-317). Barcelona: Bellaterra.

Jorge, Esperanza (2020). *Las viajeras nigerianas, constructoras de faros narrativos en la ruta de los silencios impuestos. Una educación de retales.* Tesis doctoral inédita. Universidad Autónoma de Madrid.

Juliano, Dolores (2005). El trabajo sexual en la mira. Polémicas y estereotipos. *Cadernos Pagu,* 25, 79-106.

Kempadoo, Kamala (2017). Women of Color and the Global Sex Trade: Transnational Feminist Perspectives. *Meridians, 1* (2), 28-51.

Lugones, María (2012) Subjetividad esclava, colonialidad de género, marginalidad y opresiones múltiples. En *Pensando los feminismos en Bolivia* (pp. 129-140). Serie Foros 2. La Paz, Bolivia.

Luiselli, Valeria (2019). *Desierto sonoro.* Ciudad de México: Sexto Piso.

McDowell, Linda (2000). *Género, identidad y lugar. Un estudio de las geografías feministas.* Madrid: Ediciones Cátedra.

Mama, Amina (2014). ¿Es ético estudiar África? Reflexiones preliminares sobre la investigación académica y la libertad. En Boaventura de Sousa Santos y María Paula Meneses (Eds.), *Epistemologías del Sur (Perspectivas)* (pp. 487-516). Madrid: Akal.

Marcus, George (2001). Etnografía en/del sistema mundo. El surgimiento de la etnografía multilocal. *Alteridades,* 11(22), 111-127.

N´gom, M´bare (2015). Representaciones de la otredad: experiencia femenina e identidad en ¡Negras somos! *Cuadernos de Literatura, 19* (38), 119-136.

Ngozi Adichie, Chimamanda (2009). *El peligro de la historia única.* TED Talks. https://www.ted.com/talks/chimamanda_ngozi_adichie_the_danger_of_a_single_story?subtitle=en&geo=es (Consultado 01/10/2024)

Noddings, Nel (1988). An ethic of caring and its implications for instructional arrangements. *American Journal of Education, 96* (2), 215-230.

Ros, Nora (2005). El lenguaje artístico, la educación y la creación. *Revista Iberoamericana de Educación, 35*(1), 1-8.

Capítulo 8.
«MÉTODO LOVERBOY» Y EXPLOTACIÓN DE LAS MUJERES: ¿LE IMPORTA EL AMOR A LA DEMOCRACIA?

ALEXANDRA MACSUTOVICI IGNAT
Universidad de Alcalá[1]

Las mujeres y el amor son pilares básicos. Examinadlos y estaréis amenazando la estructura misma de la cultura. Shulamith Firestone, 1976, p. 159.

1. INTRODUCCIÓN

Hablar sobre amor en ámbitos académicos incomoda. Sopesando, se tiene en cuenta que la arbitrariedad es contingente a las experiencias amorosas, a menudo gobernadas por consideraciones que remiten a lo inefable y desconcertante antes que a razonamientos sosegados e imparciales. Consecuentemente, el amor es asumido como un tema difícil de moderar, arriesgado incluso, pudiendo escalar rápidamente y convertirse en una cuestión invasiva y comprometedora. No obstante, como fuente de validación personal y de empoderamiento colectivo, la dimensión afectiva desempeña un papel de vital importancia

---

1 Este trabajo de investigación se ha realizado en el marco del contrato predoctoral de Formación de Profesorado Universitario (FPU) del Programa Propio de la Universidad de Alcalá, adscrito al Departamento de Ciencias Jurídicas, Área de Derecho Penal.

en las estructuras sociales de reconocimiento político, económico y cultural, al tiempo que contribuye en la consolidación y retroalimentación de esos mismos sistemas (Baker, Lynch, Cantillon y Walsh, 2004; Lynch, Baker y Lyons, 2014a). En este sentido, si bien el amor se ha manifestado en diversas formas a lo largo de la historia –y probablemente sea tan antiguo como la humanidad–, muchos/as investigadores/as eminentes evidencian desde sus respectivas áreas de conocimiento que nunca ha sido tan cultural y existencialmente decisivo como en las sociedades contemporáneas (Jónasdóttir, 1991, 2014b y 2018; Damasio 1994; Giddens, 1995b; Luhmann, 1998; hooks, 2000; Beck y Beck-Gernsheim, 2001; Bauman, 2007; Illouz, 2012; Ferry, 2013; Kaufmann, 2011; May, 2011; Esteban, 2011; Bosch, Ferrer, Ferreiro y Navarro, 2013; Gunnarsson, 2014b; Chollet, 2022).

En otras palabras, aunque el amor pueda resultar *a priori* trivial o poco oportuno como tema de investigación en términos propios, i.e. como fenómeno en sí mismo y no como reflejo de algo más elemental, una parte creciente de la academia sustenta con criterios de rigor científico que el mundo vive actualmente una «revolución de amor»: en un momento en el que cada vez menos personas creen en valores como Dios, la Patria o la Revolución, lo único en lo que básicamente todo el mundo cree es en el amor (García-Andrade, Gunnarsson y Jónasdóttir 2018, p. 1, parafraseando a Ferry, 2013). Bajo este prisma, se procede a examinar la idiosincrasia de una práctica muy extendida y en auge, a la que hacen referencia con reiterada preocupación nuestras instituciones europeas en materia de lucha contra la trata de seres humanos. Es el caso del «método *loverboy*», una modalidad de engaño amoroso que se emplea como medio de captación de mujeres, tanto adultas como menores, principalmente con fines de explotación sexual.

A pesar de no ser una preocupación reciente, esta práctica sigue presentando una considerable dificultad de investigación, en gran parte debido a que «sus víctimas se encuentran en una situación de dependencia emocional, lo que hace más complejo el trabajo de investigación porque es más difícil identificarlas como víctimas de la trata de seres humanos y a menudo se niegan a testificar en contra de su *loverboy*»[2]. Para la cuestión que nos ocupa, estimo ineludible, por tanto, la tarea de reconsiderar el «poder del amor» en las sociedades contemporáneas formalmente igualitarias desde los planteamientos analíticos multifocales desarrollados a partir del trabajo de la politóloga islandesa Anna G. Jónasdóttir (1993, 2009, 2011, 2014a, 2014b, 2018), especialmente relevante en la última década[3].

---

2 Véase la Resolución del Parlamento Europeo, de 12 de mayo de 2016, sobre la aplicación de la Directiva 2011/36/UE, de 5 de abril de 2011 (LA LEY 7473/2011), relativa a la prevención y lucha contra la trata de seres humanos y a la protección de las víctimas desde la perspectiva de género (2015/2118(INI)), en la que se manifiesta de forma expresa la «preocupación ante el fenómeno creciente de los *loverboys*». Por otro lado, en la Resolución del Parlamento Europeo, de 10 de febrero de 2021, sobre la aplicación de la Directiva 2011/36/UE (LA LEY 7473/2011) relativa a la prevención y lucha contra la trata de seres humanos y a la protección de las víctimas (2020/2029(INI)) se reitera la preocupación por el recurso al método *loverboy* «como medio más frecuente para atraer y someter a las víctimas» y se advierte, además, del «creciente uso de la tecnología [en línea] por parte de las redes delictivas dedicadas a la trata de seres humanos», observando que el desarrollo de las competencias digitales «ha transformado considerablemente su modus operandi tradicional, especialmente en algunas fases del proceso de trata».

3 Anna G. Jónasdóttir (n. 1942) ha desarrollado gran parte de su actividad profesional en Suecia. Pionera a la hora de enunciar la emergencia de los «Estudios acerca del amor/*Love Studies*», un «renovado campo de interés para el conocimiento», en expansión desde la década de 1990 (2014b, pp. 39-80); y figura clave en el desarrollo y consolidación del subcampo de conocimiento de los «Estudios feministas sobre el amor/*Feminist Love Studies*». Actualmente es profesora emérita en la Universidad de Örebro. En el marco de esta institución, ha formado parte de la creación del centro de investigación GEXcel *International Collegium for Advanced Transdisciplinary Gender Studies* (2013) y la

fundación de la «Red de Estudios Feministas sobre el amor/*Feminist Love Studies Network*», un grupo de investigación internacional en activo. A través del trabajo de Anna G. Jónasdóttir, cuyos cimientos fueron la publicación en 1991 del libro *Love Power and Political Interests. Toward a Theory of Patriarchy in Contemporary Western Societies,* a raíz de su tesis doctoral, se ha generado un espacio de diálogo transversal y multidisciplinar que ha habilitado un modo diferente de pensar sobre el amor. Esto ha supuesto asumir que el planteamiento del amor romántico como discurso ideológico que oprime a las mujeres ha constituido un callejón sin salida en los análisis feministas, dado el carácter alienante de estas connotaciones. En otras palabras, contemplar el amor (únicamente o en gran medida) como ideológicamente opresivo conlleva el riesgo de pasar por alto la faceta positiva de su poder creativo transformador, además de contemplar a las mujeres como un mero recurso sobre el que actúan y al que utilizan los hombres, y no como parte activa de la estructura básica del patriarcado; por ende, «dejan de ser consideradas como agentes activos en la construcción social en general, amén como protagonistas de su propia liberación» (Osborne, 2009, p. 19, parafraseando a Jónasdóttir, 1993, pp. 306-307). Entre las contribuciones más destacadas de Jónasdóttir de las dos últimas décadas se encuentra la dirección de los temas de investigación «Género, Sexualidad y Cambio Global» y «El amor en nuestro tiempo: una cuestión para el feminismo» en el marco del GEXcel, cuyos resultados incluyen la publicación de las antologías *Sexuality, Gender and Power* (2011) y *Love: A Question for Feminism in the Twenty-First Century* (2014). Las ideas procedentes de estos proyectos interdisciplinares y multiculturales han influido profundamente en la reconfiguración de los análisis feministas del amor y han impulsado numerosas iniciativas académicas de colaboración. A través de una relación crítica y constructiva con el campo de conocimiento de los «Estudios acerca del amor», algunas de las actividades de investigación más recientes desarrolladas por la «Red de Estudios Feministas sobre el amor» y enmarcadas dentro del subcampo de los «Estudios feministas sobre del amor», son: la Conferencia Internacional «Amor, experiencia sensible y feminismo», organizada por Olga Sabido y Adriana García-Andrade y celebrada en septiembre de 2015 en la Universidad Autónoma Metropolitana (México); la publicación en 2016 y 2017 de dos números especiales sobre el amor, uno en *Hypatia,*

2. AMOR COMO AUTODETERMINACIÓN Y EL «MÉTODO *LOVERBOY*»

Por paradójico que suene, el amor –la emoción por antonomasia de la fusión interpersonal– tiene un lugar propio en la vasta y compleja historia de la autonomía y la libertad. Eva Illouz, 2020, p. 15.

Afirmar que el amor se ha convertido en un criterio importante para determinar lo que constituye una buena vida es a la vez demasiado abstracto y demasiado concreto. Sin embargo, a pesar de que ello admita matizaciones, opera como una proposición universal que se extiende a todo el mundo. A fin de cuentas, la necesidad de amor, de amar y ser amados, cuidados, valorados, aceptados, protegidos, apoyados, comprendidos... es ubicua, imperiosa e irremediable. De hecho, a medida que la creciente influencia del amor ha ganado notoriedad hasta el punto de suponer uno de los principios organizadores del orden social contemporáneo, son las relaciones humanas las que soportan el peso de tal axioma. Y lo hacen recogiendo el guante de la autodeterminación, i.e. la libertad de decisión, una de las premisas de la modernidad misma. Dicho de otro modo, la concepción actual acerca de las relaciones afectivo-sexuales como el nuevo gran principio de significado para evaluar o medir lo que constituye un proyecto de vida satisfactorio

---

A Journal of Feminist Philosophy (vol. 32, n.º 1, eds. Ann Ferguson y Margaret E. Toye), y el otro en *Tidskrift för genusvetenskap* (vol. 37, n.º 1, eds. Lena Gunnarsson y Anna G. Jónasdóttir); o la edición en 2018 de la antología *Feminism and the Power of Love. Interdisciplinary Interventions* (eds. García-Andrade, Gunnarsson y Jónasdóttir). El enfoque de Anna G. Jónasdóttir, en definitiva, ha trascendido los límites convencionales, abordándose actualmente el amor como un fenómeno complejo que involucra disciplinas de investigación tan diversas como la neurociencia, las ciencias económicas, políticas y jurídicas, además de los estudios culturales, literarios, filosóficos y artísticos.

surge del proceso de consolidación de lo que entendemos por libertad emocional, que comienza en el siglo XVIII (Giddens, 1995a y 1995b; Beck y Beck-Gernsheim, 2003; Coontz, 2006; Hunt, 2012; Illouz, 2020).

En virtud de lo anterior, la socióloga francesa Eva Illouz señala que «el derecho a elegir el objeto del amor se convirtió lentamente en el derecho a plantear los sentimientos del individuo como su propia fuente de autoridad, que es en sí mismo un elemento importante para la historia de la autonomía» (2020, p.17). Establecidos estos vínculos entre los reclamos de libertad emocional/autonomía personal y la historia de la modernidad, la investigadora apunta hacia las condiciones sociales actuales en las que el amor, de espíritu indócil, «irrumpe milagrosamente en nuestras vidas». Por ende, emprender tal cometido con responsabilidad implica necesariamente plantear que las fuerzas culturales, económicas y políticas que moldean nuestras historias de amor remiten a una libertad de decisión ejercida en un contexto globalizado y predominantemente capitalista (Illouz, 2007, 2009 y 2019; Bauman, 2007 y 2009; Hochschild, 2008 y 2012; Salecl, 2009 y 2020).

Reformulo sin ambigüedad: en tanto que la cultura transaccional forma parte de nuestras interacciones cotidianas, el contexto social neoliberal interpela de manera apodíctica las decisiones/elecciones[4] de las personas que atañen a su vida sentimental y sexual, siendo este un asunto que involucra la autonomía para experimentar con las emociones y el cuerpo propio. Así, la economía de mercado no debe ser descartada como un mero entorno externo, inerte; en la práctica, produce una cultura de consumo ambivalente con valor social, que se entrelaza con aspectos endógenos y subjetivos de los individuos y estimula la toma de decisiones hasta el punto de pertenecer al modo de pensar o sentir de estos (De Miguel, 2015; Fernández-Martorell,

---

4 Huelga decir que elegir es parte de decidir, pero no todas las decisiones involucran una elección entre opciones claramente definidas.

2018; Perry, 2023). Habilitada la distorsión transaccional de las sociedades de mercado, este cambio estructural profundo ha supuesto una base sólida para coyunturas en las que las voluntades se ven comprometidas, el consentimiento viciado, los sujetos cosificados... En definitiva, un constante e indolente goteo de circunstancia y efecto que discurre a nivel social (o sistémico), generando situaciones que contradicen preceptos esenciales para el adecuado funcionamiento y estabilidad del orden democrático. Estamos hablando de derechos y principios fundamentales que vulnerados, indican con claridad quiénes son *de facto* esas personas para los demás[5]. Estamos hablando de un quebrantamiento reforzado culturalmente que materializado, aplica a los diversos fines de explotación de la trata de seres humanos (Carballo de la Riva, 2021; Rodríguez Montañés, 2014, 2022) con carácter poliédrico multinivel en el caso de las mujeres (Cobo, 2017, 2021; Matei, 2011; Matthews, 2013; Nuño Gómez, 2017; Olarte Encabo, 2017; Tiganus, 2021; Rodríguez Montañés, 2020).

3. LAS MATRIOSHKAS DE LA EXPLOTACIÓN BASADA EN LA SEXUALIDAD Y EL «MÉTODO *LOVERBOY*»

Imaginemos una estructura anidada que refleja características similares a distintos niveles, contenidas de forma repetida como una suerte de efecto matrioshka. La naturaleza estructu-

---

[5] Reflexionando sobre el sistema-mundo capitalista y la explotación intrínseca al mismo, Marta Carballo de la Riva, historiadora especialista en materia de explotación y trata de seres humanos (TSH), observa con acierto una faceta clave del concepto *excedente*, «asociado a la idea de despojo humano, como persona que carece de valor para el sistema». En este sentido, la investigadora pone de relieve que «esto desmarca la TSH de la idea de nueva esclavitud, ya que el tema de la propiedad deja de ser un elemento fundamental, como lo es en la esclavitud a tenor de sus definiciones vigentes» (2021, p. 148). Para más información, véase el epígrafe 4.2 sobre control, posesión y derecho de propiedad. Consúltese también su contribución en este libro.

ral de la explotación entraña el poder potencial de las personas que son explotadas. A su vez, el potencial humano[6] comporta/implica la creación de condiciones de vulnerabilidad y demanda –«el alfa y omega de la trata» (Nuño, 2017, p. 168)–, ambas de carácter estructural y supeditadas a la influencia de circunstancias específicas que, al aumentar «cualquiera de las dos, incrementa el riesgo de TSH sexual». En este sentido, la politóloga española Laura Nuño Gómez centra la prevalencia de la explotación sexual en el delito de trata de seres humanos[7] apuntando, *inter alia*, hacia la transformación de las economías de mercado en sociedades de mercado, la crisis económica mundial y la creciente feminización de la pobreza, la permisividad con la mercantilización del cuerpo de las mujeres y el contexto específico en el que ocurre, o las crisis humanitarias

---

6 Aunque profundizaré en este tema más adelante, estimo conveniente adelantar que el *poder potencial humano* constituye el punto de referencia central tanto en la noción marxista de *explotación* como en la feminista socialista. Este concepto se entiende como las capacidades inherentes a las personas, que son esenciales para la existencia humana y para la construcción de la humanidad misma. En concreto, Anna G. Jónasdóttir resume el poder potencial humano articulado en tres vertientes (social, física y mental), aclarando que se trata de: «los poderes de producir los medios de la vida humana y desarrollar las fuerzas mismas de su producción»; «el poder de producir, o crear, la misma vida humana y de desarrollar la fuente viva de este tipo de creatividad»; y, añade, «una tercera capacidad humana esencial, que sostengo que es alienable y explotable, a la vez que fundamentalmente de desarrollo. Se trata de la capacidad para organizarse socialmente y actuar con raciocinio para administrar los asuntos comunes, incluidos los propios» (1993, p. 127).

7 Nuño Gómez señala que según datos de UNODC, aunque el delito tiene un alcance global, Europa y Asia Central son los territorios principales en los que se manifiesta, donde «dos de cada tres víctimas de trata tienen por objeto la explotación sexual; normalmente, mujeres y niñas con edades comprendidas entre los 13 y los 25 años» (2017, p. 162).

–guerras, pandemias, desastres naturales...– que agravan todas las coyunturas previas.

Los efectos combinados de estas circunstancias confluyen en la violencia estructural que sufren las mujeres y aceleran el proceso de explotación de sus capacidades, cuyas consecuencias las dejan «en una lucha continua en los límites de la pobreza en cuanto a sus posibilidades de operar en la sociedad como gente evidentemente valiosa y segura de ello, que ejerce sus capacidades de forma efectiva y legítima» (Jónasdóttir, 1993, p. 316). De modo que en el caso de la explotación sexual –finalidad para la que se recurre con frecuencia al «método *loverboy*»–:

> Nos encontramos pues ante un paulatino aumento de un crimen de lesa humanidad, un delito que vulnera bienes jurídicos como la vida, la integridad física y moral, la libertad sexual o deambulatoria, la dignidad, el patrimonio o la salud, que las actuales políticas estatales y supraestatales en la materia parecen incapaces de frenar. (Nuño, 2017, p. 162).

Cabe remarcar que la decisión de agrupar todos los tipos de TSH bajo una misma categoría, decretada en la firma del Protocolo de Palermo[8] a finales del año 2000, no está exenta de crítica. Si bien este instrumento internacional representa un avance normativo en muchos aspectos, también ha tenido efectos indeseados –precisamente– en lo relativo a la TSH sexual[9].

---

8 Protocolo para prevenir, reprimir y sancionar la trata de personas, especialmente mujeres y niñas, que complementa la Convención de Naciones Unidas contra la delincuencia organizada transnacional, hecho en Nueva York el 15 de noviembre de 2000. BOE núm. 296, de 11 de diciembre de 2003.

9 Lo que investigadores/as como Nuño Gómez argumentan es que «incrementó la indefensión de las víctimas cuya trata tenía por objeto la explotación sexual» (2017, p. 164). A este respecto, es importante señalar un par de cuestiones: Palermo sí resalta la especial vulnerabilidad de ciertos colectivos, nombrando a «las mujeres y los niños» en los

Esto se debe, en parte, a que Palermo no establece un tratamiento específico que atienda las particularidades de cada tipo de explotación, a pesar de mencionar la utilidad de prestar «especial atención a las mujeres y los niños». Sin duda, la fórmula «especialmente mujeres y niños», repetida a lo largo del texto integral del protocolo, puede interpretarse como un reconocimiento de la particular vulnerabilidad de este colectivo. No obstante, al no ahondar en consideraciones concretas sobre el planteamiento mencionado, deja sin detalle si acaso implica recursos diferenciados, medidas adicionales o un enfoque preferente en las políticas aplicadas. Es decir, puede entenderse como una priorización explícita tanto como una referencia genérica, pero en ambos casos, carente de desarrollo práctico, lo que genera ambigüedades en su aplicación debido a la falta de precisión sobre la relación sexo de la víctima/objeto de

---

fines del Protocolo, recogidos en su Artículo 2; también establece la explotación como finalidad de la trata de personas y, a colación de su definición, menciona «la explotación de la prostitución ajena u otras formas de explotación sexual, los trabajos o servicios forzados, la esclavitud o las prácticas análogas a la esclavitud, la servidumbre o la extracción de órganos» (Artículo 3, apartado a). Sin embargo, este es un punto válido: la «piedra basal del sistema internacional en materia de TSH» (2017, p. 169) no hace distinciones claras entre los diferentes tipos de explotación, y esto puede dificultar la implementación de medidas específicas y efectivas para proteger a los grupos especialmente vulnerables, mujeres y niños en su mayoría. Por ende, se genera mayor indefensión entre las víctimas de TSH sexual, ya que las particularidades de su situación no se abordan con la profundidad necesaria que repare en que «las múltiples formas de trata no son ajenas al género». Siguiendo con las palabras de Laura Nuño, «en la medida que el protocolo integra en la TSH todos los tipos de explotación, la trata para el mercado sexual pasa a recibir idéntica consideración que el trabajo forzado, la servidumbre, la mendicidad forzada o la venta de órganos. Un tratamiento que impide abordar con *el enfoque requerido* la TSH sexual, que es –precisamente– la más frecuente en Europa» (p. 165).

trata/tipo de explotación[10]. Asimismo, resulta pertinente interpelar también la conceptualización «las mujeres y los niños» como conjunto, al considerar el elevado porcentaje de mujeres menores de edad detectadas en la trata, especialmente en las finalidades orientadas a la explotación para servicios sexuales, servidumbre doméstica, matrimonio forzados o maternidad subrogada. Es decir, aunque el protocolo haga una distinción explicitando que «por niño se entenderá toda persona menor de 18 años» en las definiciones que ofrece en su Artículo 3, lo que no expresa claramente el texto –y sí la praxis de la trata– es la marcada prevalencia del género incluso en la categoría de edad. Con ánimo constructivo, quiero señalar que la fórmula «especialmente mujeres y niños» opera, en muchos casos, como una mención metonímica que agrupa ambas categorías bajo una misma lógica de vulnerabilidad, pero con dinámicas y problemáticas específicas. En otras palabras, es importante establecer que el sexo de la víctima puede determinar el objeto de trata y tipo de explotación, y que la trata con fines de explotación sexual representa una forma específica de violencia contra las mujeres. En definitiva, que estamos ante un «delito sexualizado o generizado donde los tratantes y consumidores son mayoritariamente hombres, y las víctimas, mujeres» (p. 165)[11].

---

10 Aprovecho para añadir que dos décadas después, el enfoque victimocéntrico y la perspectiva de género, con una clara atención dirigida hacia la demanda, se aprecian de manera notable en la ampliación de las medidas establecidas por la Directiva (UE) 2024/1712 del Parlamento Europeo y del Consejo, de 13 de junio de 2024, por la que se modifica la Directiva 2011/36/UE relativa a la prevención y lucha contra la trata de seres humanos y a la protección de las víctimas (DOUE núm. 1712, de 24 de junio de 2024).

11 A este respecto, en lugar de aportar datos y cifras recogidos en informes oficiales de organismos como UNODC, ONU Mujeres, EUROSTAT, o CITCO –que, en última instancia, solo permiten aproximarse a una realidad caracterizada por una elevada cifra negra– me parece

Si la pretensión es ganar perspectiva sobre cómo se fundamenta y se refuerza «el derecho de los hombres a acceder al cuerpo de las mujeres» (Pateman, 1988, p. 159) en el contexto contemporáneo de igualdad formal, para Anna G. Jónasdóttir «el tema principal no es la explotación de la fuerza laboral femenina por el capitalismo o por los hombres» (1993, p. 126). El mayor desafío, argumenta la investigadora, radica en comprender cómo se mantiene el poder de los hombres «como tales», es decir, como herederos de la autoridad jurídica del *pater familias,* aparentemente neutralizada por la igualdad formal a nivel estatal y por el compromiso con la igualdad de género en las agendas internacionales. Marcando interacciones cotidianas tanto en la esfera pública como la privada, esta autoridad persiste de forma casi inadvertida dentro de las sociedades occidentales, a pesar de que son abundantes las prácticas diarias que revelan una atribución tradicional de legitimidad masculina, entendida en términos de plena capacidad para actuar conforme a su voluntad o «poder-deseo»[12]. Así, en un contexto

pertinente considerar el planteamiento de la filósofa hispanoargentina Alicia Puleo: «La violencia es, estadísticamente, un fenómeno de autoría abrumadoramente masculina. Sin embargo, casi nunca se recuerda este hecho. Quien lo señale, corre el grave riesgo de cargar con el estigma del esencialismo. Excepto cuando se trata de referirse específicamente a la violencia contra las mujeres, se suele hablar de los actos violentos como si estuvieran equilibradamente repartidos entre hombres y mujeres y fueran de género neutro, como algo simplemente *humano.* No sostengo la existencia de una esencia masculina independiente de la sociedad patriarcal. Hay mujeres violentas y varones pacíficos. Pero los porcentajes según el sexo son muy distintos. Al igual que en la cuasi-totalidad de las generalizaciones de las ciencias sociales, afirmar que la violencia se da sobre todo en los varones es un enunciado que admite diferencias individuales y contextuales pero que se apoya en una base estadísticamente relevante» (2015, p. 126).

12 En sus palabras: «Necesitamos la designación de *político* para denotar una característica amplia del dominio masculino», puesto que, tal y como advierte con acierto, «las palizas a las mujeres y las violaciones

en el que las mujeres cuestionan más que nunca «ser usadas como fuente de placer y de energía en condiciones que no controlan para consumir su fuerza, que los hombres convierten en poder instrumental, sin darles autoridad a cambio», las mismas relaciones «socio-sexuales» se están volviendo cada vez más significativas como fuerza condicionante (p. 35).

La intención es poner de relieve que la mera declaración de igualdad formal rara vez otorga a las mujeres un acceso pleno y legítimo al poder[13]; más bien, en muchas interacciones siguen sujetas a una estructura implícita de subordinación que, para reproducirse, requiere de los hombres *como tales* que «controlen el uso y se apropien de los efectos producidos por las capacidades específicas o poderes humanos de los que están dotadas las mujeres» (p. 126). En este sentido, seguir los plan-

---

son ejemplos de acciones que están insuficientemente descritas por los términos *psicológico* o *económico*. Más bien es una cuestión de una batalla compleja y tangible sobre quién manda en la situación, quién tiene poder para decidir quién es/hace y consigue qué, dónde y cómo. Si la política tiene un núcleo particular de significado, se trata de un campo de poder para los deseos y las consecuencias que conlleva el poder-deseo, donde se determina cómo somos con el otro» (Jónasdóttir, 1993, p. 55).

13 Para lograr cierto grado de claridad en las disputas que a menudo surgen en torno a «la cuestión de si las mujeres tienen mucho poder, poco poder o carecen de poder en absoluto», Jónasdóttir propone hacer una distinción entre influencia y autoridad, de tal manera que: «las diferencias entre los dos términos consisten en que autoridad significa reconocimiento manifiesto, esto es, poder legítimo, mientras que influencia significa efecto, o poder que puede existir, pero que no siempre es manifiestamente reconocido como legítimo o *de derecho*. Nosotras las mujeres tenemos bastante influencia en varios ámbitos, y no siempre enfrentamos oposición cuando queremos aumentar nuestra influencia, especialmente si escondemos el hecho de que somos mujeres lo más posible. Surge la oposición principalmente cuando demandamos autoridad como seres humanos femeninos» (1993, pp. 55-56).

teamientos de Jónasdóttir permite apuntar hacia una expresión concéntrica de la «explotación, basada en la sexualidad, de la capacidad de las mujeres para dar amor y cuidados» (p. 132), cuya estructura comporta la apropiación de «el poder del amor», i.e., de la capacidad humana por excelencia mediante la cual nos empoderamos los unos a los otros. En otras palabras, sostengo que ser queridos y cuidados es esencial para crecer y prosperar como personas, constituyendo, por tanto, un prerrequisito fundamental para el desarrollo humano (Kittay, 1999; Nussbaum, 2011). Este hecho, sin embargo, suele ser minimizado o incluso ignorado por el paradigma neoliberal con el que coexiste, que promueve una visión limitada del ser humano, idealizado en el supuesto de una persona autosuficiente, racional y orientada hacia la eficiencia económica (Raworth, 2022). Lo que conduce a priorizar la acumulación de capital humano privilegiando relaciones productivas y emprendedoras basadas en estilos de vida tradicionalmente masculinos, en tanto que hegemónicos, que influyen en la configuración de la oferta/demanda de ciertos bienes y servicios –y, con ello, en los desafíos sociales aproximados–.

Por todo lo anteriormente expuesto, el enfoque requerido al que aludía Laura Nuño (véase nota 9) precisa de evaluar las implicaciones éticas de la explotación de las mujeres a nivel personal y colectivo, sin restar «atención a la demanda que, en última instancia, es quien genera y determina la oferta» (2017, p. 183). Es decir, se subraya la *necesidad* de abordar tanto las dinámicas interpersonales como las estructuras sociales. Esto implica, por un lado, identificar la demanda sistemática de atención a las necesidades del otro en detrimento de las propias como energía alienada que abarca actitudes y actividades de apariencia voluntaria. Por otro, supone abogar por un cambio de paradigma que reconozca con precisión los elementos culturales, económicos y políticos «que explican que, históricamente, se hayan podido y querido vender o comprar mujeres para su explotación sexual» (id.). Porque en el caso concreto que nos ocupa –el auge del «método *loverboy*» como medio de captación para la trata con fines de explotación sexual–, el objetivo principal de cualquier abordaje institucional debe ser «combatir las causas que originan la trata sexual. Así y solo así será posible ofrecer verdad, justicia y reparación para las víctimas» (Nuño, 2017, p. 184).

4. EL PODER DEL AMOR, LA VIOLENCIA DE GÉNERO Y EL «MÉTODO *LOVERBOY*»

Retomemos la metáfora de la explotación como una estructura multinivel formada por círculos concéntricos de diferentes tamaños que encajan unos dentro de otros, y enfoquémonos en una última matrioshka: «el poder del amor» (Jónasdóttir, 1991)[14]. A través de las observaciones hechas, propongo examinar su apropiación en el marco de la evidencia empírica, apoyándome en testimonios y relatos de vida que permitan

---

[14] Como categoría analítica, el amor no siempre ha tenido buena acogida. Resulta pertinente mencionar un incidente que Anna G. Jónasdóttir recuerda de forma anecdótica, ocurrido en la década de los '90. Para ser publicada en EE. UU., el título original de su primer libro *Love Power and Political Interests* (1991, Ørebro Studies, Sweden) fue alterado como *Why Women are Oppressed* (1994, Temple University Press, Philadelphia). A pesar del descontento manifiesto de la autora, este cambio fue una decisión editorial unilateral que no admitió negociaciones. Siguiendo con las palabras de Jónasdóttir, «I think the different titles of my book exemplify well how farfetched it seemed, even in the early 1990s, for most serious publishers to use *love* in a book title, not to mention *love power*» (2014, p. 14). Por otro lado, no pierde la ocasión de señalar que solamente la traducción española se atrevió en esos momentos a respetar el título en lo fundamental, siendo publicada en 1993 como *El poder del amor. ¿Le importa el sexo a la democracia?*, en Ediciones Cátedra, Universitat de València, Instituto de la Mujer. El título de mi contribución le rinde homenaje.

comprobar su vigencia teórica. Conviene destacar que en esta estructura, cada capa de explotación no solo contiene, sino que refuerza y alimenta a la siguiente, abarcando desde dinámicas veladas de desigualdad hasta formas más explícitas de violencia y control. Para facilitar su comprensión, adelanto que el núcleo de esta estructura se encuentra en «el déficit de igualdad afectiva» (Baker et al., 2004), un hecho que genera dos formas muy importantes de desigualdad: desigualdad en el grado en que se satisfacen las necesidades de amor y de cuidado de la persona, y desigualdad en el trabajo que supone satisfacerlas (Lynch, et al., 2014a). Así, el déficit de igualdad afectiva se consolida como una de las desigualdades más persistentes en las sociedades formalmente igualitarias, y es especialmente significativo en sociedades donde los demás sistemas de poder (económico, político y cultural) dependen de relaciones afectivas de apoyo y cuidado, pero que rara vez les otorgan un reconocimiento adecuado (Lynch, 2014b)[15]. En definitiva, un desequilibrio profundamente arraigado que privilegia el imaginario social masculino y subordina las capacidades humanas

---

[15] En particular, las investigaciones de John Baker, Kathleen Lynch, Sara Cantillon y Judy Walsh (2004) muestran que lo conceptualizado como déficit de igualdad afectiva se expresa de varias maneras: la desigualdad afectiva ocurre *directamente* cuando las personas se ven privadas del amor, cuidado y solidaridad que necesitan para sobrevivir y desarrollarse como seres humanos (incluidos los apoyos que necesitan como cuidadores) y/o cuando son afectivamente abusadas, violentadas o descuidadas. También ocurre cuando las cargas y placeres del trabajo de cuidado y amor se distribuyen de manera desigual en la sociedad, particularmente entre mujeres y hombres, pero también entre clases, grupos étnicos/raciales y entre fronteras nacionales. Por otro lado, la desigualdad afectiva ocurre *indirectamente* cuando el trabajo de amor y cuidado no se reconoce económica, política y/o culturalmente (por ejemplo, a través de la educación) y cuando el trabajo de amor, cuidado y solidaridad se trivializa al ser omitido del discurso público.

indispensables –de actuación creativa, producción de vida y organización social– de las mujeres, al campo de poder relativamente autónomo que constituyen las relaciones sexo/género.

Como planteábamos, la naturaleza estructural de la explotación entraña el poder potencial de las personas que son explotadas y, a su vez, el potencial humano se sustenta en capacidades esenciales, en tanto que fundamentalmente de creación y desarrollo (por ende, alienables y explotables): el poder/capacidad de producir los medios de la vida humana; el poder/capacidad de producir la vida humana; y el poder/capacidad «para organizarse socialmente y actuar con raciocinio para administrar los asuntos comunes, incluidos los propios» (1993, p. 127). De manera que al adentrarnos en las dinámicas de género contemporáneas, resulta imprescindible considerar cómo estas capacidades son apropiadas y redistribuidas en una sociedad patriarcal. En este sentido, Anna G. Jónasdóttir propone un marco analítico que define las relaciones entre los sexos a partir de «una relación de explotación que», según expone:

> es así, tripartita, y en ella las mujeres (como tales) y los hombres (como tales) constituyen las dos partes activas como individuos y como colectivos. La tercera parte es la que resulta explotada: el poder del amor, entendido como una capacidad humana de actuación creativa y alienable que utiliza la gente para actuar sobre la propia materia humana y la del otro (cuerpo y alma). La principal situación de poder en la que se efectúa esta explotación es en las relaciones persona a persona entre mujeres y hombres, es decir, en el nivel social existencial (1993, p. 126).

Permítanme recapitular los puntos clave de este planteamiento: tenemos un poder materialista socio-sexual diferenciado, utilizado para actuar sobre la propia materia humana y la de los demás, tanto en el ámbito físico como emocional; y un proceso de explotación que ocurre en las relaciones interpersonales entre hombres y mujeres, que nos sitúa en lo que Jónasdóttir denomina *el nivel social existencial.* Como resultado, nos encontramos con *el poder del amor* como capacidad esencial explotada a nivel sistémico (o social); y, con una práctica sociosexual que organiza políticamente el amor para explotar su poder. O mejor dicho: el poder del amor remite a su consideración como recurso explotado y también como terreno sobre el que se materializa la desigualdad de género, sosteniéndose así una estructura de poder asimétrica con tensiones palpables y resultados tangibles, aun en las condiciones más favorables[16].

Por tanto, la investigadora insiste en la necesidad de reconocer la relativa autonomía del «sistema socio-sexual, alias el

---

16 En un brillante estudio empírico publicado originalmente en inglés bajo el título *Loving him for who he is: the microsociology of power* (2014a) y ampliado en la publicación del libro *The contradictions of love. Towards a feminist-realist ontology of sociosexuality* del mismo año, la investigadora sueca Lena Gunnarsson aborda la 'armoniosa coexistencia' de la desigualdad de género con las fuertes normas de igualdad de los países nórdicos, detectando el ámbito de la pareja heterosexual como lugar predilecto en el que esta contradicción se manifiesta. Partiendo del hecho de que su enfoque no se centra «en el tipo de abuso abierto y llano al que la mayoría de personas se opondrían, sino en las tendencias asimétricas normalizadas que son constitutivas del amor heterosexual contemporáneo en Occidente –aunque bien es cierto que la violencia física y otras formas obvias de abuso pueden ser vistas como actos facilitados por dichas tendencias–» (2015, p. 236), la investigadora informa de que «una manera más operacionalizada de describir el patrón de género consistiría en pensar que las mujeres tienden a adaptarse más a los hombres que viceversa» (p. 238). En el desarrollo de este estudio, Gunnarsson evidencia predominantemente el patrón de género del cuidado como expresión del amor, a lo que podría añadirse que en las relaciones heterosexuales, también la tipología hegemónica de las prácticas sexuales mismas –ya sea en su contenido, forma o frecuencia– revela un patrón de género en la otra expresión del amor, i.e. el éxtasis erótico. Esto se hace aún más evidente al considerar fenómenos como el consumo de pornografía o la prostitución, que refuerzan y reproducen las dinámicas de género en las relaciones afectivo-sexuales.

modo de producción de las personas», si se tiene el propósito de analizar las dinámicas del patriarcado contemporáneo en la era de la igualdad formal; y subraya que este sistema «debe explicarse en sus propios términos, en vez de reducirlo a algo más (como la división del trabajo, la lógica del capital, un patrón universal de dominio, etc.)» (p. 126). A tal efecto, Jónasdóttir argumenta que el concepto de *explotación* es «el más provechoso para trabajar», puesto que habilita una profundidad analítica que trasciende los términos comúnmente utilizados en estos contextos (como *discriminación*, *opresión* o *jerarquía*), permitiendo captar matices que revelan el carácter estructural de las dinámicas afectivo-sexuales, desde lo velado hasta lo más visible.

Siguiendo la idea de una composición concéntrica, el proceso de explotación es descrito como «la apropiación de ciertos poderes o capacidades humanas/naturales que son indispensables para las personas». En estos términos, la apropiación «hace referencia a la situación en que una persona o un grupo de personas extrae esos poderes de otros sin intercambiarlos o devolverlos con equivalencia» (p. 128), privando a las personas explotadas no solo de control sobre su situación, sino también del «poder de actuar en su propio favor en el contexto amplio de la comunidad, esto es, como personas políticas» (p. 126). Así pues, la explotación de capacidades humanas esenciales basada en la sexualidad deja a las mujeres *como tales* sin una alternativa real, atrapadas en una estructura de explotación sistémica que constituye la base misma de la construcción social. A través de prácticas normalizadas y no siempre abiertamente represivas, su potencial humano es absorbido, apropiado para sí y utilizado por el otro sin reciprocidad; un proceso que conlleva un empobrecimiento sustancial de la vida de las mujeres y sus posibilidades de desarrollo social.

De ahí que se trate de un empobrecimiento *de amor* con consecuencias materiales enraizadas en la práctica del amor *como tal*, en la que el poder del amor de las mujeres se convierte en el poder que los hombres tienen sobre el amor de las mujeres[17]. Entender la génesis de este empobrecimiento estructural de las mujeres involucra visualizar una dinámica de explotación basada en la sexualidad que conecta de manera transversal con formas más explícitas de subordinación, como la violencia de género en la pareja y su instrumentalización en el ámbito del «método *loverboy*». Estas prácticas no son fenómenos aislados, sino expresiones graduales de una estructura que organiza políticamente los cuidados y la satisfacción sexual –inherentes a la práctica social del amor–, transformados en recursos productivos alienados, demandados para beneficio ajeno y presentados como actitudes y actividades voluntarias.

---

17 Para Jónasdóttir, si bien existe un proceso social en el que el poder del amor se divide sistemáticamente (poder del amor/poder sobre el amor), de tal forma que el poder del amor de las mujeres es apropiado por los hombres, esto «debe entenderse como una necesidad histórica o una fuerza contingente. Como el capitalista debe explotar al trabajador para permanecer como tal, los hombres hoy en día dependen de un *tráfico de mujeres* que explotar si tienen que seguir siendo la clase de hombres que las circunstancias históricas los fuerzan a ser» (1993, p. 315). A este respecto, añade con acierto: «Las consecuencias de la explotación actual del poder del amor (alienado como bienes sexuales) son la producción y reproducción de las posibilidades efectivas de los hombres para operar en la sociedad como la Humanidad por antonomasia, digna de tal nombre y capaz (aunque ya no está establecido de modo explícito en términos legales), de modo que pueden producir las metas del *hombre generalmente* (hegemónicamente), apreciadas en volúmenes siempre crecientes. Esto significa que en aquellos casos en los que los hombres carecen de poder de actuación valorado humanamente y producto de la sociedad, no es debido a su sexo, sino a otras circunstancias más o menos fundamentales (clase, raza/etnicidad u otros impedimentos). Pero comparados con las mujeres dentro de todos los estratos sociales, los hombres constituyen la especie con valor efectivo» (p. 316).

En este entramado, la metáfora del efecto matrioshka resulta especialmente esclarecedora porque refleja la desigualdad afectiva como núcleo estructural y denominador común, es decir, como factor que contribuye a crear un terreno propicio que habilita todas las dinámicas de explotación del poder del amor, a la par que crea cadenas cíclicas de causa-efecto[18]; representa la capa más interna de desigualdad de género y contiene las dinámicas de poder menos visibles. Por su parte, la violencia de género no solo es una forma de desigualdad afectiva, sino también un refuerzo sistémico en la estructura de la explotación, actuando como un mecanismo que reproduce e intensifica la explotación basada en la sexualidad; conforma la segunda capa, en la que la desigualdad es palpable en las dinámicas de pareja y también fuera de ella.

Por último, el «método *loverboy*» representa la forma más extrema de desigualdad afectiva y la más visible de violencia de género en la pareja; es la capa más externa de explotación y una expresión a escala más reducida –en tanto que *ultima ratio*– de la violencia de género. No olvidemos que cada una de estas capas contiene y refuerza a las demás, girando en torno a un núcleo estructural que implica la apropiación de la energía vital misma de las mujeres. Como bien señalaba Jónasdóttir, esta apropiación comporta poderes/capacidades alienables y explotables que abarcan dimensiones esenciales de la vida humana, desde los cuidados hasta el «éxtasis erótico», y son cons-

---

18 La desigualdad afectiva puede concebirse también como el eje conceptual que organiza y sustenta las capas más externas de explotación, las cuales emergen y se alimentan de esta desigualdad primordial. Sin embargo, esta perspectiva introduce una inversión respecto a la metáfora tradicional de las muñecas rusas (matrioshkas), ya que, bajo este punto de vista, el análisis se iniciaría desde el núcleo hacia el exterior, invirtiendo el orden propuesto de su visualización (desde la capa más externa y común, hacia el núcleo más extremo de explotación basada en la sexualidad).

tantemente absorbidas y utilizadas sin reciprocidad en beneficio del otro. De modo que este núcleo que constituye la base del *déficit de igualdad afectiva*, conecta y alimenta las diferentes capas de explotación.

Al recordar sus orígenes rumanos, la activista Amelia Tiganus, «hija de obreros que bajo la dictadura han trabajado mucho para tener poco, y en nombre de la democracia han trabajado más para tener menos aún», superviviente de TSH sexual y víctima del «método *loverboy*», observa:

> Nunca pasé hambre, ni frío, ni me faltó nada material. Pero emocionalmente sí pasé hambre, sed y frío. No era la única, ya que veía a mi alrededor que eso ocurría como norma. Había muy pocas excepciones. Las normas jerárquicas, los valores de la Iglesia, de la familia tradicional, la ley del más fuerte, la violencia como método de educación, el silencio absoluto sobre cosas consideradas inmorales... La doble moral y la ignorancia de un pueblo que había sido domado y adiestrado para obedecer y muy pocas veces pensar (2021, p. 26).

Su testimonio apunta hacia la desigualdad afectiva como una precondición de su vulnerabilidad, entendida como resultado de tendencias asimétricas normalizadas[19]. En línea con los planteamientos teóricos de Jónasdóttir, estas tendencias son específicas de un poder materialista socio-sexual distinto

---

[19] Desde una perspectiva que enfatiza las carencias afectivas en relación al aprendizaje y la alfabetización, la investigadora irlandesa Maggie Feeley (2014a) argumenta que la privación de amor y cuidados implica una pérdida seria que no solo afecta el estado emocional de las personas, sino también su capacidad para formar vínculos saludables basados en el reconocimiento y el respeto mutuo, fundamentales para sentirse valorados y en conexión con los demás, así como para desarrollar una buena autoestima que fortalezca el aprendizaje. Es decir, se subraya que el amor, los cuidados y las redes de solidaridad no son meros complementos en la vida, sino componentes esenciales para el desarrollo humano y la pertenencia social.

del poder materialista socio-económico (del que no está aislado y con el que interactúa). En otras palabras, lo descrito por Tiganus nos lleva al interior del poder del amor, es decir, al carácter constitutivo del amor sexual, revelando la «inherente dialéctica de los dos elementos, el cuidado y el aspecto erótico o extático, que juntos componen lo que llamo amor como práctica humana socio-sexual» (Jónasdóttir, 2011, p. 262).

El relato de Amelia Tiganus no es el único que pone de relieve que la precariedad emocional y la desigualdad de género, se inscriben en el tejido mismo de la sociedad contemporánea condicionando a las mujeres desde la infancia. Inmersas en un entorno estructural donde la violencia y el silencio son refuerzos sistémicos que normalizan la apropiación del excedente que proviene del potencial transformador de las capacidades humanas, las intersecciones entre clase, género y etnia, por nombrar algunas, facilitan la explotación basada en la sexualidad, pero no la explica, pues no existe un perfil único de víctima de violencia de género. Iana Matei, pionera en crear un centro de acogida en Rumanía para menores explotadas sexualmente, complementa esta idea al destacar que:

> Si rememoro el caso de Mihaela es para explicar que ser vendida y obligada a prostituirse le puede pasar a cualquiera, no solo a las chicas que «se lo han buscado». En mi albergue he visto pasar perfiles muy variados, chicas de todas las edades, algunas de ambientes acomodados, con estudios. Todas tienen en común el provenir de un ambiente familiar disfuncional: un divorcio conflictivo, unos padres alcohólicos, violentos, incestuosos o criminales, una transición difícil a la adolescencia... Esa fragilidad las hace más susceptibles de frecuentar malas compañías, las empuja a depositar su confianza en el primer fulano que finge interesarse por ellas (2011, p. 146).

Recapitulando la definición del «método *loverboy*» como una modalidad de engaño amoroso que consiste en entablar una relación sentimental con el objetivo de captar mujeres para su posterior explotación sexual, esta práctica afectivo-sexual pasa por «ganarse su confianza y así conseguir su control y dominio» (Carrasco Montoro, 2023, p. 6). Su esencia, claramente enraizada en las dinámicas sociales que generan déficit de igualdad afectiva, se sustenta en la instrumentalización del poder del amor para explotarlo en sus formas más extremas. Es en este sentido que el *loverboy* comporta estrategias de alienación que reflejan una convergencia clara con la violencia de género en la pareja[20], cuyas implicaciones restringen las capacidades de las mujeres para actuar con autonomía y reducen sus posibilidades de resistencia en el contexto social más amplio –que aun en el mejor de los casos, compatibiliza normas de igualdad con desigualdad afectiva[21]. Es decir, la similitud en

---

20 Al respecto, el abogado penalista Javier Carrasco Montoro señala que «El fenómeno de trata no es ajeno a las circunstancias personales, culturales, sociales y económicas de la víctima, siendo el *lover boy* –o el grupo criminal escondido tras el delincuente– totalmente consciente de la involucración sentimental de la víctima y la consiguiente vulnerabilidad que se causa con el proceso de captación mediante el *lover-boy*, en quien la víctima deposita toda su confianza y apoyo ante las dificultades personales, económicas, sociales y/o culturales que viene padeciendo en su lugar de origen (bien doméstico o internacional, recordemos). Y esta vulnerabilidad de la víctima es normalmente acrecentada a medida que avanza el proceso de trata. Pues (…) este engaño inicialmente utilizado por el delincuente será posteriormente traducido en coacción, violencia o intimidación, y ello con el fin de evitar el escape de la víctima y con ello conseguir su pleno sometimiento, control y dependencia» (2023, p. 7).

21 El análisis de Gunnarsson sobre la desigualdad de género en los países nórdicos amerita una mención adicional. Según apunta la investigadora, «en las sociedades occidentales, la formación de parejas heterosexuales se basa, generalmente, en una elección individual motivada por la experiencia mutua del amor. Por tanto, no es de sorprender que este desarrollo históricamente específico de la intimidad en la intimidad haya dado lugar a interpretaciones optimistas del amor democrático». Sin embargo, «la elevada incidencia de la violencia en relaciones cuya *raison d'être* debería ser el amor, y donde no existen obstáculos económicos significativos que obliguen

las dinámicas de abuso, manipulación y control muestra que la lucha contra el *loverboy* no puede desvincularse de la lucha más amplia contra la violencia de género. El carácter relacional de estas prácticas revela también que, para desarrollar respuestas más efectivas de intervención, es crucial analizar y calibrar las estrategias emocionales que los agresores emplean para invalidar el consentimiento y someter a sus víctimas, ya que estas tácticas no operan en el vacío, sino dentro de un contexto social que las facilita y normaliza.

De forma análoga, el relato testimonial de Iana Matei acerca de los más de 400 casos de mujeres explotadas sexualmente que ha acogido en una sola década, aborda varios puntos interconectados sobre la complejidad de las dinámicas de violencia de género en relación con la percepción social acerca del estatus de víctima, destacando las barreras que enfrentan las mujeres para salir de situaciones de abuso. En este marco, la psicóloga rumana pone de relieve que muchas de las jóvenes bajo su cuidado presentan personalidades conflictivas, «acostumbradas a responder a la violencia con violencia; al mismo tiempo que esa brutalidad las aterra» (2011, p. 121). Con ello, se alude también a la estética de la víctima como ideal preestablecido sobre cómo debe ser una víctima legítima: ingenua, agradecida y sin ninguna participación activa en su situación de explotación. Un caso ilustrativo es el de Nicoleta, quien, según cuenta Matei, durante los dos años que llevaba en el albergue, había infringido prácticamente todas las reglas:

> Cuando los servicios de protección de menores me la enviaron tenía 15 años y vivía a caballo entre la casa de su madre y la de su abuela. Nicoleta conoció a un chico y este la puso a hacer la calle. Es un clásico: el tratante que se aprovecha de la fragilidad de la chica para obligarla hacer lo que él quiere. Se

---

a las mujeres a permanecer en la relación, constituye la expresión más dramática del pobre establecimiento de normas de igualdad en la intimidad» (2015, p. 236).

> convirtió en su único punto de referencia, estaba enamorada de él y tenía miedo de perderle... La primera vez que la recibí en el albergue para una simple toma de contacto, Nicoleta lo negó todo con arrogancia: *¡Es mi novio, no mi chulo! ¡No me obliga a hacer nada!* Volvió, de nuevo de la mano de protección de menores. Al final reconoció con la boca chica que su «novio» la obligaba a acostarse con otros hombres: lo hacía para poder ocuparse de ella, comprarle regalos..., eso decía él (2011, p. 120).

Este es un claro ejemplo que refleja las realidades multifacéticas de la violencia de género en pareja. Combinada con una percepción distorsionada del amor, la dependencia emocional dificulta no solo el reconocimiento de la situación de abuso, sino también el proceso de romper con la dinámica explotadora, especialmente cuando las experiencias de las mujeres no se ajustan al ideal cultural de una víctima legítima. En este sentido, Matei señala que las dinámicas de desigualdad afectiva –que habilitan la explotación y dificultan su adecuada identificación– están interiorizadas en las jóvenes provenientes de estas situaciones. En sus palabras, «en el albergue muchas víctimas me han confesado que habían acabado convenciéndose de que habían nacido para eso, de que su suerte estaba echada y no podían hacer nada. Un método de supervivencia, en definitiva, tal vez el único...» (2011, p. 147). Este proceso de resignación, añade Matei, requiere ser deconstruido poco a poco, dado que «les resulta muy difícil adaptarse a otro universo distinto al que han conocido». Un aprendizaje lento y enrevesado, puesto que muchas de las mujeres se aferran a recuerdos distorsionados de su vida pasada como respuesta de afrontamiento:

> En más de una ocasión les tienta tirar la toalla y recrearse en añorar su vida pasada, cuando no tenían que decidir nada: se convencen de que, a fin de cuentas, no eran tan desgraciadas. Es una regresión pura y dura, pero el proceso es completamente natural. Obligadas a prostituirse, tuvieron que adaptarse. Estaban demasiado ocupadas en seguir con vida para reflexionar sobre un plan de evasión o para preguntarse si lo que hacían

> era moral o no. Por no hablar de la amenaza constante que el traficante hacía pender sobre sus cabezas: *¡Si no pones de tu parte te revenderé a un tratante que es mucho menos amable que yo!* En el hogar, cuando avanzar les exige demasiados esfuerzos, las chicas flaquean: –¡Yo quiero vivir como antes! –¿Por qué? Tu chulo te pegaba por menos de nada. ¿Tanto echas de menos los puñetazos en la cara? –Sí, es verdad que me pegaba, pero en el fondo tenía buen corazón. –Ah, ¿sí? –Cada vez que me castigaba y que lloraba en mi rincón, me daba luego un caramelo para consolarme y me decía: *¿Por qué me obligas a castigarte? ¿No ves lo que me duele tener que hacerlo?* (p. 136).

Lo que estas narraciones exponen es la refinada estructura psicológica que subyace en la intersección entre la violencia de género y la explotación sexual a través del «método *loverboy*», un cruce que dificulta enormemente el proceso de detección y recuperación, dado que los medios prácticos de supervivencia de las víctimas incluyen justificar, idealizar incluso, al agresor. Como explica Matei, «Hallar algo bueno en su torturador suponía para ellas un mecanismo de supervivencia» (p. 137), un patrón que debe entenderse como parte de una estrategia adaptativa en contextos de violencia y coerción extrema, más que una manifestación de debilidad; un mecanismo que tiene repercusiones profundas en las relaciones afectivas posteriores, y que «solamente una vez que lo identifican se puede intentar revertir el esquema de pensamiento» (id.). A este paradigma responden casos como el de Doina, una joven de 25 años, alta y morena, «de mirada límpida y altiva»:

> Lo único que le hace perder la razón son los chicos. Como es mayor que el resto, Doina ha tenido varios novios en Pitesti: les paga todo, gasolina, ropa... Es una forma de comprar el amor que nunca ha tenido. Para estas chicas afectivamente frágiles, a menudo resulta más complicado reconstruir sus vidas sentimentales que encontrar un trabajo (p. 188).

Para terminar, quiero expresar con énfasis lo que numerosos relatos de vida evidencian: el impacto de las situaciones de abuso y sufrimiento no se limita al tiempo que las mujeres pasan bajo el control directo de sus agresores, sino que se extiende a su capacidad para tomar decisiones, gestionar emociones y organizarse en el día a día, recuperada la libertad. En este sentido, recientes hallazgos en neurociencia atestiguan que el estrés emocional prolongado afecta las estructuras cerebrales durante las fases más tempranas de su desarrollo madurativo; una respuesta que actúa como mecanismo de protección frente al sufrimiento pero cuyas consecuencias pueden generar dificultades cognitivas sustanciales, además de trastornos afectivos y de conducta (Pujol, Harrison y Contreras-Rodríguez, 2019). Por ello, es necesario adoptar un enfoque integral que trate como un problema prioritario no solo las manifestaciones visibles de violencia y desigualdad, sino también el sistema operativo subyacente. De modo que identificar la estructura concéntrica de desigualdad afectiva constituye un punto de partida sólido para avanzar hacia una reorganización social que haga patente nuestra intrínseca interdependencia –tanto humana como con el entorno natural que sustenta nuestra existencia–. Al repensar las relaciones afectivas mismas, se abre la posibilidad de transformarlas en auténticos espacios de conexión, significado y empoderamiento mutuo, desarticulando así la esfera de consumo, desgaste y alienación mediante una redefinición de la cultura dominante.

5. CONCLUSIONES

El amor auténtico debería ser fundado sobre el reconocimiento recíproco de dos libertades. Simone de Beauvoir, 2005, p. 835.

A modo de resumen, propongo hacer un recuento de los elementos de análisis que considero relevantes para esta investigación. Cada uno de ellos abren campos que son demasiado vastos para revisarlos completamente, por lo que aquí solo se pretende ofrecer una visión general que ilustre el carácter político del amor, su trascendencia en el entorno académico y, de paso, algunas aportaciones convergentes.

Este ejercicio analítico gira en torno al amor como fenómeno social en sí mismo partiendo de la premisa de que este es un tema de estudio que invita a explorar puntos clave en las dinámicas sociales que configuran la organización de nuestras democracias liberales. Esto implica plantear, en primer lugar, que el ámbito afectivo es una esfera discreta de acción social, especialmente relevante para el adecuado funcionamiento de la vida social (Lynch, 2014b). En segundo lugar, que la vida social está caracterizada por la preeminencia de dos principios estructurales: «la racionalidad orientada al lucro de la economía de mercado y la normalidad privilegiada de los estilos de vida y atributos típicamente masculinos» (Bryson, 2014, p. 119). Finalmente, que las dinámicas temporales se revelan como un corolario evidente de las dinámicas de género y de clase que caracterizan nuestro día a día, perfilando dilemas sociales que nos dejan hambrientos/as de tiempo y hambrientas de amor (Guerra, 2015).

Se ha partido del trabajo seminal de la politóloga islandesa Anna G. Jónasdóttir para explorar «el poder del amor» y su vigencia actual, atendiendo a la génesis de su conceptualización hace más de treinta años. Desde esta perspectiva, las reflexiones de estas páginas han pretendido dialogar con el «método *loverboy*» con un cometido subtextual: habilitar una comprensión más profunda del sistema afectivo en general, i.e., entendido como relaciones afectivas de amor, cuidados y solidaridad; y del poder del amor en particular, i.e., entendido como actividad humana y capacidad biomaterial explotable, fuerza creativa y mecanismo de cambio social.

Lo que Jónasdóttir recalca en última instancia es un hecho bien establecido –considerando el amplio corpus de datos y cifras disponible a nivel nacional, regional y mundial sobre la magnitud del problema–, y es que el amor es uno de los asuntos más difíciles, especialmente para las mujeres, con los que se lidia tanto en la vida práctica como en la teoría. El amor no puede entenderse como algo independiente del conocimiento del mundo. Por consiguiente, en la medida en que se ha convertido en un *hot topic* ampliamente discutido en multitud de círculos que a menudo representan intereses opuestos, se extiende una invitación al pensamiento crítico, a la par que se enfatiza como «particularmente urgente» que la academia de corte feminista asuma un rol proactivo en este ámbito, y no solo reactivo a las ideas y propuestas formuladas por corrientes dominantes o *mainstream*. Puesto que, tal y como señala Jónasdóttir, situar «el amor en el centro» de una visión del mundo, es decir, erigirlo como el fundamento de un porvenir prometedor donde la búsqueda de sentido en la vida se articule a través del amor, no basta por sí mismo; con frecuencia, muchos crímenes de odio y actos de terrible violencia en el mundo actual se llevan a cabo en nombre del amor, tanto o más que en nombre del odio (2014a, p. 24).

Es por todo ello que en el contexto social contemporáneo se subraya la necesidad de proponer el amor como una cuestión vital que, a pesar de su apariencia íntima y privada, debe ser considerado en términos políticos. O mejor dicho, se trata de replantear la política como una actividad que tiene lugar en ciertos foros específicos, y también en otros, teniendo en cuenta que las relaciones entre hombres y mujeres están inmersas en una estructura de poder preexistente. En este sentido, se sugiere ampliar el enfoque sobre dónde tiene lugar la política y no perder de vista «el foro de las interacciones personales, alias la política de la vida cotidiana», como acertadamente lo definió Kate Millet en su influyente análisis sobre la política sexual.

Por último, las reflexiones de estas páginas invitan también a extender el análisis hacia el liberal-progresismo como proyecto cultural del capitalismo, dado que, tal y como recuerda Anna G. Jónasdóttir, «los grupos de expertos utilizados por el liderazgo global capitalista siempre parecen estar un paso adelante de otras instituciones y movimientos al hacer uso de ideas y técnicas eficientes para alcanzar, afectar y gestionar los afectos humanos, incluyendo el amor» (2014b, p. 70). En otras palabras, cualquier propuesta que instrumentalice el poder del amor para invocar progreso y un futuro mejor, exige, si no superar el capitalismo global, al menos contener sus efectos más perjudiciales.

Bibliografía

Baker, John; Lynch, Kathleen; Cantillon, Sara y Walsh, Judy (2004). *Equality: From Theory to Action*. London/New York: Palgrave MacMillan.

Bauman, Zygmunt (2003/2007). *Amor líquido. Sobre la fragilidad de los vínculos humanos*. Barcelona: Ediciones Paidós.

Bauman, Zygmunt (2009). *El arte de la vida. De la vida como obra de arte*. Barcelona: Ediciones Paidós.

Beck, Ulrich y Beck-Gernsheim, Elisabeth (1995/2001). *El normal caos del amor. Las nuevas formas de la relación amorosa*. Barcelona: Paidós Contextos.

Ulrich Beck y Elisabeth Beck-Gernsheim (2003). *La individualización. El individualismo institucionalizado y sus consecuencias sociales y políticas*. Barcelona: Paidós.

Bosch, Esperanza; Ferrer, Victoria; Ferreiro, Virginia y Navarro, Capilla (2013). *La violencia contra las mujeres. El amor como coartada*. Madrid: Anthropos.

Bryson, Valerie (2014). Time to love. En Anna G. Jónasdóttir y Ann Ferguson (eds.), *Love. A Question for Feminism in the Twenty-First Century* (pp. 113-126). Londres y Nueva York: Taylor & Francis.

Carrasco Montoro, Javier (2023). El fenómeno de trata interna de seres humanos: cuestiones relevantes a raíz de la sentencia núm. 188/2020 de 9 de junio de la Audiencia Provincial de Sevilla (Sección 1ª). *Diario LA LEY*, N.º 10221, Sección Tribuna, 1-12.

Carballo de la Riva, Marta (2021). *Explotación, esclavitud y trata de seres humanos. Historia, debates y limitaciones jurídicas*. Valencia: Tirant Lo Blanch.

Chollet, Mona (2022). *Reinventar el amor*. Barcelona: Paidós.

Cobo, Rosa (2017). *La prostitución en el corazón del capitalismo*. Madrid: Catarata.

Cobo, Rosa (2021). Expulsadas por el capitalismo global: mujeres en prostitución. En Almudena Cortés Maisonave y Josefina Manjarrez Rosas (eds.), *Género y movilidades: lecturas feministas de la migración* (pp. 81-96). Bélgica: Peter Lang.

Coontz, Stephanie (2006). *Historia del matrimonio. Cómo el amor conquistó el matrimonio.* Barcelona: Gedisa.

Damasio, Antonio (1994). *El error de Descartes.* Barcelona: Crítica.

De Miguel, Ana (2015). *Neoliberalismo sexual. El mito de la libre elección.* Madrid: Cátedra.

Esteban, María Luz (2011). *Crítica del pensamiento amoroso.* Barcelona: Bellaterra.

Fernández-Martorell, Mercedes (2018). *Capitalismo y cuerpo. Crítica de la razón masculina.* Madrid: Cátedra.

Feeley, Maggie (2014). *Learning care lessons. Literacy, love, care and solidarity.* London: Tufnell Press.

Ferry, Luc (2013). *On Love: A Philosophy for the Twenty-First Century.* Cambridge: Polity.

Firestone, Shulamith (1976). *La dialéctica del sexo.* Barcelona: Editorial Kairós.

García-Andrade, Adriana y Sabido Ramos, Olga (coords.) (2014). *Cuerpo y afectividad en la sociedad contemporánea. Algunas rutas del amor y la experiencia sensible en las ciencias sociales.* México: Universidad Autónoma Metropolitana.

García-Andrade, Adriana, Gunnarsson, Lena y Jónasdóttir, Anna (eds.) (2018). *Feminism and the Power of Love.* Londres/Nueva York: Taylor & Francis-Routledge.

Giddens, Anthony (1991/1995a). *Modernidad e identidad del yo. El yo y la sociedad en la época contemporánea.* Barcelona: Península.

Giddens, Anthony (1992/1995b). *La transformación de la intimidad. Sexualidad, amor y erotismo en las sociedades modernas.* Madrid: Cátedra.

Guerra, María José (2015). Ecofeminismos materialistas. Política de la vida y política del tiempo en Mary Mellor. En Alicia Puleo (ed.), *Ecología y género en diálogo interdisciplinar.* Plaza y Valdés, Colección Moral, Ciencia y Sociedad en la Europa del siglo XXI.

Gunnarsson, Lena (2014a). Loving Him for Who He Is: The Microsociology of Power. En Anna G. Jónasdóttir y Ann Ferguson (eds.). *Love. A Question for Feminism in the Twenty-First Century* (pp. 97-110). Londres/Nueva York: Taylor & Francis-Routledge.

Gunnarsson, Lena (2014b). *The contradictions of love. Towards a feminist-realist ontology of sociosexuality*. Londres/Nueva York: Taylor & Francis-Routledge.

Gunnarsson, Lena (2015). Amarlo por quien es: la microsociología del poder. *Sociológica*, año 30, N.° 85, mayo-agosto de 2015, pp. 235-258.

Hochschild, Arlie Russell (2008). *La mercantilización de la vida íntima. Apuntes de la casa y el trabajo*. Buenos Aires: Katz.

Hooks, Bell (2000). *Todo sobre el amor*. Barcelona: Paidós.

Hunt, Alan (2012). The Civilizing Process and Emotional Life: The Intensification and Hollowing Out of Contemporary Emotions. En Alan Hunt, Kevin Walby y Dale Spencer (eds.). *Emotions Matter. A Relational Approach to Emotions* (pp. 137-160). Toronto: University of Toronto Press.

Illouz, Eva (2007). *Intimidades congeladas. Las emociones en el capitalismo*. Buenos Aires/Madrid: Katz.

Illouz, Eva (2009). *El consumo de la utopía romántica. El amor y las contradicciones culturales del capitalismo*. Buenos Aires/Madrid: Katz.

Illouz, Eva (2012). *Por qué duele el amor. Una explicación sociológica*. Madrid: Katz.

Illouz, Eva (coord.) (2019). *Capitalismo, consumo y autenticidad. Las emociones como mercancía*. Buenos Aires/Madrid: Katz.

Illouz, Eva (2020). *El fin del amor. Una sociología de las relaciones negativas*. Madrid: Katz.

Jónasdóttir, Anna G. (1993). *El poder del amor. ¿Le importa el sexo a la Democracia?* Madrid: Ediciones Cátedra-Universitat de València-Instituto de la Mujer.

Jónasdóttir, Anna G. (2009). Feminist Questions, Marx's Method and the Theorisation of 'Love Power'. En Anna G. Jónasdóttir y Kathleen B. Jones (eds.), *The Political Interests of Gender Revisited: Redoing Theory and Research with a Feminist Face*. Manchester: Manchester University Press.

Jónasdóttir, Anna G. (2011). What Kind of Power is 'Love Power'? En Anna G. Jónasdóttir, Valerie Bryson y Kathleen B. Jones (eds.), *Sexuality, Gender and Power: Intersectional and Transnational Perspectives* (pp. 45-59). Nueva York/Londres: Routledge.

Jónasdóttir, Anna G. (2014a). Love Studies. A (Re)New(ed Field of Knowledge Interests. En Anna G. Jónasdóttir y Ann Ferguson (eds.), *Love. A Question for Feminism in the Twenty-First Century* (pp. 11-30). Londres/Nueva York: Taylor & Francis.

Jónasdóttir, Anna G. (2014b). Los estudios acerca del amor: un renovado campo de interés para el conocimiento. En Adriana García-Andrade y Olga Sabido Ramos (coords.), *Cuerpo y afectividad en la sociedad contemporánea. Algunas rutas del amor y la experiencia sensible en las ciencias sociales* (pp. 39-80). México: Universidad Autónoma Metropolitana.

Jónasdóttir, Anna G. (2018). The difference that love (power) makes. En Adriana García-Andrade, Lena Gunnarsson y Anna G. Jónasdóttir (eds.) (2018). *Feminism and the Power of Love* (pp. 15-35). Londres/ Nueva York: Taylor & Francis-Routledge.

Kaufmann, Jean-Claude (2011). *The curious history of love.* Cambridge: Polity.

Kittay, Eva Feder (1999). *Love's labour.* New York: Routledge.

Lehmann, Niklas (1988). *Love as passion. The codification of intimacy.* Stanford, CA: Stanford University Press.

Lynch, Kathleen, Baker, John y Lyons, Maureen (2009/2014a). *Igualdad afectiva. Amor, cuidados e injusticia.* Madrid: Ediciones Morata.

Lynch, Kathleen (2014b). Why Love, Care and Solidarity are Political Matters: Affective equality and Fraser's model of social justice. En Anna G. Jónasdóttir y Ann Ferguson (eds.), *Love. A Question for Feminism in the Twenty-First Century* (pp. 173-189). Londres/Nueva York: Taylor & Francis-Routledge.

Macías Jara, María (2014). El derecho a la libertad en igualdad. ¿Qué libertad sin igualdad en el contexto de la prostitución?. En *Papeles. El tiempo de los derechos,* n.º 9, pp. 1-32.

Macías Jara, María (2015). La exclusión social como una cuestión de derechos humanos. El caso de la prostitución forzosa no vinculada a la trata. En Guillermo Escobar Roca (coord.), *Ombudsman y colectivos en situación de vulnerabilidad: actas del III Congreso Internacional del PRADPI,* pp. 231-241.

Matei, Iana (2011). *En venta: Mariana, 15 años.* Barcelona: Roca Editorial de Libros.

Matthews, Roger (2013). La prostitución y la victimización: un análisis realista. *Revista General de Derecho Penal,* N.º 20, pp. 1-21.

May, Simon (2011). *Love: a history.* New Haven, CT: Yale University Press.

Nuño Gómez, Laura (2017). La trata de seres humanos con fines de explotación sexual. Propuestas para un cambio de paradigma en la orientación de las políticas públicas. *Revista de derecho político,* N.º 98, enero-abril 2017, pp. 159-187.

Olarte Encabo, Sofía (2017). La prostitución voluntaria ¿Una forma de esclavitud o de ejercicio de libertad personal, de trabajo y de empresa?. En

Esteban Juan Pérez Alonso (dir.), *El derecho ante las formas contemporáneas de esclavitud* (pp. 517-567). Valencia: Tirant lo Blanch.

Pateman, Carole (1988/2019). *El contrato sexual.* Madrid: Ed. Ménades.

Perry, Louise (2023). *Contra la revolución sexual. Una nueva guía para el sexo en el siglo XXI.* Madrid: La Esfera de los Libros.

Puleo, Alicia (2015). Ese oscuro objeto del deseo: cuerpo y violencia. *Investigaciones Feministas,* Vol. 6, 122-138.

Pujol, Jesús; Harrison, Ben; Contreras-Rodriguez, Oren y Cardoner, Narcis (2019). The contribution of brain imaging to the understanding of psychopathy. *Psychological Medicine,* 49(1), 20-31.

Raworth, Kate (2022). *Economía rosquilla. 7 maneras de pensar la economía del siglo XXI.* Barcelona: Paidós.

Rodríguez Montañés, Teresa (2022). Trata, explotación sexual y prostitución: delimitaciones conceptuales imprescindibles para el diseño de políticas públicas eficaces. En Juan Periago Morant (dir.), *La prostitución en la Comunidad Valenciana: un enfoque abolicionista* (pp. 203-226). Valencia: Tirant lo Blanch.

Rodríguez Montañés, Teresa (2020). The role of PHIT in criminal proceedings. File study of relevant cases in Spain. En Markus González Beilfuss (coord.), *Psychological Health Impact of THB for sexual exploitation on female victims* (pp. 253-277). Pamplona: Aranzadi.

Rodríguez Montañés, Teresa (2014). Trata de seres humanos y explotación laboral. Reflexiones sobre la realidad práctica. *LA LEY penal: revista de derecho penal, procesal y penitenciario,* N.° 109, pp. 5-19.

Salecl, Renata (2009). Society of Choice. *Differences,* vol. 20, n.° 1, pp. 157-180.

Salecl, Renata (2020). *La tiranía de la elección.* Buenos Aires: Godot.

Tiganus, Amelia (2021). *La revuelta de las putas.* Barcelona: Penguin Random House.

20 de mayo de 2022
9:30-18:00

Conversaciones sobre **Explotación y Trata** de Seres Humanos

Dirección:
Teresa Rodríguez Montañés, UAH

Coordinación:
Marta Carballo de la Riva, EG-UCM
Alexandra Macsutovici Ignat, UAH

Sala de Conferencias Internacionales
Rectorado UAH
Plaza San Diego s/n
Alcalá de Henares

Jornada de Clausura del
Experto en Trata de Seres Humanos **(EN75)**
Evento presencial/online

Textos

«Conversaciones sobre Explotación y Trata de Seres Humanos»

JORNADA DE CLAUSURA DEL EXPERTO EN *LUCHA CONTRA LA TRATA DE SERES HUMANOS* (EN75)

Dirección:
Teresa Rodríguez Montañés, UAH
Coordinación:
Marta Carballo de la Riva, EG-UCM
Alexandra Macsutovici Ignat, UAH

INAUGURACIÓN

Teresa Rodríguez Montañés

Buenos días, bienvenidos y bienvenidas a estas «Conversaciones sobre Explotación y Trata», concebidas inicialmente como la clausura de nuestro curso Experto en *Lucha contra la Trata de Seres Humanos* (EN75-UAH), impartido en modalidad online. Una clausura que no ha podido tener lugar hasta hoy, 20 de mayo de 2022, debido a la pandemia, pero que finalmente hemos conseguido celebrar. Me hace feliz haberlo logrado. Aunque el mundo online nos ha permitido conexiones y posibilidades de intercambio impensables hace unos años, no puede sustituir al contacto personal. Este es uno de los objetivos fundamentales de esta jornada. Teníamos muchas ganas

–y hablo en nombre de todas las profesoras y profesores del curso– de conocer personalmente a nuestras alumnas y a nuestros alumnos, algunos de los cuales están aquí, otros se irán incorporando y otros están online desde diversos lugares.

La Jornada está estructurada en tres mesas. En ellas, cada uno de los ponentes dispondrá de cinco minutos para un planteamiento inicial de temas para el debate; después, se iniciará una conversación, no solo entre los integrantes de la mesa, sino también con el público; y como cierre de cada mesa, se dará otro turno de palabra a los ponentes para que expongan sus conclusiones. A lo largo de la conversación, tanto los ponentes como el resto de los participantes pueden ir desarrollando conceptos, planteando dudas o haciendo propuestas, de la forma más fluida posible. De hecho, reservar esta sala tenía el objetivo de que todos pudiéramos tener un micrófono e intercambiar nuestras experiencias, para juntos construir conocimiento.

Voy a ser inflexible en cuanto a los tiempos de las intervenciones. Pero no os preocupéis, porque esto es una jornada de convivencia, de modo que podemos seguir hablando en el desayuno, en la comida y a lo largo de todo el día.

Finalmente, quiero agradecer tanto a Marta Carballo como a Alex Macsutovici su colaboración en la organización de la jornada. Muchísimas gracias a las dos por estar siempre ahí y por hacer posible este encuentro.

Realizada esta breve presentación, declaro inaugurada la Jornada y pasamos a la primera de las mesas.

MESA 1: ¿QUÉ HEMOS APRENDIDO SOBRE LA TRATA? PRECISIONES CONCEPTUALES, ESTADO DE LA CUESTIÓN Y TAREAS PENDIENTES

Ponentes: Teresa Rodríguez; Esther Pomares; Marta Carballo

Modera: Teresa Rodríguez

Teresa Rodríguez

El punto de partida de mi planteamiento es una pregunta: ¿Por qué estamos fracasando en la lucha contra la trata? No pretendo ser pesimista, pero creo que para abordar los problemas hay que mirarlos de frente. Y afirmo que estamos fracasando en la lucha contra la trata porque a pesar de la creciente preocupación sobre el tema, que está en la agenda de las agencias internacionales y de los gobiernos; aunque la labor de concienciación y sensibilización de la ciudadanía ha dado frutos; pese a los muchos avances en diversos ámbitos y al enorme esfuerzo y compromiso de tantas personas e instituciones; pese a todo ello, no hay ni un solo informe internacional ni nacional que yo conozca que sostenga que estamos en el buen camino y que se están reduciendo las cifras de trata. Más bien al contrario. Lo que muestran los informes siempre es el creciente número de supuestos de trata que estamos detectando, la enorme magnitud del problema y la aparente inoperatividad de los mecanismos puestos en práctica hasta la fecha.

Creo que una posible explicación de este fracaso está relacionada con el hecho de que tanto los instrumentos internacionales como nacionales, desde el Protocolo de Palermo a nuestro Código Penal, abordan el problema de la trata sólo desde un ángulo: el de la persecución del delito, vinculado al crimen organizado a nivel internacional y a la lucha contra la migración ilegal. Ese enfoque de derecho penal, junto a la definición del delito consagrada en el Protocolo de Palermo, que suele incorporarse a los códigos penales, está en el origen del fracaso en la lucha contra la trata. Como sabéis, tanto el Protocolo de Palermo como el Código Penal y los demás instrumentos internacionales, definen la trata solo como un proceso: ese proceso de captación de personas extremadamente vulnerables, normalmente mediante engaño u otros medios, con la finalidad de ser explotadas. La explotación misma no es un elemento del delito; sólo lo es la finalidad de explotación. Por tanto, lo que perseguimos es ese proceso de captar con esos medios para la explotación y ahí se acaba el delito de trata, que fue una de las cosas que más os sorprendió a los alumnos al principio. ¿No decíamos que la trata es la esclavitud del siglo XXI? No, la trata es un acto previo a la esclavización, que se produce después y que queda fuera del concepto de Palermo; que queda fuera toda la actuación internacional contra la trata. Y sin embargo, la razón de ser de la trata de seres humanos en la actualidad, su única finalidad, es esa explotación y esclavización posterior y el beneficio económico de ella derivado. La clave, por tanto, para tener éxito en la lucha contra la trata debería ser abordar con seriedad la erradicación de esa explotación, esa esclavización. De hecho, probablemente deberíamos hasta replantearnos la utilización del término trata para definir esa parcela de realidad.

El fenómeno de la trata, por tanto, va mucho más allá de los criminales y sus víctimas. Aunque cueste aceptarlo, porque este enfoque nos resulta cómodo como sociedad: nosotros, los buenos ciudadanos, podemos permanecer ajenos a esa realidad, contemplarla desde fuera y solidarizarnos con las víctimas de delincuentes perversos, pertenecientes a mafias internacionales. Ellos –los criminales y sus víctimas– y nosotros, en mundos paralelos que no se cruzan. Sin embargo, la realidad de la trata va mucho más allá de los criminales y las víctimas, sin negar por un solo momento la gravedad del fenómeno criminal y la gravísima vulneración de derechos fundamentales que implica. El fenómeno de la trata tiene que ver con la economía, con el mundo de los negocios y con el beneficio económico (Marta nos hablará de esto luego desde una perspectiva histórica). La trata de seres humanos en el mundo contemporáneo tiene que ver con nuestro sistema productivo; tiene que ver con el papel del trabajo esclavo que, a día de hoy, resulta clave en la economía capitalista; y, tiene que ver, por tanto, con todos nosotros como sociedad demandante de bienes y servicios cada vez más baratos, sin preguntarnos muy bien cómo ni dónde están producidos. Y este es un espejo al que no nos gusta mirarnos. Es mucho más fácil quedarse fuera y decir: esto es un problema de la Policía y la Guardia Civil, de los delincuentes y las víctimas. Pero nunca tendremos éxito en el abordaje de la trata y la esclavitud contemporánea si simultáneamente no nos planteamos y abordamos con seriedad que la explotación (única razón de ser de la trata) tiene lugar en el mercado de trabajo formal e informal, y tiene que ver con la demanda, no solo de servicios sexuales, sino de todo tipo de bienes y servicios producidos en muchos casos con trabajo esclavo. Esto es lo que en mi opinión está detrás del problema de la trata, si nos lo tomamos en serio. Por tanto, si no abordamos la trata como un problema sistémico conectado con el sistema productivo, y si no estamos dispuestos a cambiar los modelos de negocio y el modelo productivo, nunca estaremos hablando en serio de la erradicación de la trata.

Hay muchas otras cuestiones que me gustaría plantear, especialmente lo relativo a las cadenas de suministro, el trabajo decente y muchos otros temas que espero poder abordar posteriormente, porque debo estar rozando los cinco minutos.

Mi planteamiento inicial, por tanto, es el siguiente: ¿Por qué estamos fracasando en la lucha contra la trata? Porque no nos estamos centrando en lo importante, que es la esclavización y la explotación más allá del marco de lo delictivo, como uno de los ejes que sustenta nuestro sistema productivo actual.

Nos estamos cargando el planeta y la dignidad humana en aras de este capitalismo salvaje. Ese es mi punto de partida.

Dicho lo cual, paso a mi papel de moderadora y voy a dar la palabra a Esther Pomares y después a Marta Carballo para ese planteamiento inicial.

Esther Pomares

Buenos días a todas; buenos días a todos. Yo estoy encantadísima de conversar, de plantear un modelo de conversación sobre este aspecto que se ha comentado y que ha reflejado muy bien mi compañera Teresa Rodríguez Montañés, a la que quiero profundamente agradecer la invitación. Y también quiero agradecer a la buena organización de estas jornadas que, además, se celebran en un sitio histórico como este –me parece que data sobre 1500, siglo XVI, cuando realmente creo que fue testigo de siervos y de esclavos–. Y hoy estamos hablando de lo mismo, curiosamente con un modelo económico diferente. Pero no se sabe ya si mejor o peor, porque los efectos de las situaciones o de los escenarios del sometimiento forzoso a una situación de explotación del ser humano está siendo incluso de mayor calado que en el tiempo en el que se regulaban y que se le otorgaba ese reconocimiento como estatuto jurídico de las instituciones de la esclavitud, de la servidumbre o de los trabajos o de los servicios forzosos.

Hablaré de aquello de lo que somos testigos ahora en el suelo europeo. Con toda la toda la razón, Teresa ha reflejado una realidad que ya se conocía cuando se hicieron los instrumentos internacionales –que no son un tratado de derechos humanos precisamente–, que fueron los *Protocolos de la Convención de las Naciones Unidas contra la Delincuencia Organizada Transnacional*, más conocida como la *Convención de Palermo* firmada en diciembre de 2000 (recordando la Resolución 55/25 de la Asamblea General, de 15 de noviembre de 2000), porque estaban conectados a la persecución penal –paranoica– de la delincuencia organizada transnacional en materia –dicen– de seres humanos. Evidentemente conocían el estado de la cuestión porque sabían cuál era el contexto y no quisieron poner en cuestión ese contexto, ni quisieron poner en cuestión las causas de los desplazamientos migratorios contemporáneos, que eran precisamente de sectores empobrecidos (yo no diría vulnerables –luego vamos a hablar también de esto–, sino empobrecidos, en búsqueda de una vida mejor), y de sectores procedentes de cuadros no cualificados, y había que contener esos desplazamientos a lugares de sociedades más avanzadas, como Estados Unidos o como el suelo europeo.

Bien es verdad que esos protocolos nacieron siempre con hermanos gemelos. En este sentido, el Protocolo de la ONU de Palermo (*Protocolo para prevenir, reprimir y sancionar la trata de personas, especialmente mujeres y niños*) no se puede entender sin el *Protocolo contra el tráfico ilícito de migrantes por tierra, mar y aire*, que complementa la *Convención de las Naciones Unidas contra la Delincuencia Organizada Transnacional*. De igual manera, su equivalente en el ámbito de la Unión Europea nació en el año 2002, y nació también con hermanos gemelos: la *Directiva contra la trata de seres humanos* y la *Directiva para la persecución del tráfico ilícito de migrantes* tenían también ese sentido.

¿Y por qué digo que es letra pequeña? Porque realmente se olvidaron de lo importante que era la segunda parte: someter forzosamente a un sector de seres humanos más propicio a situaciones de abuso y explotación. Lo que pasa es que se nos ha olvidado en el instrumento internacional que entonces se procuró y también el de la Unión Europea esta variante, digamos la parte grave. La parte grave que significa precisamente perseguir y prevenir todos aquellos factores que crean canteras de esclavitud humana, tanto en Estados Unidos como en Europa. Me he detenido en contar esto, que fue hace mucho tiempo, para evidenciar que estas ideas han sido ratificadas por una relatora de Naciones Unidas a la que le tengo muchísima admiración, que es Maria Grazia Giammarinaro, que declaró algo que no gusta, evidentemente, que es la parte que no se desea conocer y que hay que visibilizar. Es un informe de esta Relatora Especial de Naciones Unidas sobre Trata de Personas del 17 de julio de 2020, que presenta a la Asamblea General de las Naciones Unidas como un adiós, una despedida que es un punto de inflexión, un punto de reflexión y un punto también de esperanza, porque se pueden hacer cosas; hay que crear nuevas herramientas. Maria Grazia Giammarinaro dice algo muy particular, que es prácticamente lo que resume la posición de mi compañera Teresa Rodríguez Montañés: hemos actuado muy tarde. La intervención en la trata de seres humanos ha sido siempre en clave de persecución penal y lo penal es la punta del iceberg, olvidando lo más importante, implementar políticas de justicia social que pudieran contrarrestar los factores de lo que llama ella vulnerabilidad institucional ante el abuso y la explotación. ¿Por qué dice esto? Porque dice que la vulnerabilidad no proviene del hecho de ser mujer, extranjero, inmigrante o pobre, sino que proviene precisamente de las instituciones. ¿Qué ocurre? Pues que no puede haber vulnerabilidad ante el abuso y la explotación cuando las personas gozan, donde estén, de un cordón jurídico protector y efectivo que les permita identificar, primero, cuándo hay abuso, cuándo hay explotación y, en segundo lugar, defenderse frente a la explotación y el abuso; por tanto, significa defenderse antes de que esto ocurra. Mientras esto no ocurra, como ha comentado mi compañera Teresa, estaremos jugando a una especie de partida de ajedrez para no cuestionar los hilos que facilitan la explotación, este modelo económico neoliberal que evidentemente favorece estos desplazamientos migratorios contemporáneos y favorece esta explotación, y también la explotación más severa que es la que somete forzosamente al ser humano a situaciones degradantes.

Teresa Rodríguez Montañés

Muchas gracias, Esther. Pasó la palabra a Marta Carballo.

Marta Carballo.

Gracias, Teresa. Es un placer estar aquí y también para mí es una oportunidad de conoceros a todas y a todos.

Mi punto de partida o mis reflexiones van a ser un poco distintas a las planteadas, aunque como decían previamente mis compañeras, sí que compartimos un enfoque que está anclado fundamentalmente en la explotación y que ha estructurado esta mesa. Respecto a la pregunta inicial acerca de qué hemos aprendido sobre la trata (Teresa ha hablado de por qué hemos y estamos fracasando), me parecía una pregunta muy perturbadora, muy provocadora. Porque la verdad es que yo soy bastante negativa en eso, no específicamente con la trata, pero sí pienso muchas veces que estamos en un contexto, en un momento histórico casi oscuro, feudal, colonial, donde se comparten muchas cosas. Volviendo a la parte histórica que se ha señalado, esta es la aproximación que me gustaría acercaros para que visitéis y analicéis la trata, integrando en vuestros posicionamientos una mirada distinta. ¿Y por qué una perspectiva histórica? Porque creo que abordar la trata desde la historia nos permite integrar unas formas distintas de análisis, nos ayuda porque podemos valernos de unidades clásicas en la historia, como son el tiempo, el espacio, las coyunturas, la duración, la causalidad... Y esto es importante para paliar, por ejemplo, aspectos como los que señalaba Esther Pomares y Teresa Rodríguez hace un momento: la trata, tal y como se está abordando, se hace desde la parte punitiva del delito; y eso, de alguna forma, nos hace pensar que es un fenómeno espontáneo que sale *out of the blue*, y no que está conectada a procesos concretos. Lo cierto es que la trata tiene muchas facetas, es compleja, pero los abordajes no se valen de utillajes mixtos ni interdisciplinario, siempre se aborda desde los mismos sitios. Y eso es un error que, entre otras cosas, nos lleva al fracaso, porque concebirla así no nos sirve para abordarla en toda su dimensión. Siguiendo con mis planteamientos de estas unidades históricas, me valgo de la historiografía francesa, de la Escuela de los Annales, fundamentalmente de los segundos anales con las tesis de Fernando Braudel, donde él define los tiempos históricos en tres tiempos: un tiempo corto, que tiene que ver con los acontecimientos, es decir, lo inmediato, que puede ser, por ejemplo, la guerra que estamos viendo ahora, cuando estalla la guerra en Ucrania, o la firma del Protocolo de Palermo en 2000; los tiempos medios serían las coyunturas, todos esos procesos llamados también tiempo bisagra, que suelen ser 40 o 50 años, incluso 80 años, esas coyunturas donde podemos ver, por ejemplo, cambios generacionales o cambios en el sistema económico –entre comillas–. Y luego, lo más interesante, que creo que es fundamental para abordar la trata de seres humanos, tendríamos los tiempos largos, los tiempos de larga duración, que son estructuras que permanecen en el tiempo y donde se van sucediendo los fenómenos y permanecen estables. ¿Y qué tenemos en esas estructuras de larga duración? Por ejemplo, tenemos el sistema mundo capitalista o el sistema económico capitalista; y esto es muy importante porque, como han mencionado Teresa y Esther, la explotación es la clave del sistema capitalista. El sistema capitalista no funciona, es una explotación, es el *coeur* del sistema. Por lo tanto, si queremos abordar la explotación, tenemos que entender esa mirada de largo tiempo.

Abordar la estructura de la explotación en el largo tiempo deja también otras parcelas en las que hay que seguir interviniendo, que son los tiempos cortos, que tienen que ver con los individuos y con otros temas que se trabajan, como la agencia, los procesos de empoderamiento, temas colectivos y las coyunturas. Y esto es recuperado también por las teorías de Immanuel Wallerstein del sistema económico mundial que beben también de la Escuela francesa de los Annales y de las tesis de Fernand Braudel, de periferias, subperiferias, etc.

Por lo tanto, lo que yo propongo es desplazar el foco analítico que tenemos para abordar las estructuras, que son las que hacen prevalecer la explotación de los seres humanos. Si observamos las medidas que se están tomando –tanto las políticas públicas como los programas de atención, etc.–, vemos que todas las intervenciones están orientadas a los tiempos cortos, a los acontecimientos; muy pocas a las coyunturas, y mucho menos al tiempo largo. Entonces, el sistema capitalista viene de la mano de la explotación –por ejemplo, como la casa donde estamos ahora, que data de finales del siglo XV y principios del XVI–. Y la explotación y el propio sistema, lo que nos dicen todos los autores que trabajan y que han estudiado y siguen estudiando el sistema mundo capitalista o el capitalismo, es que se va adaptando, lo vemos, es un sistema que se adapta y sigue –en este sentido, la explotación ha continuado desde el siglo XVI hasta la actualidad–. Por lo tanto, medidas exclusivamente jurídico-penales o políticas no servirán porque –y esto es otro de los males de nuestra sociedad– somos cortoplacistas; y por eso también es interesante introducir estos esquemas históricos sobre el tiempo y el espacio: para cambiar un poco nuestro foco y ver que no estamos abordando las cuestiones desde la dimensión compleja de la trata de seres humanos.

Teresa Rodríguez

Muchísimas gracias, Marta.

Antes de dar la palabra al público, me gustaría apuntar sólo una cosa más, que hemos trabajado mucho pero no hemos llegado a decir. Incluso desde esta perspectiva penal, en España no existe la posibilidad incriminatoria de la esclavización. Si no hay un delito que tipifique el trabajo esclavo (no existe en el Código Penal, aunque esperamos remediarlo pronto), esa perspectiva penal es insuficiente. Y en España, además, desde esa perspectiva penal, nos hemos dedicado solo a perseguir la trata con fines de explotación sexual y lo demás ha caído en el olvido o ha quedado en un segundo plano.

Quiero aclarar que lo que estábamos denunciando aquí es la insuficiencia del abordaje desde la perspectiva penal en España, porque el único delito que se creó es un delito de trata que describe el proceso de captación con esos medios para explotar. Pero «se nos olvidó» –y el olvido involuntario lo pongo entre comillas– tipificar esa explotación en que la trata se concreta, que no son los delitos contra los derechos del trabajador, no es no dar de alta alguien a la Seguridad Social o tenerle trabajando catorce horas en vez de ocho. No, estamos hablando de trabajo esclavo. Eso no existe en España como delito. No se puede castigar porque ya sabéis que en materia penal rige el principio de legalidad y es muy importante respetarlo, porque ningún fin justifica cargarse el Estado de Derecho. Por tanto, esto de que para proteger a las víctimas nos cargamos el sistema de garantías del proceso penal, esto es un dislate. Sólo puedes perseguir algo si tienes un delito que dice: esto está prohibido y está prohibido con esta pena. Bueno, pues en España esto no existe. Y estamos en 2022. Palermo se aprueba en 2000 y se ratifica por España en 2003.

Afortunadamente, parece que ahora las cosas están cambiando y se está planteando la necesidad de legislar al respecto. Tanto Esther como yo formamos parte de una Sección Especial de la Comisión General de Codificación que ha creado la Ministra de Justicia y en la que expresamente se nos ha encargado esto: hablar en serio de la trata y de la explotación[1].

---

1 La Sección Especial de la Comisión General de Codificación a la que se hace referencia en la conversación elaboró una propuesta de Anteproyecto de Ley Integral contra la Trata y la Explotación Forzosa de Seres Humanos en Junio de 2022, de la que fue ponente Teresa

Esto lo dejo ahí, como elemento para el debate que abro en este momento. Podemos conversar entre las integrantes de la mesa también, pero me gustaría que interviniera alguien del público.

Speaker: María José Urgel, alumna del curso ETSH 2019/2020

Podríamos decir que a nivel nacional no se ha bajado del ámbito internacional, pero ¿y a nivel internacional?

Teresa Rodríguez

Teóricamente, a nivel internacional la esclavitud está abolida, pero esto no es real. La lucha contra la trata se centra solo en el proceso; es decir, Palermo, como antes nos decía Esther, se fija sólo en ese proceso que es la trata y no existen instrumentos recientes en el ámbito de UNODC, la Agencia de Naciones Unidas que se dedica a la lucha contra la trata. Sí que existen actuaciones en este sentido, en otro ámbito, en otra agencia de Naciones Unidas, en la OIT. No obstante, el mundo internacional es muy complejo y no es fácil llegar a acuerdos cuando hay intereses económicos muy potentes en juego.

Esther Pomares

María José, me ha parecido muy interesante tu observación porque también creo que procede del imaginario social que entiende que los instrumentos internacionales nos protegen de la esclavitud, de la servidumbre, de los trabajos forzosos. Sin embargo, voy a puntualizar un par de cosas.

Rodríguez Montañés. Hasta la fecha, sin embargo, ni dicha propuesta ni otras anteriores se han materializado en una Ley.

El régimen jurídico internacional, frente a modalidades de prácticas de sometimiento forzoso de explotación, se encuentra hoy en suspenso. Es decir, el protocolo de la ONU del año 2000 no revitaliza la voluntad de elaborar un instrumento internacional nuevo que ponga el epicentro en otro sitio, no en contener desplazamientos; no en las políticas represivas contra los inmigrantes, sino centrarse en imponer el deber de diligencia de los Estados en erradicar esos factores de vulnerabilidad institucional frente a la explotación. La propia relatora de las Naciones Unidas que acabo de mencionar ya decía que a lo mejor hace falta un instrumento internacional nuevo. ¿Por qué? Porque no parece haber voluntad de revitalizar políticas internacionales y de elaborar un significado equivalente a aquellas instituciones que existieron en modelos económicos distintos, para comprobar el impacto de lo que supone someterse a una situación de disponibilidad de otra persona que te obligue a realizar prestaciones a actividades consideradas delictivas, robando a la víctima sus tiempos de vida. De eso se trata. Así que el propio Tribunal Europeo de Derechos Humanos ha reconocido expresamente que hoy estamos viviendo –lo dijo en el año 2017– una reminiscencia de los primeros años de la Revolución Industrial. Y, sin embargo, yo les he preguntado acerca de ello a dos relatoras de Naciones Unidas y me han contestado siempre negativamente. La pregunta era: ¿Hay voluntad de elaborar un instrumento internacional nuevo, adaptándolo a las condiciones de vida y trabajo de este modelo económico, que revitalice, que actualice ese tipo de proscripción, de protección del ser humano frente a esta modalidad de explotación?

Y si es que no, ¿entonces de qué depende? Lo ha comentado muy bien Marta Carballo: eso es una proyección cortoplacista; como si esto no fuera estructural, sino coyuntural. ¿En qué manos hemos dejado esa protección del ser humano? En la jurisprudencia de los tribunales internacionales y regionales de derechos humanos, de ellos dependemos. Y ellos lo que han conseguido es revitalizar esos conceptos porque se sabe –la

OIT lo ha dicho– que están obsoletos. El trabajo forzoso no se puede definir como antes, esto es otra cosa. Y lo único que ha hecho la OIT, de verdad, es visibilizar las prácticas que confinan, que consiguen atrapar al ser humano a una situación de explotación del propio ser humano. Eso sí lo ha hecho la OIT. Por eso, en este caso, yo estoy más cercana de la OIT que de la ONU, porque sí que ha logrado adaptar estas situaciones de sometimiento forzoso a explotación, a los hilos de este modelo económico y a los hilos de la persecución represiva de la inmigración ilegal.

¿Qué han hecho los tribunales? El Tribunal Europeo de Derechos Humanos ha integrado precisamente los criterios de la OIT. El costo de la ecuación del año 2009, que es maravilloso, lo ha integrado en sus sentencias, de manera que ha conseguido que nosotros y nosotras visualicemos estas prácticas de sometimiento forzado y nos creamos que efectivamente existe en suelo europeo. No sé si he contestado a la pregunta, pero la esperanza la tenemos ahora mismo en esta Comisión que haga ver esto que ha dicho el Tribunal Europeo de Derechos Humanos. De eso se trata.

Teresa Rodríguez

Yo quería añadir otra reflexión. Como antes decía, este no es un olvido involuntario. Responde a unos intereses económicos muy poderosos. Es decir, no es maldad, sino dinero, negocio, lo que aquí está en cuestión: tener mano de obra esclava es, desde el punto de vista de las multinacionales y de los negocios, muy rentable; por eso decía que el enfoque ha de ser precisamente ese. No nos engañemos, esto es rentable y produce ingentes beneficios. ¿Por qué de repente se deslocaliza toda la producción? Cuando yo era pequeña, las cosas eran *Made in Spain* y ahora ya nada es *Made in Spain* sino *Made in Bangladesh, Made in wherever...* Esto no se debe a que, de repente, a los empresarios, a las multinacionales les haya entrado un loco amor por el sudeste asiático y sus monzones. No, es porque allí disponen de trabajo esclavo o en condiciones de extrema explotación sin grandes problemas legales.

¿Y por qué es importantísimo la regulación de mínimos de trabajo decente a nivel internacional, y otra serie de cosas? Porque mientras no existan esos estándares internacionales mínimos de trabajo decente –y estoy hablando de ¡mínimos!, no de imponer en todos los países los estándares del estado social español o europeo; nadie está hablando de eso, sino de mínimos compatibles con la dignidad humana–, mientras eso no exista, es imposible controlar las cadenas de suministro y la deslocalización de la producción. Siempre va a haber un lugar en el mundo donde las empresas te digan: yo estoy produciendo conforme a todos los estándares legales. ¿Cuáles? Los del país donde produzco. Mientras no exista esa voluntad de elaborar un instrumento internacional de mínimos de trabajo decente, derivados del respeto a la dignidad humana, ratificados en un instrumento internacional de obligado cumplimiento para los Estados, no estaremos hablando en serio de querer erradicar la esclavitud del siglo XXI. Y detrás de la oposición a que dicho instrumento exista, está el interés de las grandes fuerzas económicas.

Tania García

Hago propios todos los razonamientos que han expuesto las tres compañeras que me han precedido en el uso de la palabra. Me gustaría subrayar que el hecho de que podamos sentirnos más próximas intelectualmente a la posición de la Organización Internacional del Trabajo obedece a que la composición de esta institución es tripartita. Están los Estados y los agentes sociales, y esto determina la necesidad de incidir y de alcanzar consensos en cuanto a la regulación del mercado de trabajo y su contestación con el contexto socio-económico. Esto es decisivo, porque sin esta premisa, como ellas señalaban, no vamos a poder abordar los factores causales que inciden en los delitos de explotación, no tanto en el delito de trata, sino en los factores que coadyuvan a la explotación. Me niego a hablar de gente vulnerable –me pasa como a Esther–, pero sí que creo que tenemos que subrayar que hay factores que estructuralmente generan vulnerabilidades que favorecen o facilitan la existencia de contingentes humanos cuyo destino es la explotación por parte de otros seres humanos, con el fundamento que se quiera justificar, pero en el que obviamente subyace el lucro. En este sentido, separándome un poco de lo que señalaban mis compañeras, creo que sí tenemos instrumentos. Es verdad que deberían actualizarse, es verdad que eso es una labor imposible en este momento. Tenemos un Convenio sobre el trabajo forzoso de 1930, un Convenio sobre prácticas análogas a la esclavitud de 1957. Esto lo digo para que nos hagamos cuenta de lo pretéritos que son los instrumentos normativos. Y fíjense que cuando, en el seno de la Organización Internacional del Trabajo, se plantea la posibilidad de revitalizar o de volver a regular de una manera más actualizada estos fenómenos, no existe consenso suficiente, y por eso se aprueba un Protocolo que toma como base los conceptos que establecen estos convenios de 1930 y de 1957. Me estoy refiriendo al Protocolo sobre trabajo forzoso, al Convenio de 1930 de 2014 de la Organización Internacional del Trabajo y de la recomendación que lo interpreta la recomendación número 213. Es un contexto efectivamente muy complejo, pero no quiero que desoigamos el valor –porque de momento parece que es lo único que tenemos–, el valor de estos instrumentos internacionales y de otra óptica –aunque hago un poco mía la crítica que señalaba Esther–, pero por darle un poco de luz a la tiniebla, como decía Marta, la tiniebla que nos rodea a la oscuridad feudal en la que parece que nos asentamos en cuanto a la protección de la dignidad y de los derechos inviolables que les son inherentes. Creo que es importante que remarquemos que las prácticas de explotación están prohibidas en prácticamente todas las declaraciones universales de derechos humanos. El artículo 4 del Convenio Europeo proscribe la esclavitud, el trabajo forzoso y la servidumbre. Es más, el Tribunal Europeo de Derechos Humanos ha tenido que hacer una interpretación para considerar que se subsume también la trata, a la que no menciona de una manera explícita. Por eso creo que tenemos herramientas, tenemos instrumentos. Cuán deseable sería que estuvieran actualizados, pero creo que tenemos que caminar hacia la toma de conciencia sobre la necesidad de abordar este fenómeno de una manera estructural, de una manera holística, mediante la actualización de los instrumentos normativos sobre el ordenamiento penal. Hablaré de ello después, porque es el cometido que me han encargado, pero creo que es importante que subrayemos la vigencia de estos instrumentos, porque de lo contrario, nos quedamos desarmados; y, el gigante o el enemigo es muy grande. Remontándonos a tiempos cervantinos, a tiempos del Renacimiento, pareciera que luchamos contra molinos de viento. Y en ese sentido, no es la locura lo que nos impulsa, sino el deseo de construir una sociedad donde de verdad, la dignidad de la persona y los derechos inviolables a los que antes hacía referencia, constituyan el fundamento del orden político y de la paz social, como señala nuestra Constitución –que, por cierto, es del 78 también–. Muchas gracias.

Teresa Rodríguez

Muchas gracias, Tania. Yo también me considero una optimista irredenta, aunque haya parecido otra cosa. En esta vida hay que jugar con las herramientas que se tienen; intentar cambiar, sí, pero en el «mientras tanto» hay que jugar con lo que se tiene, y lo que se tiene es efectivamente una prohibición internacional de la esclavitud y el trabajo forzoso en múltiples instrumentos. ¿Por qué el Tribunal Europeo dice lo que dice, según nos ha recordado Esther? Pues porque puede apoyarse en un artículo del Convenio Europeo, que es lo que a él le toca interpretar, y lo reinterpreta, lo pone al día. Por ello, mientras no exista un instrumento internacional nuevo, habrá que conformarse con lo que tenemos. Reinterpretemos, esforcémonos, y en eso estamos también. Yo creo que, en el fondo, la línea de la esperanza existe porque existen prohibiciones –un tanto caducas– de la esclavitud y el trabajo forzoso, y la posibilidad de reinterpretarlas. ¿Es el óptimo? No. ¿Podemos manejarlos con lo que tenemos? Si. ¿Hay voluntad de hacerlo? Sin duda. De hecho, en eso estamos tanto en el plano teórico como por parte del Tribunal Europeo de Derechos Humanos y la Corte Interamericana, en sentencias que habéis estudiado, además, quienes habéis sido alumnos del curso. No obstante, creo que hay que ir más allá en cuanto a lo de los mínimos de trabajo decente, porque la explotación es un *continuum* y mientras no se ataque el origen, la raíz profunda del problema, las soluciones van a ser siempre parches relativamente insuficientes.

Y otra llamada a la esperanza: hemos avanzado muchísimo. Hace diez o quince años, cuando una hablaba de esto, te miraban como si acabara de aterrizar de Marte, y te preguntaban ¿Pero eso será en Bangladesh, en la India o en esos sitios raros a los que vas tú? Me lo han preguntado muchísimas veces y tenía que contestar: no, no, esto está ocurriendo también aquí, a la puerta de tu casa. Si abres los ojos, lo verás. De hecho, una de las cosas más emocionantes que me ha pasado en el curso es que muchas de vosotras, las que estáis trabajando sobre el terreno, nos decíais: «Claro, es que yo he podido detectar víctimas y no las he visto porque tenía los ojos cerrados». Entonces, en esa labor de concienciación, de sensibilización, sí que creo que está la esperanza. Y es el primer paso. No obstante, este proceso es muy lento. Crear conciencia; que te tomen en serio y no piensen que has leído una novela de ciencia ficción la noche anterior; recopilar los datos; que los datos sean fiables; obtener financiación..., en todo eso se ha ido avanzando mucho. De hecho, la cuestión está en las agendas de los gobiernos, en la calle y hasta en las series de Netflix. El otro día estaba viendo una serie policiaca cualquiera y el caso que resolvían era un caso de *Human Trafficking*. Hace veinte años nadie hablaba de esto. Ahora se habla, creo que en muchos puntos estamos avanzando pese a los grandes retos que tenemos por delante. Aunque sea una lucha muy desigual, David contra Goliat. ¿Tenemos casi todas las de perder *a priori*? Sí. ¿Nos vamos a rendir? No. Y voy a dar la palabra a mis compañeras, por si alguien quiere intervenir, que de eso se trata, de que habléis vosotras.

Speaker: Isabel Diez Velasco, alumna del curso ETSH 2019/2020

Yo tenía sólo una duda: ¿en todo esto, qué papel juega la nueva Directiva de debida diligencia en materia de derechos humanos y sostenibilidad de la Comisión Europea[2], y la nueva ley que quieren pensar aquí en España?

Teresa Rodríguez

En mi opinión, debería jugar un papel clave. De momento, la Directiva no se ha aprobado, es sólo un borrador, pero la mera existencia de ese borrador hubiera sido impensable hace diez años absolutamente. Creo que esa es la línea en la que debe trabajarse; de hecho, era con lo que iba a concluir mi planteamiento. Si la explotación se produce en el mercado la-

---

2 La pregunta se refiere a lo que entonces constituía un borrador de Directiva, finalmente aprobado en junio de 2024. Se trata de la Directiva (EU) 2024/1760 del Parlamento Europeo y del Consejo, de 13 de junio de 2024, sobre diligencia debida de las empresas en materia de sostenibilidad, por la que se modifica la Directiva (UE) 2019/1937 y el Reglamento (UE) 2023/2859.

boral, tenemos que hablar lenguaje de negocios. Es decir, a las empresas el discurso del delito, las violaciones de derechos humanos, les importa bastante poco. A las empresas les importan dos cosas: una, la cuenta de resultados, es decir, el beneficio o las pérdidas que van a tener; y otra, la imagen de marca. Esto les importa mucho, sobre todo a las grandes empresas. Y en esa línea debe actuarse. Junto al cumplimiento de los mínimos internacionales de trabajo decente, hay que articular medidas que vayan más allá de los programas voluntarios, el *compliance* o los sellos de calidad; todo esto es muy aparente, pero no sirve más que para desviar recursos hacia ese lavado de cara formal. Hay que implementar medidas que impliquen un coste económico para las empresas por tener trabajo esclavo, no sólo en los países del primer mundo donde tienen sus sedes (donde será menos frecuente), sino en cualquier estadio de su cadena de suministro. Lo que hace falta es garantizar la responsabilidad empresarial respecto de toda la cadena de suministro, de modo que ello tenga efectos económicos importantes, tanto en forma de sanciones cuantiosas (como las que establece, por ejemplo, la ley francesa de diligencia debida), como a efectos de imagen de marca, porque estas son las dos variables que sí entiende el mundo de los negocios. A las empresas, la responsabilidad penal de las personas jurídicas les importa más bien poco, porque hoy constituyen una sociedad, tú se la cierras y mañana tienes otra. Esto es así. El derecho penal y el derecho de los derechos humanos importa bastante poco al mundo de los negocios. Hay que hablar lenguaje de negocios. Y en esa línea apuntan muchas leyes diligencia debida y el borrador de Directiva.

La vulneración de esa diligencia ha de implicar costes y su observancia posibles beneficios. Entre los costes pueden imponerse sanciones en forma de multa, pero también prohibición de contratación con el Estado, prohibición de comercialización de bienes... Existen muchos instrumentos. Por otro lado, deben implementarse premios o incentivos a aquellas empresas que sí que se lo tomen en serio. Desde incentivos fiscales hasta beneficios como prioridad en la contratación. Hay muchas cosas que se pueden hacer en esta línea, si se tiene voluntad. No sé si se aprobará la Directiva, pero parece orientarse en la misma dirección que la legislación de algunos países (entre otros, la ley francesa ya citada; una reciente ley australiana; en su momento la *Modern Slavery Act* de Reino Unido). Y estimo que esa es la dirección acertada.

Esther Pomares

Te contesto a la segunda cuestión. Ahora sí que quiero hablar en términos de esperanza. En España, la esperanza surgió a partir del Plan de Acción Nacional contra el Trabajo Forzoso que se publicó en el BOE, como regalo de Navidad, el 24 de diciembre. Entonces, ¿por qué es importante este plan? Porque es una voluntad política. Y la voluntad política creo que es el inicio de todo. En esa voluntad política hay una cierta humildad –que también viene bien–. Reconoce que hay víctimas abandonadas y que las hemos tenido abandonadas. ¿Por qué? Porque a esas víctimas no se les ha dado la protección correspondiente a la situación que han sufrido; porque no han sufrido una mera infracción de garantías laborales, sino que han sufrido una cosificación en el sentido más duro de la palabra. Y no hemos tenido nunca ningún tipo de medida, de protección, de tutela, ni de nada. Solo –y ahí lo reconoce también ese plan– nos hemos enfocado –porque también hemos sido denunciados por el grupo GRETA del Consejo de Europa– en la explotación sexual, ni siquiera la forzada, porque eso también se nos ha olvidado. Bien, entonces esto es un inicio de todo, es un inicio que además también, directamente, es una llamada a criminalizar; es decir, no solo se debe utilizar el derecho penal para perseguir a los responsables de sometimiento forzoso, explotación, trabajo forzado, servidumbre o esclavitud, sino también para reconocer e identificar a las víctimas. No se trata solo de considerarlas como víctimas de un delito de explotación laboral, sino de reconocer que su propia existencia ha sido objeto de explotación. Esa es la idea y en eso estamos trabajando, en darle esa visibilidad necesaria, en proyectar –otra vez– todos esos criterios que ha ido aplicando en la jurisprudencia del Tribunal Europeo de Derechos Humanos, y de darle toda la consistencia y constancia, en el sistema penal.

Y junto a ello, medidas de prevención. Te comento algunas que serían muy importantes, como revitalizar el papel de la Inspección de Trabajo. Si vais a Huelva, a Sevilla, a Almería, os vais a encontrar asentamientos de personas a las que hemos convertido en absolutamente vulnerables porque están trabajando al lado de la fresa o al lado del campo de cebollas en situaciones insalubres de plásticos, sin alojamientos, sin inodoros y, además, obligadas no sólo a mantenerse en ese lugar fuera de un casco urbano donde comprar alimentos, sino a comprar alimentos que les ofrecen los propios explotadores a mayor precio, a coste de su salario. Eso es lo que está pasando en España, claro. Entonces, si realmente hacemos una escenificación de dónde se produce este tipo de escenarios, vamos a tenerlo muy fácil. El Tribunal Europeo de Derechos Humanos establece dónde se producen. Estamos hablando de la empresa privada y en situaciones de economía informal, economía sumergida. ¿Y dónde? Pues en sectores precarizados o que no tienen suficiente control –ya sea porque es deficiente o nulo– por parte de la Inspección de Trabajo. Como siempre nos hemos encargado de la prostitución, se nos ha olvidado lo demás...

Luego también existe, por supuesto, en la esfera de las prestaciones sexuales forzadas. ¿Qué ocurre aquí? No hay regulación. Al no tener regulación, tampoco se tiene un cordón jurídico protector que permita detectar abusos, afrontar condiciones abusivas y, por tanto, defenderse frente a eso. Luego, además, la mayoría de las víctimas en suelo europeo son inmigrantes, e iba a decir irregulares. Pero ya podemos decir que en el campo de la agricultura también tenemos en Huelva, inmigrante regulares y comunitarios, que son el 70%. Los regulares se basan en una situación de fragilidad administrativa a la hora de poder mantener la residencia en España. Es decir, es la pescadilla que se muerde la cola. Entonces, dentro de estos escenarios que dibuja el Tribunal Europeo de Derechos Humanos, uno de los mayores escenarios de esclavitud femenina es precisamente el del servicio doméstico: el trabajo doméstico y trabajo del cuidado. Cuando hablamos de mujeres, no hablamos solo del tema de la prostitución coactiva o forzosa. Es que estos escenarios no se han olvidado y menos mal que por fin se ha ratificado el Convenio de la OIT de 2011 sobre el trabajo decente para trabajadoras y trabajadores en el ámbito doméstico. Menos mal que también aquí yo creo que es una alabanza y un canto de esperanza para prevenir este tipo de situaciones.

Teresa Rodríguez

Le voy a dar la palabra Marta y luego pasaremos a las preguntas online.

Marta Carballo

Tomo la palabra por cerrar de alguna manera, y que no quede también mi exposición como muy negativa, aunque creo que la labor que tenemos por delante es titánica si somos conscientes de todas las fricciones contra las que hay que luchar. No obstante, hay que seguir adelante. Hay algunos puntos interesantes para volver a esa idea de la trata como algo sistémico y, para ello, me gustaría recuperar lo que yo llamo «las cinco X» –no «las cuatro P», que me parecen bastante pobres–: la explotación, la expulsión, el extractivismo, la expropiación y el excedente –que está vinculando la idea de despojo a los seres humanos–. Si no abordamos esto, no podremos nunca acercarnos a esa mirada sistémica. Y para concluir así con algo más positivo, creo que, también en esa idea de entendimiento del problema como algo sistémico, hay en estos momentos otras propuestas muy interesantes dentro de las políticas públicas, así como en la sociedad, que tienen que ver con ese cambio de mentalidad. Es fundamental, si queremos cambiar el sistema, cambiar las mentalidades de los seres humanos; si realmente queremos acabar con la trata de seres humanos, debemos abogar por ese cambio de sistema que pasa por ese cambio de mentalidades que posicione realmente a los seres humanos en el centro, no a la explotación de los seres humanos y del planeta Tierra en el centro. Desde ahí surgen y hay, actualmente, en todos los países, propuestas muy interesantes que tienen que ver con otras formas de estar económicamente en el mundo, que pasan por los cuidados: todas las propuestas que hay desde la economía verde, desde la comunidad feminista. Creo que hay elementos interesantes que son propuestas que van contra esas «Cinco X», porque son alternativas para que podamos seguir en el planeta básicamente sin terminárnoslo de cargar, que sería lo primero. Y luego, por supuesto, que nuestras condiciones laborales sean, desde luego de otra manera. Gracias.

Teresa Rodríguez

Muchísimas gracias, Marta. Hay muchas más cosas que decir, pero tenemos el resto del día. Vamos a dar paso a las preguntas online.

Esther Pomares

Mientras estamos esperando, sólo un minuto, quiero hacer una puntualización. He dicho lo de la servidumbre doméstica de mujeres. Es verdad que el Tribunal Europeo de Derechos Humanos siempre ha condenado respecto de mujeres víctimas. Pero es que nosotros, en el plano nacional, ya teníamos desde el año 2000, el caso de un hombre. El contrato de esclavo fue precisamente respecto de un hombre argelino inmigrante ilegal. O sea que ya teníamos precedentes de hombres esclavos. He querido aprovechar la ocasión, no se me puede olvidar.

Tania García

Mientras que los técnicos posibilitan que escuchemos las preguntas online, en la línea del cierre, me gustaría señalar, recogiendo lo que decían las compañeras, que en la Agenda 2030, en la agenda de los Objetivos de Desarrollo Sostenible, el objetivo 8 es la consecución del trabajo decente. Y fijaos que dentro del objetivo 8, la meta 8.7 tiene por objetivo la erradicación de las formas contemporáneas de esclavitud en la que se subsumiría todo esto de lo que estamos hablando. O sea que yo creo que, en esta línea de ser optimistas patológicas, algún viso podemos encontrar.

Teresa Rodríguez

Otra reflexión, a raíz de lo que apuntaba Esther: yo estoy muy harta, la verdad, de que las cuestiones de género se reduzcan a la cuestión del sexo. ¿Por qué no hablamos también de servicio doméstico? ¿Por qué no hablamos de matrimonios forzados? Porque no son niños de seis años a los que casan con señoras de 40. Son niñas a las que casan con señores. Esto es también perspectiva de género. No sólo esta obsesión con la prostitución. Este enfoque sí que nos reduce a las mujeres a la cuestión del sexo. El género va mucho más allá de la explotación sexual. Por eso es importante hablar de ámbitos como el trabajo doméstico o la agricultura. Porque las mujeres sometidas a explotación y a esclavización en cualquier ámbito productivo tienen además la carga de ser mujer, la carga del género. Entonces, hablar de perspectiva de género es mucho más que hablar de prostitución.

Podemos dar paso ya a las preguntas online.

Speaker online: Paul Hernández, desde Costa Rica

Hola, soy Paul Hernández, desde Costa Rica. Muy interesante, toda la propuesta y, especialmente, para los que aplicamos el derecho penal. Yo trabajo en la judicatura y, a menudo, tenemos esa visión reduccionista del derecho penal, enfocada solo en la aplicación, la sanción y demás. El derecho penal, obviamente, resulta insuficiente. Sin embargo, sin salirme de esta visión reduccionista, ¿qué podemos hacer desde la óptica del derecho penal, a la hora de la formulación de algún tipo penal, de la persecución, en un fenómeno que es tan grande, que abarca tantas cosas? Porque tenemos claro que es insuficiente, pero aun así algo se podrá hacer desde la óptica penal. Y esa es la pregunta, ¿por dónde podríamos fijar esa persecución? Igualmente, un saludo para todos.

Teresa Rodríguez

Muchas gracias, Paul. Sí, claro que creo que podemos hacer muchas cosas desde la óptica penal. Vamos a dedicar a eso, sobre todo la segunda mesa. Pero, por avanzar alguna idea relativa al ámbito penal, desde la óptica de la tipificación penal, por ejemplo, en España es imprescindible tipificar no sólo la trata, sino también la esclavización, el trabajo forzoso y las otras modalidades de explotación no tipificadas aún. Y desde la óptica de la persecución penal debe ponerse el foco en todas las formas de trata y, sobre todo, en todas las formas de explotación.

Esther Pomares

Hola, Paul. Si no me equivoco, el Código Penal de Costa Rica castiga lo que me parece que es plagio, ¿no? Porque se identifica con servidumbre.

Paul Hernández

Sí.

Esther Pomares

Lo que pasa es que lo tipifica en el sentido de «cuando exista plagio, o exista servidumbre», sin definir a qué se refiere. Lo digo porque el Código Penal alemán ya ha sido modificado en dos ocasiones, precisamente porque sabían que la tipificación adolecía del problema de que conculcaba en el mandato de taxativas y, por tanto, tenía defectos técnicos que conducían directamente a su no aplicación; y, de hecho, en el año 2016 volvieron a insistir en tipificar de manera más adecuada el sometimiento forzoso a explotación, digamos, de una forma genérica, de prestaciones laborales, etcétera, y luego, con la misma pena también, el sometimiento forzoso a prestaciones sexuales de forma específica. Por tanto, lo que quiero decir es que siempre estamos intentando, en los sistemas penales, que la formulación sea lo más clara posible para poder facilitar la identificación y el trabajo de los mecanismos de persecución. No sé si he contestado más o menos a la pregunta.

Paul Hernández

Hay muchas cosas por hacer en muchos ámbitos, pero siempre se queda uno con lo penal por ese lado. Muchísimas gracias por la respuesta. Está muy bien. De nuevo, saludos a todos.

Teresa Rodríguez

Muchas gracias, Paul. Encantada de saludarte. Cuando haya más preguntas online las vamos intercalando. Seguimos teniendo unos minutos para debatir.

Speaker: María José Urgel, alumna del curso ETSH 2019/2020

Se han planteado diversas problemáticas y consideraciones acerca de algunas formas de abordaje con respecto a la trata para integrar mejoras en estas estructuras sistémicas, haciéndose especial inciso en mínimos de trabajo decente a nivel internacional, con incorporación a las estructuras nacionales también; yo me pregunto, ¿esta propuesta de mínimos de trabajo decente valdría para la trata con fines de explotación sexual?

El sistema neoliberal es muy decisivo a la hora de valorar estas estructuras sistémicas, pero mi formación en género también me advierte del sistema patriarcal como sustancial. Cierto es que la trata con fines de explotación sexual ocupa un lugar protagonista cuando hablamos de trata de seres humanos, y hay otras modalidades y finalidades de explotación, e igual me equivoco y es una interpretación mía, pero siento cierto choque cuando habláis de estas otras formas que queréis poner sobre la mesa. Si hablamos de la trata y hablamos de estos mínimos de trabajo decente, me gustaría que habláramos un poco más de forma específica, de la trata con fines de explotación sexual; en concreto: uno, del abordaje (¿con qué se abordaría, si esto os parece suficiente?); y dos, en líneas de permear el sistema neoliberal, ¿cómo permear el sistema patriarcal también?

Marta Carballo

Bueno, desde la parte jurídica yo voy a aportar poco en ese sentido. Pero dentro de la visión de mi propuesta, la propia estructura del sistema capitalista se basa en el sistema sexo género y viceversa. Se necesitan los dos. Por lo tanto, en cualquier análisis que se haga sobre la estructura, tú trabajas con esa perspectiva. Tú trabajas la estructura, entendiendo dentro de la constitución de un sistema los distintos elementos, y el sistema sexo/género opera dentro del sistema y de la estructura, que prevalece, como he explicado, a lo largo del tiempo. Por lo tanto, mi planteamiento sería el mismo, está integrado dentro de ello.

Esther Pomares

Estoy de acuerdo con Marta. Siempre y cuando uno tiene que afrontar cómo perseguir, cómo identificar, cómo detectar cualquier injusticia social tiene que aplicar la perspectiva de género, no solo en relación con el sexo, como hemos dicho, también en el trabajo doméstico. Y también se nos olvida la minoría de edad. Igualmente, ahí ya no tiene que ver con el género. Entonces, tanto niños como niñas (o como llamamos personas menores de edad).

Hay una cosa que queda pendiente, como tú lo has comentado, que España no ha afrontado todavía muy bien. Con toda su problemática y toda su complejidad y toda su gravedad, la llamada esclavitud sexual no existe. Lo digo porque me acuerdo de un caso tremendo, el caso «código de barras». Una mujer rumana fue vendida y tratada además de forma degradante junto a la obligación de realizar prestaciones sexuales; fue atada a un radiador y le ponían un código de barras para estigmatizar marcando lo que era: una prostituta. El problema es que una mujer que se dedica a eso de forma forzosa, está también realizando actos sexuales de forma forzosa. Por tanto, habría que aplicar, no solo ese tipo penal referido a la obligación a realizar prestaciones sexuales forzadas, sino tantos delitos de violación como actos a los que ha sido sometida. Y eso no ha sido todavía focalizado bien por los tribunales, a pesar de que hay una regla concursal para que se aplique tantos delitos de violación como a los que ha sido sometida bajo ese estado de sometimiento forzado. Eso todavía no lo hemos logrado. Así que tenemos una regulación penal muy escasa en protección, muy escasa en carga penal, porque de hecho todavía el concepto de trata o el delito de trata como acto preparatorio o el proceso conlleva más pena que la propia esclavitud sexual. Así que todavía nos queda mucho por hacer: darle una respuesta contundente y penal, siempre bajo los parámetros de las garantías penales, lógicamente, pero contundente penal para lo que supone, ya no la autodeterminación en la esfera sexual relacionada con la prostitución, porque no estamos hablando de eso, sino el hecho de cosificar a una persona; además, bajo ese tipo de actos de violación diarios. Todavía queda por hacer.

Teresa Rodríguez

Sobre esto, pienso que en el enfoque que estamos planteando, hablar en serio de la explotación, no sólo de la trata, queda mucho por hacer. Y estoy completamente de acuerdo con mis compañeras: es fundamental salir del enfoque de la trata solo como proceso, que en realidad es un acto preparatorio de la esclavización. Y como es el mundo al revés, el acto preparatorio tiene más pena que el delito consumado. Y en el caso en que está relativamente tipificado el delito de prostitución forzada, el cambio de enfoque que proponemos (es decir, elevar el foco y ver el problema en su conjunto, entendiendo la trata no solo como proceso sino también poner el foco en la esclavización), tiene derivadas en todos los ámbitos; y, por supuesto que también en el de la explotación sexual, que está mal e insuficientemente tratada, desde una perspectiva que no tiene en cuenta eso que aquí hemos señalado como el nudo gordiano del problema, que es la esclavización y la explotación. Creo que hablo en nombre de las tres. No nos gustaría que se nos mal entendiera. Ninguna de nosotras quita un ápice de importancia a la trata con fines de explotación sexual. Lo que digo es que, como en todo, hay que darle más importancia a lo que es en sí el fin de la trata, a la explotación en todos los ámbitos. Y lo que digo es que en España nos hemos focalizado en eso y hay que seguir haciéndolo, como veremos en las próximas mesas, pero sin olvidar que también hay que poner el foco en el resto, donde no se ha hecho prácticamente nada. Yo creo que hay que elevar el foco.

Esther Pomares

Es verdad que se ha focalizado, tú lo has dicho, en la explotación sexual comercial a cambio de precio: prostitución. Y, sin embargo, quiero mencionar un caso horrible de la Corte Interamericana de Derechos Humanos contra Venezuela. No me acuerdo exactamente de la fecha, creo que es el año 2021, que yo no hablaba de utilizar a una mujer para ejercer de forma forzosa la prostitución, sino de un hombre que atrapa a una mujer y la tiene –no hablamos de matrimonio forzoso– bajo sus dominios, y la utiliza sexualmente para sí mismo. Por lo tanto, no es a cambio de precio. No sería un caso de prostitución. Esto no está reflejado ahora mismo en nuestro sistema penal. Es una esclavitud femenina y la esclavitud sexual de la mujer.

Pero incluso, cuando hablamos del yihadismo terrorista, de escenarios de reclutamiento de mujeres para someterlas a la esclavitud femenina, que no era precisamente prostitución, sino para solaz del propio terrorista o de la propia organización para sí misma. Por lo tanto, ya no estamos hablando de prostitución. No estamos hablando de «cambio de precio», sino de utilizar a la propia persona para sí mismo. Por eso mencionaba el enfoque integral. Hay que darle también respuesta a eso, porque no es a cambio de precio. No es comercial.

Beatriz Sánchez

Al hilo de lo que de lo que acabáis de comentar, en España hay una sentencia por un caso parecido, en el que la mujer es utilizada en el propio beneficio de la persona que la trae. Y sí fue condenado por trata con fines de servidumbre. Es verdad que es un cajón de sastre malamente regulado, como ya sabemos, pero sí se ha considerado así, dentro de la tipificación de la trata. Es verdad que no en el párrafo segundo del artículo 177 bis, no como explotación sexual, lógicamente, porque no hay comercio, pero sí se considera que es una forma de servidumbre y ha sido condenado como tal. Y, además, hay una sentencia del Tribunal Supremo en la que también hace esa misma reflexión, porque se recurre a una sentencia en la que el Tribunal de Instancia de la Audiencia Provincial de Madrid condena por un delito de trata con fines de explotación sexual, y la Sala del Tribunal Supremo rectifica diciendo que no lo es, por lo que acabas de comentar, pero que sí se encuadra dentro de servidumbre. O sea que sí es verdad que la regulación es mala, pero sí que encaja en esa especie de cajón de sastre del número primero de trata con fines de servidumbre.

Esther Pomares

Gracias, Beatriz. Como bien has dicho, nos falta la segunda parte: incriminar la servidumbre. Claro, con pena contundente, proporcional a la gravedad, a la máxima gravedad que tiene un caso como éste, es decir, la cosificación humana.

Teresa Rodríguez

Bien, son las 11:15 am. Salvo que queráis plantear algo muy urgente, os invitamos a desayunar. A las 11:45 estamos de vuelta.

MESA 2: TRATA Y PERSECUCIÓN PENAL

Ponentes: Beatriz Sánchez; Juan V. Bonilla; Tania García; Vicente Calvo; Rocío Mora

Modera: Tania García

Tania García

Buenos días a todos. En esta ocasión, vamos a abordar algunas de las cuestiones que ya se han introducido en la mesa anterior, desde una óptica radicalmente diferente, que tiene que ver con la mirada penal y con la persecución propia del ejercicio del *ius puniendi* a través del Derecho Penal. Y para ello, tengo el honor de estar acompañada de los máximos especialistas en la materia. Por seguir un poco la mecánica que hemos ido utilizando y consagrarla, no voy a presentar a los y las distintas ponentes, sino que os presentáis vosotros en un minuto. Y voy a conceder la palabra a Beatriz Sánchez.

Beatriz Sánchez

Buenos días a todos y a todas. Mi nombre es Beatriz Sánchez y actualmente soy la fiscal de Sala, Coordinadora de Extranjería de la Fiscalía General del Estado. Precisamente, la importancia de la trata de los seres humanos, la importancia de la especialización en este tipo de conductas delictivas ha hecho pensar; así, la Fiscalía General del Estado ya ha procedido en este sentido, reconociendo la necesidad de una especialización en la materia, que hubiera fiscales que estuvieran dedicados en exclusividad a la lucha y persecución de esta conducta, que en definitiva, como ya se habrá repetido a lo largo de la mañana, es una lacra. Es verdaderamente la esclavitud del siglo XX y XXI. Por eso, nosotros tenemos una unidad especializada en la Fiscalía General del Estado, que está compuesta por una fiscal de sala –en este caso yo– y varios adscritos, además de tener un fiscal delegado en cada una de las provincias y en algunas de nuestras áreas provinciales.

Por lo tanto, en primer lugar, quiero destacar que, efectivamente, la especialización, la capacitación de los profesionales que nos dedicamos desde los diferentes aspectos a la lucha contra la trata, es imprescindible. Si un fenómeno no se conoce, no se puede luchar contra él. Y, por otra parte, la sensibilización, no sólo de los propios profesionales, sino también de la ciudadanía, sigue siendo uno de los elementos base para poder abordar de una manera lógica y de una manera contundente la lucha contra la esclavitud, contra la explotación. Pero ciñéndonos, porque tenemos muy poco tiempo, a lo que es propio de mi materia, la dificultad es enorme a la hora de investigar este tipo de delitos. Primero, porque se trata de un delito vinculado con la delincuencia organizada transnacional, que hace que la complejidad sea máxima. Tenemos en cuenta que la trata de seres humanos –yo siempre la comparo con una especie de pulpo en el que la cabeza representa a los captadores, los que verdaderamente proveen al sistema de víctimas y los que además reciben posteriormente los beneficios– suele estar en los países de origen y posteriormente extiende sus tentáculos a través de otros países a los que traslada a sus víctimas y, una vez allí, las explota. En muchas ocasiones nos quedamos sólo con eso, con la última parte, con la parte de explotación, a veces incluso con la de transporte. Pero si no acabamos con la cabeza centralizada, es imposible pensar que hemos acabado con esto, porque se reorganizan una y otra vez. Al fin y al cabo, esta misma maquinaria, no solo sirve para la delincuencia vinculada a la trata y/o al tráfico de personas, sino a otro tipo de delincuencia también económica, también unida a la falsificación, al tráfico de armas, a las guerras...

Por lo tanto, la cooperación internacional como primer eje es fundamental, y la cooperación internacional no es sencilla con los países de origen. Normalmente, cuando estamos hablando de países de nuestro entorno, de la Unión Europea, incluso con Iberoamérica, con la que tenemos verdaderamente lazos de actuación conjunta, puede ser un poco más fácil; pero pensemos en China, pensemos en Nigeria, pensemos en República Dominicana, que está al margen de estos canales de los que estamos hablando actualmente. La dificultad es extrema, no solo para conseguir comisiones rogatorias, detenciones, persecuciones en zona, incluso para la protección de la víctima. Esa es la primera de las dificultades: la dificultad y la complejidad de la cooperación internacional.

La segunda y, más importante, es que estas personas, estas redes, van a contar con unos recursos económicos incomparables, de muchísima más envergadura que los recursos con los que contamos aquellos que luchamos contra ellos. Por lo tanto, la posibilidad de que se sustraigan a la acción de la justicia es muy grande y tenemos que agudizar el ingenio para ser cada vez más eficaces, para organizarnos tan bien como ellos y poder dar una respuesta conjunta entre todos aquellos que verdaderamente creemos en esta lucha.

Otra de las dificultades, además de todo lo que suponen las nuevas tecnologías, que los propios tratantes y explotadores utilizan para vincular, para captar, para explotar a los sujetos pasivos de este delito, esas mismas tecnologías deberíamos ser capaces de utilizarlas nosotros para luchar contra ellos. Sin embargo, tenemos muchísimas dificultades, porque muchas de esas tecnologías afectan a derechos fundamentales y, evidentemente, deben tener unos requisitos que desde luego ellos no tienen que cumplimentar; y nosotros, como país democrático de derecho, obviamente tenemos que hacerlo. Así que, en lo que sí tenemos que formarnos es en la utilización adecuada y legal de estos instrumentos que nos van a permitir ser más eficaces. Esa es la segunda de las dificultades: la utilización de medios específicos de investigación, de los que luego hablarán tanto Juan como Vicente.

Otra de las cuestiones que es fundamental es la protección de la víctima durante el procedimiento. Nosotros, en estas investigaciones, tenemos claro que debemos tener un enfoque victimocéntrico. Los procedimientos no pueden pasar por las víctimas como una apisonadora, revictimizándolas de nuevo, cosificándolas y convirtiéndolas en un objeto más del proceso. Son sujetos de derechos desde el principio. Y si una investigación debe caer porque hay una víctima en peligro, no se puede dudar al respecto. Esa vida, esa persona o personas, son fundamentales. Y esto es un coste brutal para aquellos que nos enfrentamos a estos procedimientos. Luchamos continuamente con los procedimientos judiciales, valga la redundancia, para poder conseguir esa defensa de la víctima, porque estamos muy engrasados, muy habituados a los derechos de los investigados, de los procesados, de los acusados. Y repito, así tiene que ser. Estamos en un país democrático de derecho. Existe el principio de presunción y el principio de defensa, pero las víctimas también tienen sus derechos y tienen que ser garantizados. Y entre esos derechos está el de querer, o no, colaborar en esa investigación.

No podemos obligar a una víctima que ya ha sido gravemente dañada; a exigirle, para tener un determinado derecho o para conseguir un determinado beneficio, que tenga que colaborar con la administración de justicia o con la investigación policial. Por lo tanto, no siempre vamos a contar con esa declaración. Cuando contamos con esas declaraciones, son lábiles porque son personas que en la mayoría de los supuestos padecen un estrés postraumático severo y otros trastornos. Tenemos que cambiar el concepto de la jurisprudencia. No podemos exigir los mismos requisitos a una víctima de trata que a un testigo de cualquier otro delito o a una víctima de cualquier otro delito. Son especialmente vulnerables. Tenemos que asegurarnos de que se garantiza una prueba preconstituida eficaz, que no haga necesaria su reproducción presencial en el acto del juicio oral, por ejemplo.

Y ya para terminar, porque tengo muchas cosas que decir y muy poco tiempo, por lo que solo quería dar unas líneas rectoras: por último, quiero destacar la necesidad de la coordinación. Esto es imposible si no existe una coordinación entre cuerpos y fuerzas de seguridad del Estado especializados, entre todos los recursos asistenciales, ONG especializadas en víctimas de trata, Fiscales especialistas, Universidades –ahora que estamos aquí–, y otros canales de concienciación y sensibilización. Porque una sociedad no sólo se cambia con leyes, se cambia con cultura, se cambia con educación. Nosotros, la ley y las investigaciones marcan unos límites hasta dónde estamos dispuestos a llegar. Pero la sociedad tiene que entender y querer acabar con la esclavitud, y para eso tenemos que estar todos a una. Así que, para resumir, son imprescindibles: investigaciones eficaces a través de medios adecuados; no revictimización de la víctima; cooperación internacional; auxilio internacional; y, por supuesto, coordinación entre los órganos e instituciones que estamos aquí luchando contra la trata de seres humanos. Muchas gracias.

Juan Vicente Bonilla

Buenos días a todos. Mi nombre es Juan Vicente Bonilla. Como imagino que ya sabéis, porque he sido ponente también durante el curso, mi área de trabajo es el crimen organizado. No la trata específicamente, sino en general el crimen organizado. Y luego, en el plano académico, como profesor en la universidad, también me dedico precisamente a la docencia en esta materia, el crimen organizado. Yo voy a ser la voz un poco discordante, porque siempre en estos aspectos lo suelo ser en el curso, y no quiero dar la perspectiva estrictamente penal del fenómeno de delincuencia organizada. Esto para empezar. Luego ya, como ha dicho Beatriz, trataré de marcar unas ideas de fuerza en nuestro paupérrimo arsenal legislativo, arsenal procesal que tenemos para la lucha contra este «fenómeno-amenaza». La delincuencia organizada y, obviamente la trata, es uno de los nichos potentes de la delincuencia organizada y en un futuro muy próximo, dada la evidencia en el presente, es posible que encabece la delincuencia organizada. Es un fenómeno de naturaleza estratégica, es una amenaza de naturaleza estratégica. ¿Y esto qué quiere decir? Pues simplemente que trasciende el hecho criminal.

Hasta fechas muy recientes, estábamos hablando de delito organizado, es decir, organizaciones de poder que tienen unas supraestructuras que trascienden la delincuencia común. Pero desde hace ya unos años, una serie de estrategias de seguridad nacional –tanto a nivel europeo como a nivel español, de estrategia de seguridad nacional– califican a la organización de amenaza para el Estado. Es decir, si bien los operadores tradicionales del ámbito penal (jueces, fiscales, cuerpos policiales e instituciones penitenciarias) siguen desempeñando un papel relevante, su protagonismo ha disminuido. ¿Por qué? Porque el crimen organizado no solo representa una amenaza criminal en sentido estricto, sino que constituye un desafío estructural para la seguridad del Estado y el Estado de Derecho. Su capacidad para infiltrar instituciones a través de la corrupción pone en jaque las estructuras estatales. En términos económicos, su poder es alarmante: según la Comisión Europea, en un año sólo cuatro organizaciones criminales, las cuatro asociaciones ilícitas italianas, las conocidas como «mafias» (la 'Ndrangheta, la Camorra, la Cosa Nostra, la Sacra Corona Unita), manejan fondos que equivalen al presupuesto anual de seis países de la Unión Europea, tres de los grandes y tres de los pequeños; manejan un presupuesto que supera el de seis países de la Unión Europea anualmente.

Naciones Unidas, en sus mejores momentos, decía que la delincuencia organizada a nivel global representa más o menos el 1,5 del PIB global; sin embargo, una vez que los fondos son blanqueados e introducidos en la economía formal a través de paraísos fiscales, su incidencia en la economía real supera el 15 %. Es decir, estamos ante un fenómeno que atenta a la seguridad, a los Estados, que atenta a la estructura democrática (es un factor de correlación con la corrupción), con lo cual nos tenemos que situar en un fenómeno criminal de naturaleza político-social y, sobre todo, también económico. La capacidad de influencia de la sociedad organizada es terrible. Solo os pongo dos ejemplos: la serie Narcos, número uno en Netflix en todo el mundo, idealizan a sus protagonistas, narcotraficantes mexicanos retratados como auténticos promotores de cultura global. Con lo cual, es fundamental que no nos limitemos a considerar este fenómeno únicamente desde una perspectiva criminal, sino que lo abordemos en un marco más amplio que contemple sus implicaciones culturales, sociales y geopolíticas. Y eso nuestra estrategia nacional lo dice: según una encuesta realizada, la delincuencia organizada es la 4.ª amenaza en nuestro Estado (la 1.ª sería una hipotética guerra; la 2.ª el terrorismo; la 3.ª las ciberamenazas –no ciberdelincuencia– en las estructuras críticas; y, la 4.ª, la delincuencia organizada que puede poner en jaque a un Estado). Dicho esto, lo interrelaciona con otra secuencia. En los próximos 25 años la población mundial, según Naciones Unidas, crecerá en 3000 millones de habitantes. Somos casi 8000 ahora mismo. Y el 75% va a nacer en África, por las tasas de natalidad global. Luego, nuestras 14 millas de distancia entre África y Europa no van a ser barreras a nada. La trata, es decir, tráfico y posterior explotación, la vamos a tener en Europa como nuestra primera amenaza a la estabilidad social. Con lo cual, quiero situaros también en esa perspectiva, que no es estrictamente criminal.

Y ahora, como ideas de fuerza en lo criminal, voy a hablaros de nuestro arsenal legislativo, procesal, investigador. La primera ley –creo yo, pues con más autoridad alguien me podrá corregir en materia de crimen organizado–, la *Ley 19/1994 de 23 de diciembre de protección de testigos y peritos en causas criminales.* Parece que es una ley para testigos, para peritos, pero la realidad es que es para testigos en procesos donde deben ser protegidos. Es decir, fue nuestro primer arsenal legislativo en esta materia: una ley del año 94, cuatro artículos, una disposición y una segunda disposición adicional que establece que en el plazo de un año, el gobierno tiene que reglamentar la ley; bueno, pues no está reglamentada y estamos en el año 2022. Tenemos una ley de testigos que existe, pero en la práctica no cumple su propósito ya que la protección de los testigos termina cuando finaliza el proceso penal, dejándolos desprotegidos después. ¿Qué queremos, que testifiquen víctimas en un proceso donde no tienen ninguna protección? Algunos ordenamientos jurídicos tienen otro sistema de protección que aquí el legislador, por la razón que sea y que se me escapa, no ha querido abordar. Tenemos unas técnicas especiales de investigación enmarcadas en el artículo 20 del Convenio de Palermo del año 2000, que son las técnicas especiales: el agente encubierto, la entrega vigilada, las medidas de investigación electrónica y «la inteligencia» en el sentido amplio. Bueno, pues este arsenal que tenemos se reduce a: un artículo de la Ley de Enjuiciamiento Criminal para la entrega vigilada; a otro artículo de 286 bis para el agente encubierto; el confidente –es decir, la inteligencia– no se puede abordar en el proceso penal, obviamente por unas cuestiones de garantismo... Con lo cual, en algún momento, la Ley de Protección de Testigos debe ser reformada y se debe introducir la inteligencia en el proceso penal. En este sentido, ha habido intentos de modificación de Ley de Enjuiciamiento Criminal de 1999 por el PNV en el año 2004, creo recordar; Convergencia lo intentó; recientemente Ciudadanos lo ha intentado también.

Con lo cual, necesitamos modificaciones legislativas urgentísimas donde no exista ninguna intención de abordarlo en una perspectiva concreta, sino simplemente como observador externo. Si alguien me preguntaba: ¿Por dónde tenemos que tirar para combatir este fenómeno? Pues como os decía, es un fenómeno que trasciende lo criminal. Y si nos tenemos que centrar en lo criminal –dado que es un fenómeno que no es un delito de resultado, sino un delito de actividad– en este tipo de delitos hace falta conocimiento, hace falta anticiparse y adelantar las barreras de la punición. Y esto solamente se consigue sabiendo en qué consiste el fenómeno, es decir, algo que se llama inteligencia. Por ahí considero que deberían ir los tiros y hacer modificaciones en ese sentido. Esto es lo que quería apuntaros como ideas de fuerza y luego, en el debate, profundizamos en ellas. Muchas gracias.

Tania García

Muchas gracias, Juan Vicente. Disculpad la situación paradójica en la que me autoconcedo la palabra. Voy a comenzar recogiendo un poco lo que señalaba Juan Vicente. Es imprescindible que se implementen reformas legislativas que apuntalen los instrumentos del Estado de Derecho para luchar de una manera adecuada y eficaz contra este fenómeno. Esta no era la primera cuestión que quería abordar, pero creo que hila muy bien. Es necesaria la reforma de la Ley 1994 de protección a testigos. De hecho, la memoria de 2018 de la Fiscalía General del Estado no sólo insta a su modificación, sino a su derogación, e incluso propone un preámbulo y un esquema de la de la ley. Todos los agentes que operan en este contexto estamos completamente de acuerdo. Lo que falta es la voluntad política a la que antes hacíamos referencia.

Creo que no es la única reforma a la que tenemos que prestar atención. Más allá de la reforma de la Ley de Enjuiciamiento Criminal, sobre la que también existen dos anteproyectos recientes, es imprescindible que desde la mirada penal se proceda a la tipificación de los delitos de esclavitud, trabajo forzoso y servidumbre a lo que antes hemos hecho referencia, por lo que no voy a reiterarme. Sí que quisiera detenerme mínimamente en el tema de la reparación, si tenemos en cuenta la mirada victimocéntrica que queremos implementar. Porque, además, nos obligan a ello los compromisos internacionalmente asumidos por nuestro país; no es una cuestión voluntarista o una cuestión potestativa, sino que es una obligación que tenemos como Estado por los compromisos internacionales que nos recuerdan reiteradamente mecanismos de seguimiento del cumplimiento de estos instrumentos normativos, como son el GRETA y el GREVIO: es necesario que prestemos atención a la reparación. Las víctimas de trata, como apuntaba Beatriz, son víctimas de un delito muy grave que, como señalaba la anterior relatora de Naciones Unidas, constituye una violación de prácticamente todos los derechos humanos. Por tanto, es preciso que implementemos medidas de reparación más allá de lo que prevé el artículo 109 del Código Penal. Ciertamente, el artículo 109 CP prevé la posibilidad de la indemnización y, en este sentido, tenemos la *Ley 35/1995, de 11 de diciembre, de ayudas y asistencia a las víctimas de delitos violentos y contra la libertad sexual*, en caso de insolvencia de los autores de los delitos, cosa que ocurre desgraciadamente, en la mayor parte de los casos. Sin embargo, si atendemos al tenor literal de esta ley, esta ley no será aplicable de facto a las víctimas de trata. Por tanto, es preciso que prestemos especial atención y se reforme esta ley en aquellos aspectos que sea necesario y, por otro lado, que se contemple la posibilidad de una reparación específica para las víctimas de trata.

Sé que esto puede sonar un poco llamativo o puede cuestionar el modelo vigente, pero tenemos otros delitos con una gravedad inferior a la que nos ocupa hoy, que prevén cláusulas específicas de reparación. Por ejemplo, el delito de impago de pensiones de alimentos contempla como reparación el pago de las cantidades adeudadas; o un delito contra el honor, que prevé como posibilidad la publicación de la sentencia en la que el autor ha sido condenado, bien sea una injuria, bien sea una calumnia. ¿Por qué no ocurre esto en el delito de trata? ¿Por qué no prevemos unas posibilidades específicas de reparación que no necesariamente tienen que pasar por la reparación económica –porque para eso tenemos la indemnización–, sino reparaciones que contemplen las necesidades de las víctimas de trata? En un taller reciente con víctimas de trata, algunas proponían como medidas de reparación, fíjense, el ser despojadas de los símbolos que la trata ha dejado en sus cuerpos, de las huellas que la explotación ha dejado, desde una reconstrucción genital hasta la eliminación del tatuaje al que antes hacía referencia Esther en su intervención, o las marcas del yuyu que pueden existir.

Creo que tenemos que ampliar el marco y ampliar la mirada con la que nos aproximamos, no solo al fenómeno, sino también a las huellas y a las heridas que el fenómeno deja en el cuerpo de las víctimas. En relación con la reparación económica o con la reparación *stricto sensu,* tal como la prevé el artículo 109 del Código Penal, creo que también tenemos que beber de los avances que se están produciendo en otros ámbitos del ordenamiento. Pensemos que en los delitos contra la libertad sexual se está incluyendo como concepto la reparación social, la reparación frente al daño social. El daño que sufre una víctima va más allá del de la valoración económica desde el punto de la secuela que ésta ha sufrido, sino que comprende la afectación de todas las esferas de la vida; creo que esto también supondría reconceptualizar la protección a las víctimas.

En este momento, como señalaban en la mesa anterior, existen, al menos que tengamos noticia, dos proyectos de regulación de la trata de seres humanos en el Estado español. No podemos dejar de hacer referencia a la aplicación de herramientas que están funcionando en nuestro ordenamiento jurídico, cuya vigencia y aplicabilidad es indiscutida a los supuestos de trata de seres humanos. Estoy pensando, por ejemplo, en la libertad vigilada. La libertad vigilada posibilita, una vez cumplida la condena, la imposibilidad de aproximarse a la víctima. Tenemos conocimiento de numerosos supuestos en los que las *mesdames,* después de salir de prisión por haber cumplido una condena como autoras de un delito de trata de seres humanos, pese a las vicisitudes que estas categorías puedan entrañar desde una mirada antropológica o etnográfica, desde una perspectiva exclusivamente jurídico penal, las madamas vuelven a contactar con las mujeres y vuelven a imponerles condiciones de explotación. Por tanto, solo el mero cumplimiento de las condenas no es suficiente. Si la libertad vigilada está dando buenos resultados y es una medida adecuada con un coste presupuestario cero en los delitos contra la libertad sexual, extrapolemos, importemos esta medida a los delitos contra la trata de seres humanos.

La siguiente cuestión a la que quiero hacer referencia y, en este caso, voy a retomar una de las cuestiones a las que aludía Beatriz Sánchez, es el tema de la colaboración. La colaboración es una circunstancia modificativa de la responsabilidad criminal, una circunstancia atenuante que se aplica con menos requisitos de los que se exige a la víctima de trata en un procedimiento penal para que produzca efectos en el ámbito de la extranjería. Creo que esto tiene que ser objeto de una profunda reconsideración y que la técnica legislativa que se emplee tiene que optar de una manera clara y contundente por la escisión de ambas figuras jurídicas; porque de lo contrario, continuaremos abocados al fracaso en el que nos estamos desarrollando.

Y una última cuestión: es necesario que se utilicen, que se implementen medidas de investigación tecnológica, a las que también se ha hecho referencia anteriormente, pero también es imprescindible que abogemos por medidas de investigación financiera. De lo contrario, en todo lo relativo a la investigación, hacemos depositarias de esta carga a las víctimas de trata de seres humanos, con un marco normativo que por óptimo que sea, es decir, aun derogando la Ley 19/94 con un texto normativo adecuado y más garantista, supone una carga exacerbada en cuanto a que no nos va a posibilitar la adecuada persecución del delito y de los efectos del delito; porque la trata y las finalidades de explotación que le son inherentes, constituyen un lucrativo negocio. Si perseguimos el dinero, podemos perseguir de una manera más adecuada el delito. Muchas gracias.

Vicente, es tu turno.

Vicente Calvo

Muchas gracias, Tania. Muchas gracias, Teresa, por habernos invitado a participar en este curso como profesores y como expertos, y posibilitarnos mostrar lo que es nuestro trabajo. Para mí es un honor y estoy aprendiendo muchísimo tanto en el curso experto como en esta jornada. Soy Vicente Calvo, capitán de la Guardia Civil y dirijo la Sección de trata de seres humanos a nivel estratégico en todo nuestro cuerpo. ¿Qué hacemos en la Guardia Civil en materia de trata de seres humanos? De acuerdo con las disposiciones internacionales, es decir, a partir de las diferentes estrategias contra el crimen organizado partiendo de Palermo y los dos protocolos de trata y de inmigración, la Guardia Civil hace un plan contra la trata de seres humanos al que llamamos la Directiva de la Guardia Civil contra la Trata de seres humanos. Y tenemos dos participaciones en la lucha: la prevención y la persecución del delito.

Por otra parte, también nos adscribimos a las diferentes estrategias europeas contra el crimen organizado de 2021. Nosotros tenemos el plan estratégico de la Guardia Civil en el que ya integramos como prioridad la lucha contra los delitos que sufren las víctimas vulnerables. ¿Qué hacemos concretamente en materia de sensibilización? Hacemos campaña en materia de trabajos forzados, como la campaña del año 2019. Recordemos que en 2018, España se adhiere al Protocolo de trabajo forzado del 2014 con referencia al Convenio de 1930. Entonces, a partir de ahí hacemos una campaña y procuramos que todos los actores que intervienen estuvieran allí presentes. En materia de sensibilización hacemos además otro tipo de campañas, y el primer concepto que debemos tener claro en lo relativo a la trata de seres humanos es la detección; toda la sociedad debería tener claro cómo detectar. Por lo tanto, en primer lugar, hay que empezar por qué es la trata de seres humanos y cómo detectar esas situaciones y esas víctimas que posiblemente tengamos allí. También hemos trabajado en una campaña que llamamos *Passport to indicators of trafficking* y ahí enumeramos 11 indicadores muy fáciles de reconocer, en 9 idiomas diferentes. Después del trabajo de sensibilización, también procuramos la prevención mediante inspecciones, dentro de las limitaciones legales, en lugares públicos donde se ejerce la prostitución, como los clubes de alterne y demás; procuramos esa inspección revisando la documentación, quién asiste a estos clubes y la situación de las mujeres. También hacemos prevención en lugares de trabajo, tanto en talleres como en explotaciones agrarias.

Pasamos a lo que es la persecución. La persecución debemos realizarla, no de forma reactiva, esperando a que alguien denuncie: tenemos que hacerla de forma proactiva, investigando esa actividad. ¿Cómo la investigamos? Con los medios que nos deja la sociedad y la legislación. ¿Qué medios tenemos? Como apuntaba Juan Vicente, esa primera norma que tenemos de 1994, ese testigo protegido que muchas veces casi va a ser desprotegido cuando vaya a sala y al final haya que darle voz a esa persona y haya que darle imagen a ese testigo. A partir de ahí, procuramos esa investigación buscando las pruebas periciales para aportar al proceso que tanto nos va a costar. ¿Y por qué? Porque debemos aportar esas pruebas o evidencias periciales en el proceso, y siempre tenemos que pensar en la víctima. La investigación de un hecho de trata de seres humanos la debemos centrar en la víctima y en los derechos de la víctima. No tenemos que soportar lo que es toda nuestra investigación en esa manifestación. Por lo tanto, tenemos que ir con estas herramientas que nos permiten. En 2015, la *Ley Orgánica 13/2015, de 5 de octubre de modificación de la Ley de Enjuiciamiento Criminal para el fortalecimiento de las garantías procesales y la regulación de las medidas de investigación tecnológica* abre la puerta a lo que son los registros y temas tanto domiciliarios como los registros en comunicaciones. También nos abre paso a la localización de dispositivos, es decir, nos abre paso a poner dispositivos para el seguimiento y la localización de delincuentes. Además, siempre que haya sido por auto judicial, una vez se haya solicitado y sea informado por el Ministerio

Fiscal, nos permite meter dispositivos para la escucha oral y para obtener imágenes de estos delincuentes, haciendo posible el seguimiento de este tipo de delincuencia.

También quiero ahondar en lo siguiente que tiene que ver con la manifestación de la víctima: para realizar la entrevista y evitar un proceso de revictimización, es importante formar a los agentes en lo relativo al trato con la víctima, procurando que esa entrevista sea única y que se haga por un agente especializado, preferiblemente del mismo sexo.

En cuanto a la cooperación con los demás actores, este aspecto es esencial. Siempre esa cooperación es necesaria para conseguir que los procedimientos y las investigaciones que realizamos lleguen a buen fin, que podamos comprobar la realidad y hacer la detención de estos autores. ¿Con quién? Con la Fiscalía, con las compañeras mediadoras de las diferentes ONG, con las diferentes empresas y análogos que aporten ayuda. Porque si damos formación a esas empresas de transportes procurándoles indicadores de detección, tenemos una fuente de información sobre cómo continuar nuestras investigaciones. Y también, por supuesto, tenemos que hacer la cooperación internacional en crímenes organizados que, al ser transnacionales (como lo es la trata de seres humanos), esta labor es esencial. Tenemos que indagar en: dónde ocurre la captación; en qué situación ocurre esta captación; qué informes podemos tener de estos países para que nos los aporten y así adherirlos a nuestros atestados y nuestros procedimientos; conseguir a través de esa cooperación internacional documentación relativa al transporte, etc.

No quiero quedarme nada en el tintero, así que muy rápido mencionaré también lo esencial que es la investigación patrimonial. Una investigación patrimonial muy básica es hacer un recopilatorio de todos los bienes activos de la banda organizada o de los autores de este delito. Otra investigación patrimonial, más difícil, eso sí, es el blanqueo, es decir, seguir dónde ha ido el dinero conseguido de una forma ilícita y cómo vuelve a nuestro país de una forma lícita. Esto último, como adelantaba, es muy difícil y, para ello, tenemos equipos especialistas. También es esencial la investigación telemática. ¿Por qué? Pues porque actualmente, con los avances tecnológicos e informáticos, no cabe duda de que ha favorecido la captación, y la cosificación del ser humano, en tanto que «ofrecimiento del producto» se realiza a través de estas redes sociales. Y no me quiero extender más. Muchas gracias.

Tania García

Muchas gracias, Vicente. Rocío, cuando quieras.

Rocío Mora

Buenos días a todas y a todos. Es un placer estar aquí porque estamos en la universidad, porque es tu y nuestro curso, y creo que eso debemos aplaudirlo y aplaudirte todas y todos. Traer un tema y un delito tan especial a una universidad yo te lo agradezco enormemente, así como la posibilidad de estar hoy con las mejores personas que profesionalmente están haciendo un trabajo al lado de la asociación que dirijo desde hace muchos años. Soy Rocío Mora, la directora de APRAM, una asociación cuyas siglas representan la prevención, reinserción y atención a la mujer prostituida. Estamos trabajando desde hace muchísimos años y, efectivamente, la realidad que veía nuestra fundadora y nuestra presidenta era totalmente diferente a la que estamos viendo ahora. Pero sí intentó hacer un proyecto integral que diera cobertura a las necesidades de las mujeres. Nosotros no trabajamos para las mujeres, trabajamos con las mujeres, y eso significa que todas las mujeres están incorporadas hoy a nuestro equipo multidisciplinar. Nuestros objetivos son claros y se centran en la protección de los derechos de las mujeres que han pasado por una situación de explotación y de trata.

Y desde luego, tenemos también claro que no vamos a poner ningún requisito para que estas mujeres o estas personas sean atendidas en nuestra asociación.

Tenemos muchos objetivos y, como decía, son objetivos centrados en la prevención, en la protección, en la persecución. Y al hilo de esto, quiero recuperar algo que ha dicho Beatriz, que me parece fundamental y que no paramos de repetirlo: es muy, muy difícil trabajar en red, y eso hace que seamos más fuertes, porque desde luego quien está explotando a estas mujeres sí que trabaja en red, así que trabaja de manera coordinada y sí que va un paso por delante de todos nosotros. Para esto disponemos de una atención integral y especializada y quiero destacar cada una de las fases de esta atención integral. Porque en muchas ocasiones, parece que todo el mundo hace lo mismo, que a estas mujeres con darles determinadas cosas las estamos ayudando muchísimo y, sobre todo, últimamente nos estamos centrando mucho en la protección y en la seguridad de estas mujeres –que, si bien ya sabemos que es un deber del Estado, finalmente, este deber del Estado está a las espaldas de muchas de las personas que estamos luchando contra esta grave vulneración de derechos fundamentales–.

Cuando hablo de atención integral me refiero al hecho de que nuestro trabajo comienza detectando –lo ha dicho Vicente–, y esa detección la hacemos a través de una unidad móvil y a través de 35 supervivientes que hoy están contratadas dentro de la entidad, intentando dar cobertura a todo el territorio nacional. En principio estamos en puntos donde no existen o no existían otras entidades (ahora sí existen): en Almería, en Murcia, en Salamanca, en Asturias y en Madrid. Disponemos de un proyecto integral que da cobertura también a la protección de estas mujeres, y me voy a centrar en esto, porque esa protección no necesariamente tiene que ser en los pisos que nosotros tenemos: la protección y atención integral puede ser para todas aquellas mujeres a las que ya hemos dado esa atención en la unidad móvil. Para que os hagáis idea, nosotros llegamos, solo en la Comunidad de Madrid, a través de esa unidad móvil, a 550 lugares que son invisibles. Las mujeres a las que atendemos en calle o en clubes son una minoría. La mayoría de las mujeres están en lugares invisibilizados y, desde luego, el COVID-19 nos ha permitido abrir a las pantallas digitales muchísimas manifestaciones de este grave delito. Creo que el COVID-19 también nos ha enseñado a poder trabajar de manera coordinada y a llegar de esta manera a muchísimas más personas que estaban en esta situación. Porque nos hemos unido; porque desde Fiscalía de Extranjería, desde los Cuerpos y Fuerzas de Seguridad del Estado y desde las entidades, hemos estado trabajando cuando nadie lo estaba haciendo.

Por otro lado, creo que es fundamental que las mujeres tengan alternativas. Pueden pasar por haber sido captadas; pueden pasar por haber sido explotadas; pueden haber sido identificadas por cuerpos y fuerzas de seguridad del Estado o por cualquiera de las ONG; pero desde luego, la mayoría de las mujeres lo que quieren es salir de esa situación y tener alternativas. Por tanto, desde APRAM también incidimos en un proceso para su acceso al empleo, además de su recuperación. Para describir qué es lo que nosotros metodológicamente intentamos hacer con las mujeres, en primer lugar, es elemental que se reconozcan como víctimas. Ninguna mujer llama a nuestra puerta para decir «Yo soy una víctima de trata, ¡ayúdenme!».

Por lo tanto, nuestro trabajo es: ir a buscarlas a aquellos lugares donde nadie las va a ir a buscar; que recuperen su autoestima es fundamental; que tengan confianza en ellas mismas, en la propia sociedad y en la gente que las rodea; que se planteen objetivos a largo plazo; que cuenten con un apoyo es también es esencial, además de las alternativas que posibilitamos. Procuramos que en ese recorrido haya siempre una superviviente que haya pasado por esa situación y que, formando parte de nuestro equipo, pueda brindar apoyo desde el principio hasta el final. Es fundamental y creo que es la efectividad de nuestra entidad, además de una buena práctica que hemos contado y hemos compartido en todos los sitios donde hemos ido; hoy desde luego, cuerpos y fuerzas de Seguridad del Estado, Fiscalía, etc., entienden que es una pieza clave en los juicios, en la detección, en la identificación e incluso en la propia vida futura de estas mujeres. Y, sobre todo, es primordial que tengan una autonomía. Nosotros vamos a estar ahí, somos un lugar de referencia, pero es importante que ellas mismas digan qué es lo que quieren hacer con su vida. Los profesionales podemos marcar itinerarios individualizados de inserción, pero eso sí, los itinerarios no sirven absolutamente para nada si la protagonista no es la mujer, para tener un futuro en libertad y en dignidad.

Habéis hablado de muchísimas cosas que hay que reformar, a la par que se han producido muchísimos avances. Yo sigo diciendo que nos quedamos obsoletos en algunos. Habéis hablado de la Ley de protección de testigos, de cómo muchas mujeres van a juicio y en muchas ocasiones van solas, no van acompañadas cuando no están al lado de una entidad. Para mí eso también es fundamental: siempre tiene que haber una entidad al lado o, por lo menos, una derivación para ir a acompañarlas. Podría contar muchísimas cosas que han pasado en los procesos penales, pero la verdad es que siempre que ha ocurrido algo, he contado con esa cooperación de la gente responsable. Yo he ido a juicios en los que no ha habido un acompañamiento y he tirado de teléfono y sé que he tenido al otro lado un apoyo que para nosotros y para la propia mujer es fundamental.

Nosotros no obligamos a ninguna mujer a denunciar, y me quedo con palabras de reflexiones de muchas de nosotras que apuntan a que, efectivamente, no tienen por qué denunciar. Pero las caras de estas mujeres, cuando hay una sentencia demoledora, como la de «cabeza de cerdo», hablan por sí mismas. A mí me gustaría que todos ustedes hubiesen visto sus caras. Creo que hay que reparar, y eso es una forma de hacerlo. Creo que debemos seguir avanzando en un modelo que garantice la vida y la dignidad de estas personas. No estamos hablando de libertad, estamos hablando de dignidad; estamos hablando de que en pleno siglo XXI parece que la vida de estas personas no tuviera ningún sentido, sólo tuviera la carga de lo que cuesta y de lo que sirve para sus explotadores.

Por último, yo hablaría también de un equipo multidisciplinar. De nada sirve coordinarnos –las personas que trabajamos en esto rotamos, podemos ir a otros sitios o podemos desaparecer– si el modelo de coordinación multidisciplinar de todas las personas que estamos ahí al lado de las víctimas no está escrito, para luego ser desarrollado por todas las personas que formamos parte de esta lucha y las que están por venir. Muchas gracias.

Tania García

Muchas gracias. Rocío. Si os parece, replicando el modelo seguido en la mesa anterior, os concedemos un turno de palabra para que intervengáis con libertad, y nos vamos dando un *feedback*, una respuesta.

Speaker: Daniela Sodini

Hola, buenos días, mi nombre es Daniela y quería hacer una pequeña intervención. Soy doctoranda, mi directora es Teresa y vengo de Argentina. Allá en Argentina yo trabajo para el Ministerio Público Fiscal, la Fiscalía. Estoy en la Dirección de Recuperación de Activos, pero desde esa dirección colaboramos con las distintas procuradurías especializadas, entre las que está la Protex, que abarca la de trata y explotación de personas, y con ellos armamos todo un trabajo en el que pusimos el foco en la reparación económica; porque lo que veíamos es que se hacía mucho hincapié en la reparación simbólica, pero cuando llegaba la condena, la reparación económica para las víctimas no existía porque los condenados eran aparentemente insolventes. No se había hecho una investigación patrimonial adecuada y todos esos bienes identificados estaban en la causa del lavado de activos que se armaba de manera independiente a la trata. En Argentina, cada delito tiene un destino específico para los bienes y es distinto en el caso de la trata –o lo era hasta el 2019– y en el caso del lavado de activos de provenientes de la trata.

También observamos que la autopercepción de la víctima como tal, como víctima, no se daba hasta las etapas finales del proceso. Entonces era muy difícil que encararan un reclamo de indemnización. En la justicia civil no hay ninguna causa por daños y perjuicios por un caso de trata; y en la penal, que se puede asumir como actor civil en los diez primeros años de vigencia de la Ley de Trata en Argentina, solamente una persona pudo asumirlo. En términos de cifras, 1500 víctimas fueron identificadas, de las cuales, por cada víctima hay 20 que no lo fueron. Entonces esto daba cuenta de una realidad en la que las víctimas quedaban desamparadas, haciéndose más difícil que pudieran reasumir el control de sus vidas y su autodeterminación. Desde Protex y, siempre con la expresa voluntad y el consentimiento de la víctima, impulsamos la obtención de la reparación económica mediante la investigación patrimonial flexibilizando los requisitos, desde una perspectiva de derechos humanos y con las herramientas jurídicas que teníamos a mano. Argentina asumió muchos compromisos internacionales en los que se reconocían las reparaciones. También mediante numerosas investigaciones pudimos obtener varias sentencias en esta línea y después lo pudimos plasmar en una modificación a la Ley de Trata, que justamente obliga a los fiscales y a los jueces hacer la debida investigación patrimonial y asegurar las reparaciones económicas a las víctimas de trata, sin necesidad de que sean ellas mismas las que tengan que asumir ese rol. Porque además hay que tener presente que, durante el proceso, las victimas y/o sus familiares siguen siendo amenazadas por los tratantes, tienen otras urgencias que atender y el rol de litigar para obtener una reparación es muy demandante, por lo que se hace difícil cargarlas con esa responsabilidad. Todo esto, la verdad, fue un cambio de mentalidad, porque los operadores judiciales –no ya los jueces desde su situación de privilegio– muchas veces recibían a las víctimas en pleno invierno descalzas y se le negaba estos reclamos de reparación que hasta eran impulsado desde el Ministerio Público. Tuvimos que ir hasta los Tribunales superiores, hasta el Tribunal de Casación, hacer todo un largo viaje para conseguir este reconocimiento.

Beatriz Sánchez

En España eso no sucede así, porque la persecución penal lleva aparejada la civil, es decir, es automático en cualquier delito que tenga una víctima. Si se trata de un delito público, el Ministerio Fiscal solicita ya en el escrito de calificación la indemnización correspondiente. Y eso es para cualquier tipo de delito que tenga un perjuicio moral, económico de las víctimas. Así lo hacemos y así lo acuerdan los tribunales.

¿Cuál es el problema real? Tal y como apuntaba en mi intervención, estamos hablando de una delincuencia organizada que en la mayoría de los casos tiene recursos suficientes como para tener intermediaciones de blanqueo, intermediaciones de sustracción de este dinero. Cada vez más acudimos, no tanto al blanqueo de capitales como lo conocemos aquí, ya que el delito a veces se da y otras veces no (recordemos que para que exista blanqueo de capitales tiene que haber un subterfugio legal, digamos, más allá de lo que es el gasto del dinero obtenido), sino al concurso delictivo entre la trata de seres humanos y el blanqueo de capitales. Y, por supuesto, no está establecido con carácter obligatorio, pero los grupos especializados de Fuerzas y Cuerpos de Seguridad del Estado en ningún momento abordan una investigación sin hacer una averiguación patrimonial.

Porque la incautación e intervención de esos bienes sirve para la posible indemnización de la víctima y, además, cumple otros dos objetivos fundamentales: uno, demostrar indiciariamente que se está dedicando a la actividad delictiva; es decir, usted tiene un patrimonio o unas empresas por este determinado valor y no se le conoce actividad económica lícita, luego es un índice o un indicador que avala las declaraciones y otros elementos de pruebas que podemos tener a otro nivel. Y la segunda es que les damos donde más les duele; si privas a una organización de los recursos económicos que tiene, de sus empresas, de sus activos, lo que estás haciendo es acabar con esa asociación.

Por lo tanto, la investigación patrimonial nosotros la tenemos como un eje central de la investigación. Pedimos la indemnización porque nos obliga la ley y eso está muy bien. La acción penal y la condena penal sí lleva aparejada siempre la civil, y la responsabilidad civil la ejercemos de oficio desde Fiscalía; las acusaciones particulares, por supuesto también. Y los jueces lo acuerdan en caso de condena.

¿Cuál es el problema, por tanto? Que en muchas ocasiones no tienen bienes conocidos y levantar ese velo al que hacemos referencia de subterfugios interpuestos es lo que nos cuesta, porque muchas veces no tienen esos bienes en España. Entramos en la cooperación internacional y la dificultad para obtener que se intervenga o se incauten bienes, no sólo de los países a los que me he referido anteriormente, incluso de la propia Europa, a pesar de que tenemos herramientas legales en la Unión Europea. Entonces esto es muy complicado, las indemnizaciones son difíciles. Y, para terminar, el problema es que lo que debe hacerse es abordarse por los Estados, por políticas públicas adecuadas; el Estado y, en definitiva, los gobiernos no son inmunes a la trata, ninguno lo es. Todos participan de una manera u otra, bien como países de origen, de destino o de transporte y tienen que asumir la responsabilidad de no haber podido evitar con carácter público el sometimiento y la esclavitud de estas personas. Por lo tanto, las partes investigadas, inculpados, acusadas y condenadas deberían responsabilizarse del pago de esas indemnizaciones y del restablecimiento y la reparación de estas víctimas, pero si no podemos obtener los bienes, debe hacerse a través de organismos como la ORGA (Oficina de Recuperación y Gestión de Activos) y otros instrumentos.

Es un poco la idea que también nos impulsa a nosotros desde la recuperación de activos, ayudar a los fiscales para identificar esos bienes más allá de las responsabilidades penales. Sobre el lavado de activos está la Procuraduría Especializada y después para la trata, pero nosotros estamos haciendo esas investigaciones patrimoniales que va más allá de si se puede condenar o no, justamente esto de la intervención de terceros, estas empresas o estos conglomerados que se benefician de la explotación de las personas y que por ahí nunca son acusadas, mucho menos condenadas, pero sí se les quita esos beneficios económicos supone darles donde más le duele justamente, como decías.

Teresa Rodríguez

Muchas gracias, Daniela, por tu intervención. La labor que se hace en Argentina sobre trata es muy importante y me alegra que hayas compartido ese aspecto con nosotros. Estoy completamente de acuerdo con seguir la pista al dinero, que en general nos da pistas siempre, y quiero plantear una cuestión sobre la que me gustaría que hablárais un poco, dado que tenemos muchas alumnas del curso que se dedican a trabajar sobre el terreno y que pertenecen a ONG. En uno de los proyectos europeos en los que participamos hablábamos del impacto psicológico de la trata y de cómo eso se traduce; en concreto, yo estudié el impacto que eso tenía en el proceso penal y después abordé todos los procesos abiertos en España. Una conclusión a la que llegamos es que en aquellos casos en que había un informe psicológico sólido y bien fundamentado y en los que había testificado en el juicio una asistente social o una persona de la ONG que asistía a las víctimas (es decir, no solo hacía un informe, sino que testificaba en el proceso), en todos esos casos, la sentencia condenatoria reproducía casi palabra por palabra el informe psicosocial o el informe psicológico o psiquiátrico, en su caso. Quiero decir que –y me gustaría que hablarais vosotras más de esto porque como señalaba Rocío, es importante para cualquier víctima y más para estas víctimas en concreto– un proceso penal impone muchísimo, pero muchísimo. Y, de hecho, lo que quieres es evitar un proceso penal por la situación de violencia que han sufrido estas víctimas, y porque están en una situación psicológica que las predispone a no ser el mejor testigo del mundo. Lo que también vimos en los resultados de ese proyecto es que esas mismas personas, con toda esa carga de violencia, cuando estaban acompañadas, se sentían mucho más fuertes. Si ese acompañamiento, además, es de alguien que le está explicando a su Señoría el estado de la cuestión, es decir, si en el acto del juicio hay una psicóloga o una asistente social, conforme a los resultados del estudio, resulta que en el 100% de los casos el juez dio credibilidad a ese informe y a ese testimonio. Puede que su Señoría no crea a la víctima, pero cuando hay un informe serio, es muy probable que convenza y sea utilizado para valorar la declaración de la víctima en su contexto y, por tanto, tener unos parámetros de valoración de dicha declaración distintos a los que emplearía, por ejemplo, para valorar la declaración de la victima de un delito estafa. Lo que quiero decir es, por una parte, que en ese estudio constatamos este hecho; y luego, quería saber si desde vuestra experiencia en el proceso habéis detectado esto, qué dificultades tenéis, qué habría que mejorar y cómo, qué se está haciendo ya y se hace bien, etc.

Beatriz Sánchez

Nos queda mucho por hacer, pero hemos avanzado mucho. Creo que el caso «cabeza de cerdo» fue un hito en el tema de la persecución del delito de trata, que no fue condenado precisamente por trata de seres humanos porque cuando cometió los delitos no existía el delito de trata de seres humanos. En España lo tomamos con calma; desde el año 2000 nosotros estamos obligados a tener un delito específico de trata, pero hasta diciembre del 2010, casi en el 2011, no aparece como delito independiente en nuestro Código Penal. Es en este sentido que digo que nos tomamos las cosas con calma. Este señor ya venía delinquiendo desde antes del año 2010, pero efectivamente, cuando abordamos este caso nos damos cuenta de que habían pasado diez años en los que a este señor no se le coge, no se le detiene hasta que se presenta porque creía que tenía sus delitos prescritos. Utilizando un «subterfugio» legal –lo llamo así porque el Tribunal Supremo decidió en un momento determinado por el Pleno del Tribunal Supremo que los delitos más graves arrastraban en la prescripción aquellos delitos que tenían penas más leves–, gracias a que había obligado a abortar a una mujer que estaba ejerciendo prostitución forzada; es decir, gracias a ese delito de aborto pudimos arrastrar a todos los demás. Cuando nosotros enfrentamos este delito, yo estaba aterrada porque veía que evidentemente no íbamos a poder conseguir una condena después de tanto tiempo, teniendo víctimas en paradero desconocido. Y yo creo que ahí surge la idea –coordinando ONG y la policía que llevó el asunto– de qué podíamos hacer para abordar la prueba, no sólo con la declaración de la víctima –que ni siquiera teníamos como preconstituida ni sabíamos dónde estaba la víctima; finalmente la encontramos gracias a las ONG y pudimos abordarla–. Fue una auténtica revelación la ayuda que podían hacer las ONG, los médicos forenses, especialistas en psicología en estos procedimientos. Y ahí se inicia un proceso de forma que en las Jornadas de Extranjería de Fiscales Especialistas en Trata y Tráfico se acuerda, como una de las medidas a adoptar, y se aprueba por la Fiscalía General del Estado, que siempre que sea posible, obviamente contando con el consentimiento de la víctima, se aporte el informe médico forense de los posibles daños, secuelas o trastornos que puede padecer una persona víctima de trata y, además, un informe psicosocial de la ONG o del recurso asistencial que tiene acogida a esta persona; hasta el punto que, desde ese primer momento –y Rocío lo sabe– empezamos a llevar a las ONG cómo especialistas, no sólo como testigos, sino como testigos peritos. Una figura que forjamos en ese sentido, porque no solo tienen una pericia, son expertos en una materia. Saben qué indicadores tenían estas mujeres cuando llegaron, saben cómo era, cómo ha evolucionado y si es coherente con el relato que ella cuenta. Entonces los llevamos, no sólo como testigos –que lo son porque han visto cómo llegaba esa mujer, qué situación tenía, cómo ha evolucionado–, sino peritos también. Recordemos que la pericia no es sólo de médicos, no es sólo de psicólogos, también es de especialistas en una determinada materia.

Antes de dejar paso a Rocío, que también sabe muchísimo, quiero poner un ejemplo para que veáis lo revelador que es. Tuvimos un juicio en el que una menor, una mujer había sido tratada por el *«método loverboy»*, es decir, captada mediante el enamoramiento. Era una chica muy joven, menor de edad, aunque no lo sabíamos en esos momentos. Vino con una documentación notarial falsificada en la que se autorizaba a este individuo como representante legal suyo, a trasladarse a España. Una vez en España este señor le dijo que no venía a lo que él le había prometido: un proyecto estupendo de vida en el que se iban a casar e iban a trabajar en España. Cuando llega aquí, la encierra en un piso y le dice que viene a ejercer prostitución y que de ahí no va a salir; como ella se negaba sistemáticamente, el caso llega hasta el punto de que la golpeaba con el palo de la escoba y le daba a beber agua con sal hasta que prácticamente le produjo un fallo renal. Esta mujer logra escapar y es asistida por una pareja.

Teníamos muchas pruebas: teníamos la prueba indiciaria, dado que las personas que la habían recogido nada más salir del domicilio eran unos ciudadanos chinos que la habían ayudado a escapar; otros ciudadanos chinos que tenían una tienda en la que este señor la acompañaba siempre y la obligaba a comprarse ropa atractiva para ejercer la prostitución. Por otro lado, ella siempre negó que hubiera llegado a ejercer la prostitución. Cuando llegamos al juicio, de una manera sorpresiva nos cuenta que tuvo que ejercer la prostitución en una ocasión porque este señor la había dejado en un club de alterne y, para volver a su casa, como no tenía dinero, tuvo que ejercer la prostitución. Claro, esto te desmonta la prueba porque es una contradicción de una aseveración que ha mantenido a lo largo de un procedimiento y una investigación policial. ¿Qué salvó ese juicio? Aquí es donde quiero poner el énfasis: después, esto era un sumario y, por lo tanto, había dos peritos que, cuando llegaron allí, lo que dijeron me parece fundamental. Yo no soy psicóloga, pero lo que dijeron me encajó del todo: «miren ustedes, una persona sometida a una situación como esta, con un estrés postraumático como el diagnosticado a esta mujer, desde luego va a tener: negaciones que ella misma se genera como consecuencia de la vergüenza que le produce; o bien, porque no puede resistir y aguantar el solo pensamiento de lo que hizo; y, en tercer lugar, ella misma se niega a sí misma y tiene un desdoblamiento de la libertad de su personalidad». Se desdoblan, no pueden soportar el daño que les produce el estar sometidas a esta situación y, por lo tanto, eso no les pertenece y no lo recuerdan. Y cuando están sometidas a una situación de estrés como puede ser un juicio, ante las presiones de un abogado, las presiones en el interrogatorio, puede, de repente, alumbrar esa idea, recordarla, y que esto surja de una manera sorpresiva. Esto lo explicaban fenomenal los psicólogos. Por eso es imprescindible llevar a los y las psicólogas, a los y las mediadoras y a los y las trabajadoras que han convivido en este proceso de resocialización, de revestimiento de derechos a estas mujeres.

Rocío Mora

Yo creo que hay dos cosas importantes: uno, ir a los juicios como testigos; dos, el acompañamiento. No es lo mismo una mujer que va al juicio sola que una mujer que va acompañada. Pero, además, yo creo que todas las entidades nos tenemos que preocupar de que nuestras áreas de intervención sean áreas completas. Cuando estoy hablando del área psicológica –y ese proyecto así lo determinó–, no todo el mundo hacía el mismo trabajo en esa área. Cuando un psicólogo está interviniendo, es importantísimo que tenga la capacidad de hacer un informe y también que pueda ir a los juicios. Beatriz ha contado al final de todo este proceso qué es una buena práctica, pero muchísimos de los profesionales se negaban a ir a los juicios por miedo o por inconveniencia, y se limitan a hacer el informe; pero esos informes hay que defenderlos cuando estás en un juicio. También son fundamentales las oficinas de la víctima, y en este caso en Madrid hubo una buena práctica, dado que hubo alguien que fue como perito forense y que, sin coordinación previa, hizo informes prácticamente clavados a los informes que hacían nuestros profesionales en nuestra ONG. Esto, claro, provoca una fuerza brutal en un juicio y sobre todo, incide en esto que es tan importante: la carga de los juicios no puede ser el testimonio de una mujer. Primero, porque los juicios –y eso lo hemos hablado muchas veces– los vamos a perder. Y creo también que no podemos hacer pasar a esa mujer por ese trago una y otra vez.

Resumiendo, yo creo que son fundamentales esos dos acompañamientos para las mujeres que van a enfrentar esos juicios y de cara al impacto que van a tener en ellas. Y ocurre algo muy parecido cuando identificamos y damos un periodo de restablecimiento y de reflexión; no sirve absolutamente de nada si no le estamos garantizando una protección y una atención integral. Como no creemos esos equipos multidisciplinares, la que pierde es la mujer.

Vicente Calvo

Me parece muy interesante lo que estamos comentando. Rocío conoce muchísimo más el proceso de recuperación de las víctimas y lo que provoca el proceso de la trata y de la explotación hasta llegar a ese estrés postraumático y a esa disociación. Cuando las víctimas son detectadas, es clave darles seguridad. Por eso insisto en que esa protección de testigo hay que ampliarla: se necesita acompañamiento; se necesita tener personas formadas en las fuerzas y cuerpos de seguridad para saber entrevistar a esas personas; y, se necesita la formación de los y las investigadoras, de los y las mediadoras de ONG para hacer un buen trabajo conjunto con los trabajadores judiciales, teniendo siempre presente las circunstancias de esta mujer en las entrevistas o interrogatorios. Con ello conseguiríamos bastante. Que esa persona vaya acompañada al juicio yo también creo que puede actuar como una especie de terapia, porque así se siente más segura y, cuando vea que se le reconoce lo que ha sufrido, pueden aflorar testimonios valiosos que anteriormente no se habían conseguido extraer. Gracias.

Speaker: Paloma Torres, alumna del curso ETSH 2020/2021

Muchas gracias a todos y a todas por las ponencias. La verdad que está siendo enriquecedor a todos los niveles y, especialmente, a nivel jurídico; se habla poco con este nivel de detalle y con un enfoque integral. Cambiando un poco de tema, me gustaría conocer cómo está evolucionando la aplicación del principio de no punición en el contexto español, que creo que es algo interesante y muy difícil, como se ve en Derecho Comparado, así que me gustaría saber un poco cuál es el estado de la cuestión actualmente. Gracias.

Beatriz Sánchez

Te diré que está evolucionando mal porque efectivamente, es un tema muy complejo, al margen de que sea mejorable la legislación existente. Por ejemplo, cuando se lleva a cabo el delito de trata para cometer conductas delictivas, lo que planteas es un poco más fácil, porque ya estamos previendo en el propio tipo penal que esa captación, ese traslado y esa explotación está basada en la comisión de conductas delictivas. Entonces, si tenemos elementos suficientes de prueba como para determinar que esto se ha producido, que se está obligando y explotando a una persona, en la Comisión de Conductas Delictivas todavía podemos tener un mayor margen de no punición, porque ya se la está reconociendo en este mismo procedimiento como víctima.

Tenemos problemas jurídicos cuando esa víctima ha podido tener condenas con anterioridad al hecho de saber que era una víctima de trata, es decir, con carácter previo a un procedimiento que es posterior y al que no se han acumulado todos estos delitos. Estoy hablando exclusivamente de lo que es más típico en estos comportamientos de conductas delictivas para la comisión de conductas, como digo, patrimoniales. ¿Qué hemos hecho? Paralizar los procedimientos penales que había abiertos contra estas posibles víctimas hasta la resolución del delito de trata. En otras ocasiones, ya había una sentencia firme, condenatoria e incluso cumplida. Si no se ha cumplido, podemos acudir al recurso de revisión, tal y como se aconseja en la guía práctica del Consejo General del Poder Judicial que elaboramos; no tengo constancia de que se haya producido ningún caso, pero se podría utilizar esa herramienta. Cuando estamos hablando de un entorno en el que una organización que se dedica a cometer conductas delictivas está formada por una parte que son los explotadores y otra que son los explotados, hay un problema de prueba gravísimo porque es muy difícil diferenciarlos. No sabemos si son cooperadores necesarios o son víctimas de ese delito. Algo que hacemos habitualmente en trata con fines de explotación para conductas delictivas, por ejemplo, en cultivos *indoor* de marihuana, es no acusar; no utilizamos la excusa absolutoria del artículo 177 bis CP, sino simplemente no acusamos a las víctimas de ese delito. Es decir, cuando llegamos a un cultivo *indoor*, se detecta a unas personas que son los dueños del cultivo y a otras personas que están explotando ese cultivo y que son verdaderos esclavos a manos de los primeros. A estos últimos, aunque están cometiendo de facto, de manera directa, un delito contra la salud pública, no les acusamos; acusamos a los dueños del cultivo. Pero la solución no es global y hay que ir caso por caso. Otro asunto reciente y conocido es el de Barcelona, en el que una mujer que había sido utilizada para transportar droga, se le absuelve en el propio juicio por el delito contra la salud pública porque se considera que es una posible víctima de trata. Pero eso es complicado y es fundamental hacer una investigación previa para cada caso. En este sentido, no podemos establecer reglas generales y es necesario valorar caso por caso porque ninguno es igual; no es lo mismo que haya una sentencia condenatoria previa, que el procedimiento judicial esté en curso, que todavía el procedimiento de trata esté abierto, etc. Las dificultades son muchas y vamos aprendiendo en el camino, valorando cada supuesto.

Teresa Rodríguez

Me gustaría añadir algo a lo que se acaba de decir. Por un lado, creo que la excusa absolutoria del 177 bis está mal tipificada: es un dislate porque el propio artículo 177 bis tipifica solo el proceso de la trata; la explotación, el trabajo forzoso y la esclavitud no son típicos. Sin embargo, la excusa absolutoria solo se aplica cuando se detecta en fase de explotación. Es decir, técnicamente está mal concebido y además vulnera el compromiso que adquirimos al firmar el Convenio de Varsovia. Por lo tanto, hay que modificar la excusa absolutoria del 177 bis, número 11.

Por otro lado, la sentencia del Tribunal Superior de Justicia de Cataluña, a la que hacía referencia Beatriz, creo que es muy esperanzadora. Supone abrir una puerta que hasta ahora estaba completamente cerrada. Hace poco estuve en un seminario con la abogada de oficio que llevó este caso. La sentencia es esperanzadora, más allá del caso concreto, porque abre la vía para identificar como víctima de trata a efectos de la excusa absolutoria, no sólo a las que lo son con fines de explotación sexual, sino también, como en este caso, cuando la finalidad de explotación consiste en cometer un delito de tráfico de drogas. Por tanto, la mujer deja de ser considerada autora de un delito de tráfico drogas, y adquiere la condición de víctima de un delito de trata de seres humanos con fines de comisión de hechos delictivos: el tráfico de drogas. Uno de los hechos que la abogada expresamente reconoció como clave fue la ayuda y empeño de la ONG que asistió a esta persona desde el principio, recogiendo datos, testimonios e indicios.

Este ejemplo pone de manifiesto que, aunque tengamos instrumentos insuficientes, podemos ponernos creativos con lo que sí tenemos. Y todo lo que sea abrir vías, me parece digno de tener en cuenta.

Tania García

Aprovecho también para hacer un apunte. Señalaba Beatriz la línea del recurso de revisión. Hay un Auto del Tribunal Supremo del 1160/2017, ponente Francisco Monterde Ferrer, que inadmite el recurso de revisión porque la declaración de la condición de víctima de trata de seres humanos es posterior al dictado de la sentencia. Por tanto, en la interpretación del 954 no cabía, por tenerlo en cuenta.

Beatriz Sánchez

Y por eso hay que modificarlo. Efectivamente, nos está diciendo: legalmente esto no es posible. Y así lo pusimos también nosotros cuando elaboramos la guía. Ahora, que no sea posible no quiere decir que no sea modificable.

Y lo de la mirada me parece interesantísimo, Teresa, y quiero recalcar la necesidad de la especialización. Una frase que repito mucho porque me parece fundamental es: la realidad existe porque se la mira. Si no la conocemos, no podemos luchar contra ella. Durante años hemos estado entrando en los cultivos *indoor* y no hemos sido capaces de detectar que lo que había allí eran esclavos, porque los profesionales que iban ahí eran expertos en delitos contra la salud pública y lo que veían ahí era gente que estaba cultivando marihuana. No los veían como esclavos porque no estaban formados y sensibilizados en esta materia; hasta que llega alguien que sí tiene formación y te dice que algo no cuadra. Por ejemplo, ves a personas produciendo marihuana durante muchísimos años y, lejos de tener unas condiciones de trabajo y de vida acomodadas, están trabajando con un calor infame y viviendo en unas situaciones infrahumanas, semidesnudos, con una manzana podrida en la nevera, a 100 kilómetros de cualquier civilización y sin coche para ir. Ahí se te enciende una bombilla, pero lo cierto es que no estamos habituados a los delitos de explotación ni a los delitos de trata; no damos crédito. Es más fácil pensar que la gente está así porque quiere, al fin y al cabo, pertenecen a la otra parte del mundo. Por eso es tan importante la sensibilización, porque te posibilita ver más allá. La razón por la que se acusa a esta mujer es porque ni los fiscales ni los profesionales de Fuerzas y Cuerpos del Estado eran especialistas. Era un bolero más.

Speaker: Paloma Torres, alumna del curso ETSH 2020/2021

Ya que estamos en proceso de reflexión conjunta, me gustaría compartir también. Sabemos que este fenómeno lleva sucediendo mucho tiempo y, últimamente, con mayor frecuencia, sobre todo en contextos de frontera. También sabemos que la identificación de víctimas de trata en esos contextos es más complicada, y las entidades en terreno nos estamos encontrando con muchas personas con indicios claros de trata a las que se acaban condenando por delitos relacionados con falsedad documental; es decir, no hay una visión de conjunto sobre lo que está sucediendo y se da el fenómeno de la conformidad sistemática. Por ello, desde la abogacía que estamos en terreno y que nos encontramos con esta situación, estamos intentando juntarnos y pensar conjuntamente en qué posibilidades tenemos cuando, además, la identificación formal no se va a dar –en la mayoría de los casos, lo damos por perdido–. Entonces, estamos intentando contemplar esos resquicios legales, explorando el estado de necesidad y muchas otras figuras jurídicas para ver de qué manera podemos afrontar este fenómeno que ya es una realidad cada vez más frecuente. Planteo este tema por si entre todas podemos contribuir.

Tania García

Me hace señales Pilar porque creo que esta cuestión la vais a abordar luego en la sesión de la tarde.

Speaker: Claude Le Bigot, profesor emérito de la Universidad Rennes 2 Haute Bretagne, Francia

Buenos días. Yo quisiera hacer dos preguntas sobre la cuestión del blanqueo, porque esto mueve mucho dinero y es evidente. ¿Sería pertinente una represión económica para luchar contra la trata? Es decir, ¿en qué medida se puede pensar en una planificación entre organismos?

En el caso francés, el país donde vivo, tenemos información de dos organismos, concretamente: AFA (*l'Agence française anticorruption*), un grupo de presión nacido de la sociedad civil; y HATVP (*la Haute Autorité pour la transparence de la vie publique*), un organismo estatal vinculado con el Ministerio de Hacienda que se ocupa mucho más de cuestiones de fiscalidad, pero dentro de cuyas prerrogativas cabe llegar también a lo que llamaríamos «dinero sucio». ¿Cómo se lucha en España contra el blanqueo?

Juan Vicente Bonilla

Como en todos los países de nuestra órbita jurídica, en España tenemos una unidad de inteligencia financiera denominada SEPBLAC (Servicio Ejecutivo de la Comisión de Prevención de Blanqueo de Capitales e Infracciones Monetarias), con residencia en el Banco de España, que aglutina unos equipos multidisciplinarios de trabajo (funcionarios de la Agencia Tributaria y de las Fuerzas y Cuerpos de Seguridad) encargados de hacer inteligencia financiera. Esto se hace así porque se trata de suministrar vía administrativa a los organismos encargados de la represión del blanqueo.

Por lo tanto, tenemos por un lado una ley de prevención del blanqueo y financiación del terrorismo que es ley administrativa, donde los sujetos obligados al cumplimiento normativo en materia de blanqueo, es decir, entidades financieras, seguros, etc., tienen que reportar al Banco de España; y, luego, tenemos la persecución penal presidencial de las Fuerzas y Cuerpos de Seguridad. Por otro lado, tenemos toda la normativa europea internacional en materia de represión del blanqueo, que es uniforme en la Unión Europea. Respecto a lo que ha comentado de grupos de presión de la sociedad civil, desconozco que tengamos una movilización en la sociedad desde esa perspectiva; pero claro, estamos hablando de represión de delitos, con lo cual la sociedad civil podría impulsar de alguna manera la lucha, pero nada más, ya que de la represión administrativa se encarga los órganos adecuados.

Espero haber respondido a la pregunta y aprovecho el turno de palabra para hacer una apreciación muy rápida acerca de los instrumentos procesales que vamos innovando. Apunté al principio de mi intervención la introducción de la inteligencia en el proceso penal. Hay una figura controvertida de la que estoy seguro de que habéis oído hablar, que es la pericia de inteligencia. Y digo controvertida porque hay sentencias del Supremo que la aceptan y sentencias que la desvirtúan. Evidentemente, un magistrado no necesita un perito en dinámicas criminales porque para eso es experto en la materia, pero no podemos pasar por alto que la dinámica criminal de la delincuencia organizada evoluciona constantemente. Entonces, ¿por qué no hablamos de una pericia criminológica, si no la podemos llamar pericia de inteligencia, en determinados aspectos nucleares de delitos que van evolucionando constantemente? Si hay un perito en su función de *lex artis* que ilustra al tribunal sobre las facetas del tallaje de un diamante, ¿por qué no puede haber un perito de naturaleza criminológica que pueda ilustrar al tribunal, y él ya aceptará o no esa pericia? Si un perito de la Agencia Tributaria ilustra un tribunal en materia de defraudación fiscal, ¿por qué no abordamos en un mismo sentido esas dinámicas que evolucionan constantemente?

Otra propuesta sobre la que me gustaría que reflexionáramos tiene que ver con nuestro ordenamiento jurídico y lanzo la siguiente pregunta: ¿Por qué nuestro ordenamiento jurídico no puede aceptar agentes encubiertos civiles, sino que tienen que ser miembros de la policía judicial específica? Ya sé la respuesta, la marca nuestro sistema garantista; pero pensemos en el caso del ordenamiento jurídico alemán, no menos garantista, donde se puede nombrar a un agente encubierto del Estado para introducir un civil a una organización criminal. ¿Cómo vas a introducir en una organización de nigerianos a un no nacional nigeriano, o en una organización de albaneses a un no albanés? ¿Vamos a ser capaces de introducirle a un policía o guardia civil de Burgos? Es un ámbito complejo y sí que hay herramientas que habría que repensar, como la cuestión del agente encubierto o la introducción de la inteligencia en el proceso penal. Obviamente soy consciente de que esto levantaría muchas ampollas, pero ¿por qué no plantearlo?

Teresa Rodríguez

Estoy completamente de acuerdo con que, al menos, hay que plantearse las cosas; planteárselas, repensarlas y, fundamental, hacerlas compatibles con todo nuestro sistema de garantías procesales del Estado de Derecho. Porque es una realidad que en estos procedimientos los jueces necesitan ser ilustrados ampliamente.

Esther Pomares

Quiero responder a colación de la interesante pregunta planteada acerca de las herramientas del estado de necesidad. La cuestión del «miedo insuperable», se ha recuperado gracias a las respuestas dadas a delitos cometidos en el ámbito de la violencia de género, como reacción frente al maltratador.

Entonces, se está recuperando por esa vía. Por otro lado, la modalidad de trata con fines de explotación para actividades delictivas está siendo visibilizada gracias también al Tribunal Europeo de Derechos Humanos. Ejemplo de ello es la sentencia de 5 de julio de 2021 que insta a dar una respuesta en el caso de los menores esclavizados precisamente en el cultivo de marihuana, en el Reino Unido. Así que ahí tenemos al menos herramientas para defender y proteger a este sector frente a este tipo de conductas.

Beatriz Sánchez

Gracias, Esther. Contestando a lo planteado acerca de la detección de víctimas en frontera, es muy complicada porque ellas mismas, si de por sí cuesta habitualmente que se reconozcan como víctimas, en frontera, cuando no han sido todavía explotadas, la complejidad aumenta exponencialmente. Por lo tanto, salvo supuestos excepcionales, es tremendamente difícil diferenciar *a priori* entre una persona que está en tráfico y una persona que no. Pero, como decía Teresa, eso no debe pararnos; que sea difícil no significa que no sigamos trabajando y reflexionando. Y para alegraros un poco, os diré que estamos trabajando en articular un equipo precisamente con Fuerzas y Cuerpos de Seguridad del Estado, ONG y Fiscalía, para establecer indicadores que sean relevantes para la detección en frontera, ya que son distintos a los de una persona que está en situación de explotación. Lo estamos haciendo para el aeropuerto Madrid-Barajas, peticionarios de asilo, pero con la idea de establecer unos criterios para extenderlos después a otros lugares y a otros aeropuertos sin frontera.

Tania García

Muchas gracias, Beatriz. Pilar, tienes la palabra.

Pilar Ladrón

Dando una formación a personas que acompañan a víctimas, os puedo compartir una experiencia reciente, hablando con ellas sobre las dificultades que se estaban encontrando. En principio, no eran víctimas de trata, sino que eran personas que habían llegado a frontera y después se distribuyeron a las distintas zonas de España. Recordemos la necesidad de actualizarse en materia de crimen organizado, ya que las mafias avanzan mucho más rápido que nosotros. En este sentido, voy a contar un caso concreto que pone de manifiesto las estrategias que las propias organizaciones delictivas están adoptando, valiéndose de los recursos públicos, para continuar con la explotación: personas desde Algeciras, atendidas por una ONG ahí, se les deriva un recurso en otro punto de España. En ese punto de España, en cuanto llegaba la regularización, recibían el precio de un billete desde la provincia en la que estaban hasta Bilbao, para coger un ferry a Holanda.

De los más de 20 casos similares que están empezando a sospechar que tienen, sólo en un caso se ha podido tener noticias de dónde estaba esa mujer –y, de hecho, ha vuelto desde Italia–. Es decir, estamos hablando de unas organizaciones criminales que tienen tal preparación y tal formación que utilizan incluso los recursos públicos en frontera; por tanto, a pesar de haber sido detectadas, estas personas seguían recibiendo instrucciones concretas acerca de cómo actuar para continuar con su explotación. Efectivamente, el delito de trata se consuma desde el principio con la captación y el traslado, y la explotación estaba preparada valiéndose de nuestros propios recursos. Queda mucho por investigar porque la complejidad es tremenda.

Rocío Mora

No solo te doy la razón; yo creo que están entrando a nuestras organizaciones profesionales para conocer nuestros procedimientos y ver cómo hacemos las cosas. Necesitamos crear nuevos grupos de trabajo y ser capaces de adaptarnos y adoptar la forma de trabajar de las organizaciones. Todas tenemos que trabajar con los mismos objetivos, vengamos de donde vengamos. Te agradezco muchísimo la intervención porque es algo que nos está ocurriendo y que yo verbalmente he elevado a la Fiscalía, a cuerpos y fuerzas de Seguridad del Estado. No he dado nombres, pero los tengo.

Tania García

El legislador está pensando en tipificar la multirreincidencia. Recientemente, se ha debatido en un foro la reincidencia en los delitos contra el patrimonio, en los hurtos (sobre todo, con ocasión de los delitos leves de hurtos en los que existen diagnósticos por distintas entidades muy ajenas de nuestro espectro de interés, de nuestro objeto), y consideran que hay perfiles profesionalizados. Me invitaron a una jornada y mientras yo les hablaba del Artículo 2.2 de la Directiva que incluso menciona el carterismo y los pequeños delitos contra el patrimonio, me miraban como si yo acabara de aterrizar de otro planeta. Con esta anécdota quiero reflejar que es imprescindible que nuestro saber lo llevemos allá donde quiera que vayamos, porque realmente la especialización a la que todos hemos hecho referencia es muy difícil dado que tiene que ser transversal para todos los operadores, no sólo jurídicos, sino también sociales –y me atrevería a decir que incluso desde la responsabilidad ciudadana–.

Y con esto, paso a agradeceros a todos y todas por acompañarnos esta mañana: a los que habéis cursado el experto, por vuestro interés; a Teresa, por ser pionera en esta materia; a la Universidad de Alcalá y al comité organizador, por habernos dado amparo. Nos vemos esta tarde.

MESA 3: LAS VÍCTIMAS DE TRATA

Ponentes: Pilar Ladrón; María Macías; Inmaculada Antolínez; Esperanza Jorge

Modera: Marta Carballo

Marta Carballo

Buenas tardes. La mesa que tengo el placer de moderar se titula «Las víctimas de trata» y las intervenciones se van a desarrollar en modalidad híbrida, dos presencialmente y otras dos online. Aunque la tendencia es no presentar al profesorado, sí que me apetece hacer una mención especial a cada una de ellas, porque una parte importante de lo que se va a abordar en esta mesa tiene que ver con la visibilización y la importancia de nombrar. Sin extenderme mucho, quiero resaltar algunos aspectos del currículum de las personas que nos acompañan. Por orden de intervención, Pilar Ladrón es profesora de Derecho en la Universidad de Alcalá. En lo referente a la lucha contra la trata de personas, es miembro del Grupo Motor del Departamento de Trata de Personas de la Subcomisión Episcopal para Migraciones y Movilidad Humana, y además de colaborar en acciones formativas y de sensibilización a nivel nacional e internacional, tiene numerosas publicaciones y conferencias; también es miembro del Instituto Universitario de Investigación y Ciencias Policiales y participa en el «*Team* Madrid-Europa» de la Dirección General de Cooperación, con el Estado y la Unión Europea. Trabaja en distintos grupos de investigación, como el grupo de Globalización, relaciones transfronterizas y derecho comparado, y Diversidad, discapacidad e inclusión social y educativa.

María Macías Jara es también profesora de Derecho de esta universidad, habiendo ejercido en distintas universidades previamente; tiene una labor educativa con una marcada dirección feminista en sus publicaciones y líneas de trabajo desarrolladas, entre las que destaco «La ausencia del principio feminista en la aplicación de la legalidad e interpretación judicial sobre la violencia de género». Su actividad investigadora se extiende a la participación en numerosos proyectos de investigación como, por ejemplo, el proyecto de innovación docente «La Justicia en la frontera del conocimiento» o «La Carta Social Europea y la doctrina del Comité Europeo en Derechos Sociales: su impacto en España».

Las dos profesoras que nos acompañan online son: por un lado, Inmaculada Antolínez, doctora por la Universidad Pablo de Olavide, Sevilla, profesora del área de Trabajo Social del Departamento de Derecho del Trabajo y Seguridad Social, y miembro del Índex de la Universidad de Cádiz. Sus líneas de investigación y acción se centran en los estudios interculturales, la inclusión, el género, las migraciones y la trata de personas; también ha participado en numerosos proyectos de investigación, cuenta con múltiples publicaciones y es destacable el trabajo de campo que realiza sobre trata de personas en el Estado español, en el norte de Marruecos, en Ciudad de Benin y Calabar (Nigeria), en Sicilia (Italia), en la frontera de Texas (EE.UU.) y en Coahuila (México). El resultado de todo ello son una serie de metodologías innovadoras que nos irán explicando en su intervención y que han compartido en el curso experto.

Por otro lado, Esperanza Jorge es educadora social y doctora en Estudios Interdisciplinares de Género por la Universidad Autónoma de Madrid. Actualmente es investigadora con el programa Marie Curie en la Universidad de Cádiz y la Universidad de Wisconsin-Madison, con un proyecto en el que analizan los daños y los cuidados que atraviesan la movilidad de las mujeres en tránsito desde Centroamérica y México hacia Estados Unidos; nos está acompañando ahora mismo desde Honduras. Desde 2013, trabaja con las mujeres que habitan y sobreviven las rutas migratorias y, junto a ellas, narra sus historias de vida y las denuncia. Al igual que en el caso de su compañera, es destacable el trabajo metodológico que realiza y la apuesta para abordar y nombrar la trata desde otras perspectivas.

Sin más dilación, paso a dar la palabra a Pilar.

Pilar Ladrón

Gracias, Marta. Me sumo a los agradecimientos por este encuentro y voy a comenzar por una nota ligeramente discordante.

Esta mañana, Teresa empezaba planteando: ¿Por qué estamos fallando en la lucha contra la trata; qué es lo que no está funcionando? Y nos hablaba de un cambio de enfoque, dado que lo hemos centrado siempre en el tema penal, la tipificación. Y yo aquí, como procesalista que soy, tengo que añadir más elementos. El problema no está en la tipificación, que siempre es mejorable; no está en el derecho sustantivo. Cuando empiezas a trabajar estos temas, ves las estadísticas, tantísimos atestados que se inician y tan pocas sentencias que se dictan. ¿Dónde está el problema entonces? Está en la cuestión procesal; está en el proceso y apenas se está estudiando la problemática de la trata desde el punto de vista procesal. Esta es una batalla personal que llevo, en la que recalco las necesidades de flexibilización y de adaptación del proceso, y de medios. Caray, cómo se puede hablar de investigación financiera, si soy una juez de instrucción que está en cualquier punto alejado de España, que no tiene medios para instruir –porque aquí sigue instruyendo el juez, aunque llevemos años diciendo que vamos a trasvasar la Instrucción al Ministerio Fiscal–. ¿Ese juzgado de instrucción de un partido judicial tiene medios materiales, además de los propiamente personales o los de formación, para abordar estas cuestiones?

Aunque está muy bien toda la normativa que tenemos, todas las declaraciones institucionales, todos los instrumentos internacionales, tenemos que conocer la realidad que nos estamos encontrando, estar fundamentados en ella.

Esther nos habló del concepto de vulnerabilidad institucional. Efectivamente, la victima de trata se encuentra en una situación de especial vulnerabilidad dentro de un proceso. Y también se ha nombrado a lo largo de la jornada la necesidad de los facilitadores, ese acompañamiento en el ámbito judicial que, por cierto, en el ámbito de la discapacidad/diversidad funcional ya están aprobados. ¿Por qué no para las víctimas de trata? No olvidemos que desconocen el sistema; tienen miedo, sobre todo si vienen de otros lugares con un estado de derecho distinto al nuestro; no siempre van a entender la duración intrínseca del proceso, ni el nivel de garantías que se reconocen a la parte imputada. Por eso estamos hablando también de vulnerabilidad en el sentido de acceso a la justicia. Las víctimas de trata son víctimas especialmente vulnerables. Y a mí me ha encantado que Beatriz, nuestra fiscal, nos hablara hoy del coste procesal de situar a la víctima en el centro del proceso. Si decimos que tenemos que poner un enfoque victimológico, lo vemos desde toda la doctrina, pero estamos ante una víctima que, por norma general, no se va a reconocer como tal. Y eso supone una traba en el propio sistema del proceso y puede impedir su avance por las mismas circunstancias. Y también quiero recoger el planteamiento de Rocío de la sentencia como reparación, para terminar con la misma idea con la que he empezado: ¿por qué esa diferencia entre los casos que se inician y las sentencias que se llegan a dictar en esta materia?

Voy a lanzar ideas que podríamos desarrollar en el debate: la necesidad de atender especialmente las cuestiones procesales para enfrentar este problema –porque al final las dificultades son de aplicación de la ley, por mucho que ya en el año 2017 se aprobaran por el Consejo General del Poder Judicial esas guías de buenas prácticas que apuntan tanto en fase de instrucción como en fase de enjuiciamiento y de ejecución–; el planteamiento de un cambio en la competencia de estos delitos tan complejos y de estos grupos criminales tan orgánicos –actualmente, competencia de la Audiencia Nacional–; la conceptualización que se deriva de la propia complejidad delictiva en el caso de la trata con fines de explotación para la comisión de delitos –si la victima de trata no es identificada, ¿qué sucede con los conflictos de delitos conexos que nos podemos encontrar?–; el tema de las conformidades. Hablando con Inmaculada, la fiscal responsable de Extranjería en Sevilla, nos alegramos de tener la primera sentencia de trata interna en España. La pena es que al final la sentencia fue por conformidad y entonces no pudimos desarrollar todo lo que hubiese dado de sí el trabajo. Pero bueno, al menos hubo esa primera sentencia. Fijémonos cómo son muchos los aspectos del proceso que inciden directamente en este delito.

Para terminar, en lo que respecta a la detección de la víctima y su identificación. Se ha mencionado esta mañana también una sentencia de la Audiencia de Barcelona en la que por primera vez se reconoce que el tribunal, como órgano judicial, puede identificar a la víctima, gracias a lo que se había indicado en los informes periciales. ¿Y qué pasa con esas víctimas después? ¿Cómo hacemos que esas víctimas pasen a ser supervivientes? Porque los beneficios están supeditados a la colaboración en el órgano judicial, y a su declaración en el proceso. Creo que se ha presentado ya el recurso ante el Tribunal Supremo, porque el Tribunal Superior de Justicia de Barcelona, como ya se ha dicho, ha ratificado la sentencia de la Audiencia Provincial, pero todavía no se ha resuelto sobre la admisibilidad de ese recurso. Personalmente, soy también positiva y optimista. Se ha abierto la vía para que se pueda identificar a las víctimas en cualquier otro proceso que no sea seguido por un delito de trata de personas; ahora bien, no sé hasta qué punto el Tribunal Supremo se va a atrever a seguir en esta línea, porque sería abrir la caja de Pandora y que en cualquier delito se pudiera intentar utilizar esta posible situación. Porque tengo que advertir del siguiente riesgo: se puede incurrir en la desvirtualización y la desvalorización del concepto de trata en sí. ¿Toda explotación es trata? Dejo todas estas preguntas para el debate y cierro con la afirmación de que es muy importante el camino y el momento en el que estamos; y, por lo que a mí me toca, es importante no olvidar el aspecto procesal. Gracias.

Marta Carballo

Muchas gracias, Pilar. Desde la vulnerabilidad, desigualdad, subordinación que planteaba Pilar en lo procesal, vamos a pasar a hablar de la libertad y la igualdad.

María Macías

Gracias Marta. Gracias también a Teresa por su invitación y por el modelo de jornada que nos posibilita encontrarnos y enriquecer el debate entre todas y todos. Yo voy a plantear una disyuntiva que está encima de la mesa, incluso la política, y que en buena parte ha dividido este año las manifestaciones del 8M; personalmente, más allá del desasosiego que me ha producido, me ha dado mucho que pensar sobre la palabra «libertad» como el paradigma de algo que está empezando a entrar en contradicción con lo que conocemos o con lo que entendemos por igualdad. Y esto me parece particularmente peligroso, porque intenta hacernos creer que de nuevo, el empoderamiento de la palabra libertad, la libertad de ese liberalismo individual, va, está por encima de otro gran paradigma –pero mucho menos tratado en la historia, al menos de los derechos humanos fundamentales– como es la igualdad, más asociado a términos de justicia, a términos de estado social y, por lo tanto, de reparto de los recursos, de posibilidades de los recursos económicos, de los recursos incluso materiales, o de las «ideologías», haciéndonos caer en estos términos un poquito perversos.

Se ha estado hablando de la prostitución forzada vinculada a la trata con fines de explotación sexual –84%, según informa la UNODC (Oficina de las Naciones Unidas contra la Droga y el Delito)–, y me gustaría explorar esa otra modalidad de prostitución no vinculada a la trata, que está teniendo mucha virtualidad en este momento. Dentro de la dificultad de obtener datos fiables, se estima que representa menos de un 10% de los valores; son mujeres en la práctica totalidad de los casos y lo que se está argumentando es que están ejerciendo esta situación desde la libertad. Es el contenido del mensaje que se nos ha transmitido y ha sido una de las razones de la diferencia de posicionamiento en las manifestaciones a las que he aludido.

La pregunta que os voy a lanzar y sobre la que vamos a reflexionar en el debate es: ¿de qué libertad estamos hablando? ¿Cómo conceptualizamos la libertad?

Una transacción hecha en términos de igualdad no se necesita regular; es decir, en el momento en el que dos personas independientes, autónomas y libres consideran que en su intercambio de relación, puntual o permanente, van a darse X condiciones, esto es un pacto que se hace dentro del contexto de la libertad. ¿Por qué considero que la libertad no está en el contexto de la prostitución, ni siquiera la que no está vinculada a la trata? Quizá no lo esté porque la situación de la que partimos en lo que llamamos prostitución no es de igualdad, sino de subordinación de una de las partes –en la práctica totalidad de los casos, hablamos de subordinación de las mujeres a los hombres–. Por lo tanto, se introduce en este concepto un elemento que tiene que ver, no con el empoderamiento en términos de libertad, sino con la desigualdad en términos de subordinación.

Contraponer la libertad frente a la igualdad para defender lo que no existe como concepto de libertad, porque no tiene cabida en su propia concepción, es muy complejo como ejercicio. En ese sentido, cuando entramos en los conceptos de aquiescencia, como puede serlo la voluntad o el consentimiento, no siempre estamos escogiendo. Libertad es aquel concepto que incorpora la autodeterminación vital de las personas para elegir entre las opciones que se le plantean posibles para hacer, en dignidad, lo que consideren con su existencia. En situación de subordinación, no se puede ejercer este concepto de libertad; solo se estaría ejerciendo en supuestos en lo que se tienen todas las opciones posibles, predisponiendo la voluntariedad.

Hace unos años realizamos un estudio, incluyendo a asociaciones de prostitución masculina, y no encontramos un indicativo significativo de personas que, entre diferentes opciones incluyendo la prostitución, escogieran esta situación. Solamente se daba en el caso de subordinación o en el caso de haber ejercido la prostitución durante muchísimo tiempo y no ven opciones para salir de ese círculo. En este sentido ha sido interesante considerar las diferencias entre la prostitución masculina, en la que se observaron casos en los que salían y entraban con una facilidad distinta de la prostitución femenina, que, de forma material, el ejercicio durante años les imposibilita contemplar otra posibilidad. Así que, ¿acaso eso es libertad, es elección? A lo sumo, es una voluntariedad, una aquiescencia de la situación que me ha tocado vivir, por así decirlo.

Por eso a nosotros nos gustó mucho emplear un término diferente al de la prostitución forzada, que es la que deriva de la trata, y referir a la prostitución forzosa. Porque realmente, detrás de las historias de las prostituciones no vinculadas a la trata, apenas pueden encontrarse realidades o situaciones que no sean de vulnerabilidad o de exclusión social. Bajo esa perspectiva, si estamos situando a la prostitución no vinculada a la trata en situaciones de vulnerabilidad y exclusión social, entonces no estamos hablando de libertad; estamos hablando de desigualdad, de subordinación y de situaciones alejadas del paradigma de libertad.

Así que planteo de nuevo la pregunta para el debate: ¿qué libertad sin igualdad? Muchas gracias.

Marta Carballo

Muchas gracias por abrir estos debates de libertad e igualdad y conectar tanto con las aportaciones de las dos siguientes ponentes, como con las cuestiones planteadas en las mesas anteriores, vinculadas a la reparación y la agencia o a la dimensión estructural del tema que tratamos y la necesidad de aproximarse desde otras miradas y otras perspectivas. En este sentido, antes de dar paso a Esperanza Jorge y a Inmaculada Antolín, menciono para el debate el enfoque y capacidades planteado por Marta Nussbaum, básico para abordar las cuestiones sobre igualdad y libertad, o las cuestiones de desarrollo de libertad propuestas por Amartya Sen.

Inmaculada Antolínez

Muchísimas gracias, Marta. Voy a empezar saludando a la sala y agradeciendo la invitación y posibilidad de estar aquí, aunque sea de forma virtual, a Teresa y a toda la organización institucional, por cuidarnos en toda la gestión que implica el estar también a distancia, que sabemos que no es especialmente fácil. Para nosotras es importante compartir esta información porque creemos que es importante apoyarnos en la imagen, es decir, en la simbología y en poder mostrar desde otros lugares, más allá de la palabra.

En nuestro caso, desde el año 2013 estamos trabajando la frontera sur del Estado español con el norte de Marruecos, en esa intersección que se da entre trata de personas y migraciones. En esta línea de plantear preguntas y reflexiones conjuntas, una de las primeras que nosotras nos hicimos –y nos seguimos haciendo– es cómo poder acompañar a personas cuyo relato se encuentra fuertemente condicionado, fuertemente acallado, silenciado; y no solamente su narración, sino también su propio cuerpo. Esta es una de las primeras cuestiones sobre la que empezamos a reflexionar cuando abordamos la idea de los paisajes corporales: cuerpos que narran teniendo como huella de partida el silenciamiento impuesto.

Para abordar ese silencio narrativo y corporal, abordamos ese acompañamiento desde otro lugar, utilizando herramientas artísticas y en las imágenes estamos mostrando algunas de las creaciones desarrolladas a lo largo de este tiempo en diferentes actividades que realizamos con mujeres viajeras, con mujeres que ejercen su derecho a la movilidad y que en ese ejercicio del derecho a la libertad de movimiento, se encuentran en el camino ante la trata de personas, muchas veces precisamente por la restricción de visados.

En la imagen que se está proyectando, una de esas mujeres que nos encontramos precisamente en nuestra frontera, en nuestros territorios, y con las que hemos trabajado desde las entidades sociales o cualquier otro espacio que nos ha posibilitado la interacción, nos muestra en su paisaje corporal cómo el silenciamiento impuesto atenaza el cuerpo y deja un impacto muy claro.

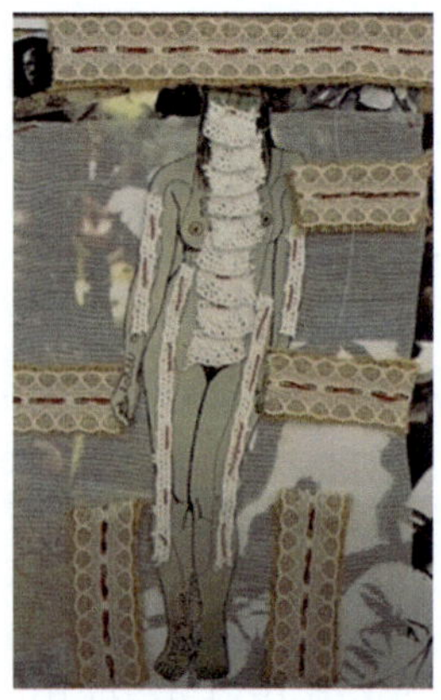

Dentro de ese silenciamiento impuesto, quizá una de las cuestiones que para nosotras ha sido más interesante es darnos cuenta como sí se puede narrar. Pilar Ladrón mencionaba el hecho de que esas víctimas son especialmente vulnerables, lo complicado que es que se puedan reconocer como víctimas y la importancia de que se reconozcan como víctimas, porque muchas veces es la puerta de acceso a la protección (por no mencionar que no vale con que ellas se reconozcan como víctimas, sino que las tienen que reconocer e identificar como tal las propias instituciones).

Si antes visualizábamos un paisaje corporal, ahora hemos querido proyectar un paisaje geográfico de las viajeras porque nos ha llamado la atención el proceso de silenciamiento impuesto. Desde una perspectiva de conjunto, estas mujeres nos venían narrando alguna de las cuestiones que para nosotras han sido señalamientos, y es que mucho de lo que sucede cuando ellas están aquí tiene que ver con todo lo que ha pasado antes y con todo lo que se ha venido desarrollando antes. Y queríamos visibilizar que la situación de vulnerabilidad también es muy marcada, en este caso, por la situación administrativa irregular y la dificultad de poder ejercer ese derecho a la movilidad, que es pujante por canales seguros y por canales regulares.

Es decir, los resultados presentes están conectados con unas condiciones en origen muy marcadas por esas violencias específicas de género y, por supuesto, también muy marcadas por violencias políticas de situaciones neocoloniales, por ese tránsito, por esos territorios inseguros internacionalmente reconocidos como es el Sahel, en este caso concreto Malí, donde son muchas veces deportada desde ese otro territorio que es Marruecos y que sigue siendo una puerta de entrada donde ahora mismo nos consta –por los últimos informes que hacemos de defensa de derechos humanos en Frontera Sur– que se está dando situaciones de trata y situaciones de explotación, y ellas ya nos han ido apuntando todo esto con todo este bagaje, con todas esas maletas de violencia y, por supuesto, de resistencia.

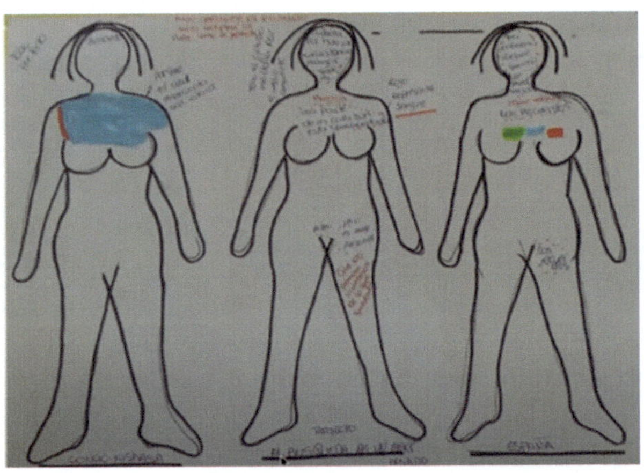

Esas herramientas creativas han tenido mucho que ver con el debate entre detección e identificación. Como ejemplo, esta transparencia ilustra el caso de una joven que llevaba mucho tiempo en un centro de menores y que había sido acompañada por una educadora social, y jamás se había detectado ningún indicio que pudiera tener que ver con una situación de trata. Y lo curioso es que este ejercicio realizado en un taller colectivo que desarrollamos fue el detonante para empezar a narrar algo que hasta ese momento no se había sentido preparada o no había encontrado el canal para poder expresarlo. Lo que no pudo verbalizar con palabras, lo expresó en esa silueta central donde señaló y dejó escrito el trauma vivido.

Y ahora voy a dar la palabra a Esperanza para que nos comparta alguna de las últimas experiencias reveladas con esta metodología.

Esperanza Jorge

Retomo el saludo y el agradecimiento por permitirnos dialogar sobre esta temática tan necesaria que visibiliza y denuncia los daños y las violencias que las personas con las que hemos trabajado, en su mayoría mujeres y niñas, han vivido.

Vamos a exponer un último trabajo que hemos realizado con Akhere Monday, en el que ella ya no sólo rompe ese silenciamiento impuesto de partida, característico dentro de la trata de seres humanos por la dificultad de narrar la historia, sino que, además, nos propone que construyamos su historia para que no les pase a otras compañeras de origen nigeriano. En Nigeria, la franja de edad de captación está entre los 13 y los 18 años, generalmente en etapas de las escuelas de secundaria, por lo que el enfoque para lanzar mensajes directos se hizo a través de un libro ilustrado. Con ella empezamos a construir su relato, a romper silencios, ¿y qué mejor manera que hacerlo desde la piel que cuenta?

> El pergamino fue un material fabricado a partir de piel de animal y empleado mayormente para escribir; la piel cuenta. Al igual que en papiro, sobre pergamino se dibujaron mapas y se escribieron algunos de los más antiguos registros de compraventa de personas esclava; la piel cuenta. En este libro, el pergamino que cuenta es mi piel de joven viajera sobre la que se escribió una historia de trata de seres humanos. (Fragmento del libro de Akhere Monday)

Así que esta idea surge en 2017, cuando Akhere nos comparte: «si yo tuviera dinero, volvería a Nigeria e iría casa por casa, iglesia por iglesia, contando mi historia para que NO les pasara lo mismo a otras niñas».

Esta apuesta de construir relatos a partir de las ilustraciones comienza con este dibujo base que pueden ver ahí, y lo que hicimos fue recuadrar en esa silueta las partes del cuerpo que contenían una huella, una violencia; o, mejor dicho, una de tantas violencias, puesto que localizamos diez violencias más, siendo la undécima de ellas, la ausencia. La ausencia tiene una cualidad particular y es que es inenarrable; se puede narrar la vida, se puede narrar la muerte, pero la ausencia, la desaparición, la no vinculación, es inefable. Una vez localizadas las violencias, ese cuerpo quedaba descuartizado, por lo que lo llamamos «el despiece de una joven». Por falta de tiempo, voy a mostrar tal solo el índice de las huellas, en el que se pueden ver nombradas cada una de esas violencias, que estructuran los capítulos del libro: el contrato, la violación, la venta...

Se venden personas. «A mí me han vendido dos veces en el camino, Esperanza», me decía...

Cada ilustración se fue elaborando como vemos en la imagen, a partir de tela, de papel, en un proceso enorme de investigación que hicimos entre las tres y en el que cada pieza se fue uniendo con hilo cosido, con la intención de plasmar lo efímero, lo cambiable, lo transformable. Porque este mundo se tiene que transformar. Los hilos de cuerdas son recogidos de los restos de embarcaciones, por lo que nuestro trabajo nos ha llevado a distintos puntos de la Frontera Sur. Allí íbamos recogiendo esos vergonzosos restos de naufragio que tanto señala hacia nuestra sociedad, corresponsable directa de las muertes que presenciamos en el fondo de nuestros océanos o en los fondos de nuestros desiertos, o en los fondos de nuestros archivos burocráticos. De esos restos de naufragio recogimos también madera y fuimos elaborando esas piezas. Todos los cortes están hechos con cuchilla porque los cortes que aquí reciben su cuerpo mayormente están hecho a cortes de navaja.

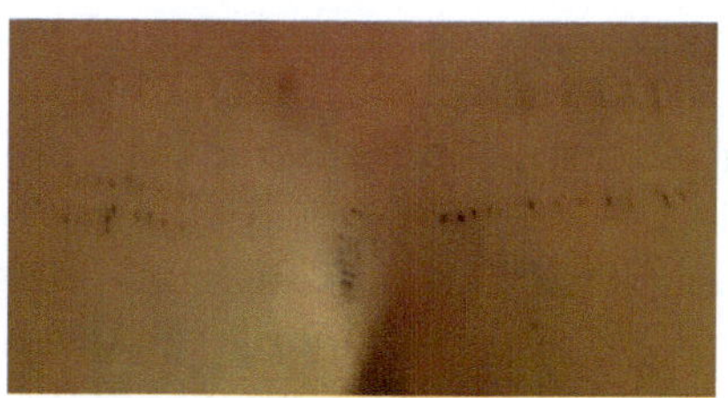

Este es un ejemplo, vemos un segmento de los cortes hechos sobre su cuerpo a través de un ritual de vudú, que representan el contrato y la deuda de 50.000 € que tenía que pagar; esas marcas permanentes se lo recuerdan cada día, cuando se lava los dientes, se peina o está frente al espejo, y que cada día se rasca, en un intento simbólico de borrado.

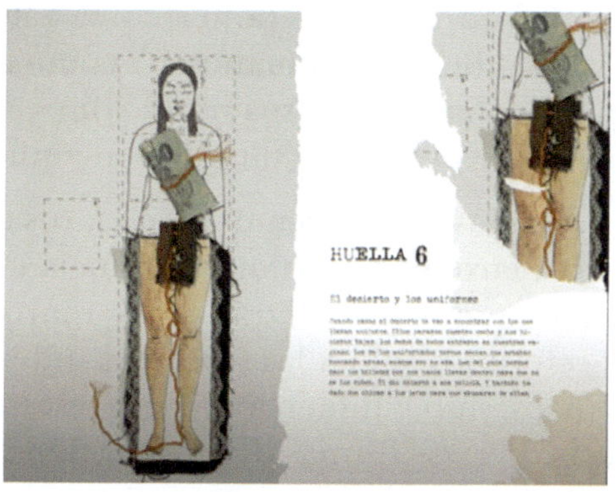

Por último, quiero leeros un fragmento de la Huella 6:

> Cuando pasas el desierto, te vas a encontrar con los que llevan uniforme. Ellos pararon nuestro coche y nos hicieron bajar. Los dedos de todos entraron en nuestra vagina. Los de los uniformados porque decían que estaban buscando armas, aunque eso no era. Los del guía porque sacó los billetes que nos hacía llevar dentro para que no se los roben. Él dio dólares a ese policía. Y también ha dado a dos chicas a los jefes para que abusaran de ella.

Al igual que este capítulo 6, la huella 10 narra la explotación, en este caso sexual. En otros casos con los que hemos trabajado se puede comprobar, además, ese mimbrado que hay entre formas de explotación sexual y laboral, en historias de vida de mujeres que por la mañana están en situación de explotación laboral en los invernaderos en Huelva y por la tarde empiezan a llegar los clientes de explotación sexual.

Qué amplias son las formas de plasmar huellas en los cuerpos y convertir a personas en pergaminos que narran. No queremos cerrar la intervención sin antes reconocerlas como supervivientes y como constructoras de sociedad.

Por eso, para nosotras son fundamentales para responder a la pregunta que se lanzaba al inicio de esta jornada con otra interrogación: ¿Cómo podemos ponerle una zancadilla a este terror que es la trata de seres humanos? ¿Y cómo no hacerlo sin ellas, sin las protagonistas y sin sus narraciones, sin sus relatos que denuncian y que proponen mundos en equidad?

Por eso nosotras las reconocemos como faros narrativos –de ahí esta imagen–, faros que alertan y denuncian las violencias, y que iluminan lo que ocurre detrás de los muros, de las fronteras. No nos referimos solo a las fronteras entendidas en términos geopolíticos, sino también a nuestros escenarios sociales que ocultan esas diversas formas de explotación y de violencia.

¿Podríamos permanecer impasibles si viéramos directamente las agresiones que viven estas mujeres a diario? ¿Seríamos capaces de sentarnos a su lado, escucharlas y no reaccionar? No, sería impensable, porque nuestra ética humana no lo permitiría. Y esa es la intención de nuestro trabajo con ellas, visibilizar, sensibilizar, ser conscientes de la complejidad de los daños que hacen nuestros modelos sociales. Y lo dejamos aquí, si les parece.

Marta Carballo

Muchas gracias, Esperanza e Inmaculada, por compartir con nosotros los testimonios tan impactantes que nos habéis dado a conocer. Personalmente, me han resultado cautivadoras las exposiciones de las cuatro personas que han intervenido en esta mesa desde metodologías distintas (procesal, constitucional y artística), y me gustaría abrir el debate en torno a todas las cuestiones planteadas. También me gustaría dirigirme al alumnado con experiencia práctica en la intervención directa con las víctimas, para que compartierais otras metodologías de abordaje, otras formas de narrar y de aproximarse a esta realidad, que nos ayudan a visibilizar y nos ayudan a nombrar.

Speaker: Corina Fuks, alumna del curso ETSH 2019/2020

Hemos hablado de la víctima de trata, de la explotación sexual y laboral, del tratante, etc., pero no hemos hablado del papel que tiene el consumidor, es decir, nosotros consumimos los productos que están hechos con trabajo esclavo. Ejemplo de ello, y creo que es *vox populi*, es cómo se construye la infraestructura de El Mundial de Qatar 2022: sobre un cementerio de más de 6000 muertos, reconocidos como víctimas de trata a quienes les quitaron el pasaporte y fueron explotados laboralmente. Y en el caso de la explotación sexual, también es claro el papel que tiene aquella persona que está pagando por tener sexo con una persona que no lo desea y cuya situación vital se contrapone a los principios más básicos de igualdad.

Entonces, una cuestión que para mí es importante es el tema del consumo y los consumidores. Y hay otra cuestión que también me preocupa especialmente y con la que no soy precisamente optimista, a pesar de estar recogida en el punto 8 de los Objetivos del Desarrollo Sostenible (ODS).

Hay un movimiento que sale a colación del tema de la libertad, que es el movimiento pro-derechos, y se pretenden pasar por derechos humanos, por lo menos desde la óptica popular, lo que no son derechos humanos. Y me temo que están aprovechando los ODS para dar cobertura legal y validar cuestiones que no están legisladas. Hablo de casos claros como el informe *Mi cuerpo me pertenece*[3] del Fondo de Población de las Naciones Unidas (UNFPA) dirigido a las escuelas, donde se habla de los derechos de la mujer trabajadora y plantean los derechos del trabajo del vientre de alquiler como trabajos altruistas deseables. Me parece que esto es un ejemplo de tergiversación de la lógica capitalista y me preocupa que este tipo de mensajes legitimen que se blinden prácticas desde lo jurídico que pretenden pasar por derechos humanos cuando, a mí parecer, no lo son.

Teresa Rodríguez

Gracias, Corina. La primera cuestión que has planteado para mí es especialmente importante y, de hecho, la primera mesa de la mañana ha girado fundamentalmente en torno a crear conciencia al respecto, poniendo el foco en la explotación ligada al consumo y a los consumidores de todo tipo de bienes producidos con trabajo esclavo. Aunque te hayas incorporado un poco más tarde, la jornada se graba y podrás visualizarlo en el canal de YouTube de la Universidad de Alcalá[4].

Aprovecho para saludar a Inma y a Esperanza. Sabéis que os adoro y quiero daros la enhorabuena; me habéis vuelto a sorprender. Admiro muchísimo el trabajo de estas dos mujeres y me consta que todo el alumnado se ha quedado maravilla-

---

3 https://www.unfpa.org/es/mi-cuerpo-me-pertenece-imaginar-un-mundo-con-derechos-y-elecciones-0

4 https://www.youtube.com/watch?v=crBKFqsRDNs

do con el documental que habéis compartido en el curso de experto. Me parece sorpendente y maravillosa esta propuesta metodológica para abordar el tema en cuestión y romper barreras. Sois pioneras y quería destacarlo, además de mandaros todo mi cariño.

Someto a consideración de la moderadora si entrar ahora en los otros temas de debate o si prefieres que dediquemos un poco más de tiempo a hablar sobre las metodologías.

Marta Carballo

De acuerdo. Hay una palabra pedida. Adelante.

Speaker: Irene Andrés, alumna del curso ETSH 2019/2020

Como alumna del curso, quiero reiterar el agradecimiento a Inmaculada y a Esperanza por los trabajos que compartieron en el curso y por todo lo que nos transmitieron también hoy aquí. Pese a todas las mujeres y niñas que viven experiencias traumáticas, aportáis un rayo de luz y de esperanza. Y lo necesitamos. Las personas que estamos en atención directa lo necesitamos particularmente, así que os lo agradezco en nombre de todas mis compañeras.

Por otra parte, la metodología que nosotras empleamos para favorecer la recuperación psicoemocional de las víctimas de trata que atendemos, también tiene un abordaje artístico en el caso de aquellas niñas y mujeres que llegan en estados de disociación o con un estrés postraumático que les impide expresar y verbalizar lo vivido en una terapia convencional. Así que, a modo de tratamiento terapéutico creativo, utilizamos la llamada «arteterapia» a través de talleres que nos están dando unos resultados espectaculares. Ellas se expresan creando desde la fotografía, la pintura o la música, y nosotras intentamos hacer exposiciones que lleguen al público como una vía de sensibilización. Por lo tanto, el objetivo principal del taller es posibilitar un proceso de recuperación psicosocial a través de la expresión artística, para aquellas personas que no pueden hablar del dolor y del trauma de otras formas.

Esther Pomares

De nuevo, buenas tardes. Me han gustado mucho las ponencias que han inaugurado la tarde y quería saber un poco más respecto del proyecto de Inmaculada y de Esperanza. ¿Eso se hizo también con mujeres en zona de conflicto? Porque si es así, formé parte de ese taller concreto y recuerdo algo muy interesante de vosotras, que a lo mejor se ha perdido un poco en vuestra exposición, dado que abordarlo requería más tiempo. Hemos hablado de vulnerabilidad; sin embargo, también se ha hecho manifiesta la fortaleza de estas mujeres que viajaban y se desplazan solas o con niños, precisamente en sus tomas de decisiones que nos ha enseñado alguna lección que otra. Cuando hablamos de personas que proceden de otros países y otras culturas, cometemos el defecto de aplicar nuestra cultura occidental sobre la de ellas, y seguramente la mayor parte de las veces nos puede llevar a sorpresas. Enhorabuena por el taller que hicisteis, por la metodología aplicada y por los resultados obtenidos. Me encantó formar parte de esa experiencia.

Por otro lado, quería comentar una cosa con relación al consentimiento. Cuando hablamos de la capacidad para consentir, estamos nombrando solo un ámbito, el ejercicio de la prostitución. No obstante, si cuestionamos la capacidad de consentir en personas que se están buscando la vida, quizás no estaría de más ampliar el enfoque y cuestionar esa capacidad de consentir en todos los sectores, no solo en el de la prostitución. Por tanto, tenemos que invalidar todo tipo de contratos: en servicios domésticos; en la restauración; en la construcción; en los talleres textiles; en todos los sectores en los que van siendo ocupados. Claro, esto sería una tarea ilimitada, ocupándonos ya no sólo de los inmigrantes, también de los nacionales. Me da la sensación de que, más allá de tratarlo como un asunto jurídico, al sector del sexo le estamos aplicando una mirada moral. Yo me considero privilegiada porque estoy encantada de trabajar en lo que me gusta, y me abruma seguir ese enfoque y hacer una criba, porque al final, solo las privilegiadas de las sociedades occidentales vamos a tener la capacidad de consentir y las demás no. Y lo conecto con lo que decía al principio, relacionado con la fortaleza de estas mujeres que son capaces de lo que yo no sería capaz, desde mi punto de vista, de coger a mi hijo pequeño y de integrarme en el mar. Yo no lo haría desde mi piel, pero desde la suya quizás sí, porque las situaciones difíciles por las que pasamos como seres humanos hacen que flexibilicemos nuestros umbrales de tolerancia. Y a mí eso de que de pronto se me reste capacidad de autonomía en mis decisiones me incita a pensar que se me coloca en una posición debilitada y se me infantiliza por ser mujer.

Esperanza Jorge

Muchísimas gracias, os mando cariño y abrazos enormes para todas y todos. Por lo que estamos hablando, en este reto nosotras intentamos estar muy humildemente; y digo nosotras en el sentido más amplio, porque trabajamos con muchas personas que caminan mundo. El reto es que no estanquemos el trabajo, la posibilidad sanadora de la construcción narrativa desde un lugar de empoderamiento. Junto a compañeras que trabajan desde el ámbito jurídico, estamos empeñadas en repensar los distintos procedimientos que viven estas mujeres para que la construcción del relato no solo sea un apoyo al restablecimiento de la persona (con los cuidados en el centro), sino que esté integrada en el resto de los objetivos que se desprenden del acto de romper el silencio. Parte de nuestro trabajo apoya los procesos de identificación a partir de historias narradas desde otros lugares y consideramos que estas metodologías que apoyan a los procesos jurídicos de protección, posibilidad de denuncia, restablecimiento, prevención, etc., son el puente hacia la colocación de la mujer superviviente como co-constructora de la sociedad y el reconocimiento de su capacidad transformadora.

Desde esa perspectiva, este libro está siendo evaluado en la embajada española en Nigeria –ya ha sido traducido al inglés–, para que sea difundido en los centros educativos allá, porque Akhere concibe su cuidado y su protección como el cuidado y la protección de tantas niñas que podrían ser susceptibles de la trata ahora mismo. Con todo esto, quería poner de manifiesto que trabajamos de forma mimbrada para que no se trate únicamente de narrativas que rompen silencios y nos ayudan a restaurar, o de narrativas para la admisión del trámite a asilo, etc., sino de un esfuerzo conjunto en el que se reconozcan los faros narrativos de esos relatos como elementos fundamentales a la hora de abordar la temática desde sus distintas aristas.

Inmaculada Antolínez

Quiero agradeceros todas vuestras palabras y decir que, para mí, los y las alumnas de este curso han sido mis compañeros y compañeras. Y solamente quiero añadir una cosita más, que efectivamente, por falta de tiempo se ha quedado en el tintero. Creemos firmemente en esa idea de colectividad ligada a la protección que ya se ha planteado.

Nuestros propios sistemas de protección son a veces muy sesgados, y ofrecen recursos de protección individual, olvidando el proyecto colectivo en el que se inserta esa mujer, con una familia detrás. Y lo cierto es que en esta sociedad tan profundamente individualizada en la que vivimos, es bastante complicado insertar otro paradigma, otras maneras y otras cosmovisiones de entender el mundo. De ahí surge la segunda idea:

la invitación constante que hacemos a poner los cuidados en el centro como brújula ética. De lo contrario, estaremos sometiendo sistemáticamente a estas mujeres a procesos de revictimización por el mero hecho de colocarlas en la tesitura de contar una y otra vez su historia. ¿Quién de nosotras podría contar su historia de vida sin venirse abajo? Pues imaginemos cuando se trata de estos caminos que estamos abordando a lo largo de la jornada.

¿Y qué es el cuidado? Es tener en cuenta un enfoque de derechos humanos, un enfoque de género, de infancia y, por supuesto, un enfoque de sensibilidad y diversidad cultural. Trabajamos con población migrante proveniente de otros horizontes culturales y cuyos comportamientos y prácticas son profundamente incomprensible para nuestra manera de entender el mundo, nuestra cosmovisión. Y una cuestión fundamental a la que habéis apuntado es lograr no posicionarse desde un lugar condescendiente con actitudes paternalistas.

Así que, por la temática de la mesa, replantearía cuál es el imaginario de víctima que muchas veces seguimos reproduciendo y que nos apunta bien como salvadoras, bien como enjuiciadoras.

Marta Carballo

Muchas gracias. Antes de cerrar y pasar a la última mesa, me gustaría destacar dos ideas a modo de resumen. La primera es la necesidad de recuperar las narrativas y de construir el relato desde otros lugares; desde lo jurídico, pero también desde lo político, lo antropológico, lo filosófico, etc. Y por otro lado, aunque no se ha abordado mucho pero sí ha salido de distintas maneras, otra idea importante es la necesidad de descentrar la mirada. Pecamos de una mirada heterosexual, occidental y androcéntrica, y es hora de ir rompiendo y situarnos desde enfoques interseccionales, como apuntaban Inmaculada y Esperanza en su última intervención. Gracias.

Teresa Rodríguez

Antes de cerrar, quiero advertir del problema que tenemos al manejar datos y estadísticas criminales. Más que hablar de estadísticas, hablaría de estimaciones, porque, sinceramente, no creo que las cifras que manejamos se acerquen siquiera a las reales, y eso es porque no tenemos una base metodológica que las avale. Esto me preocupa mucho, porque para hacer buena política criminal y buena política en general es imprescindible conocer los fenómenos; y este fenómeno no lo conocemos en toda su magnitud. Sólo quería apuntar eso sin entrar en un debate, porque no quiero quitar más tiempo. Gracias.

MESA 4: COMUNICACIONES ALUMNADO DEL EXPERTO EN75-UAH

Ponentes: Irene Andrés; Isabel Diez; Rafael García; Montse Riverola; Paloma Torres

Modera: Alex Macsutovici

Alex Macsutovici

Llegamos a la última mesa, la mesa de las comunicaciones de parte del alumnado que ha cursado el experto en Lucha contra la Trata de Seres Humanos (EN75), en la que exploraremos diferentes metodologías de abordaje desde la práctica de sus trabajos en terreno, y también trataremos de rescatar cuestiones que han quedado en el tintero hasta ahora.

Por lo tanto, vamos a comenzar con las intervenciones, dando a conocer a la Asociación In Via. Las acompaña Carmen Laorden, su directora, e Irene Andrés va a ser quien represente también a sus compañeras Dolores Sánchez, Olga Tous y Marta Calderón, que están aquí presencialmente. Entre todas, han preparado una comunicación para presentar el proyecto «Tránsito», orientado a proporcionar atención integral a las supervivientes de trata, especialmente a menores y mujeres que presentan patologías de salud mental.

Irene Andrés

Muchas gracias. Los antecedentes del proyecto «Tránsito» los encontramos en el año 2008, cuando implementamos en la Asociación In Via un proyecto especializado de acogida integral de niñas menores de edad, de 16 a 18 años, supervivientes de la trata. Vimos que los recursos de los que disponíamos no eran suficientes y que debíamos implementar un proyecto que diera respuesta a todas las necesidades que tenían. Así que iniciamos el proyecto «Tránsito» en el año 2017. Quiero comentaros que nuestra metodología de trabajo está especializada en violencias desde una perspectiva de derechos humanos, género interseccional, transcultural y de reducción de daños. Realmente este modelo lo iniciamos desde que implementamos en la Asociación In Via el primero de los recursos de acogida y protección, que fue Casa de la Joven en el año 53. Es decir, a lo largo de todos estos años se ha consolidado en la entidad este enfoque, llegando a la especialización actual en violencias y abordaje de casos de trata.

Lo que nosotros ofrecemos en el proyecto «Tránsito» tiene dos grandes objetivos: el primero es propiciar una recuperación psicoemocional de las víctimas y supervivientes de trata por motivos de explotación sexual; el segundo es asistir y posibilitar un proceso de autonomía. Tenemos diferentes líneas de actuación. Por una parte, ofrecemos un tratamiento ambulatorio para aquellas supervivientes que se acercan a nosotras a partir de usuarias que ya hemos tenido y que no tienen exactamente unas necesidades de acogida y protección, sino más bien de atención psicológica –y poco a poco, pueden incluso integrarse en la acogida residencial–. Hacemos atención en sede policial cuando las Fuerzas y Cuerpos de Seguridad nos llaman. Hacemos la acogida integral que ahora os explico, y lo que intentamos de alguna manera es efectuar la máxima sensibilización respecto a esta lacra.

Para nosotros es muy importante hacer acogida integral, y con esa perspectiva trabajamos a nivel pedagógico desde la pedagogía del afecto. En este sentido, llevamos desarrollando un modelo integrador de colectivos desde el año 1953 y creemos muchísimo en él. Como ya he mencionado, bien es cierto que nuestro equipo está especializado en la atención a supervivientes de la trata; pero no estamos hablando solo de recursos de protección o de recursos residenciales dirigidos a mujeres y sus hijos e hijas supervivientes de la trata. En nuestros recursos damos acogida a supervivientes de violencias, como una fórmula de integración enriquecedora desde la convivencia entre mujeres cuya situación de ingreso en los recursos no sea la trata. Bajo esta perspectiva, desde la entidad hacemos un acompañamiento en todo lo que supone la inserción sociolaboral, y también un acompañamiento administrativo y judicial. Y en concreto, a nivel judicial quienes nos están apoyando son las abogadas del caso de Barcelona que se ha comentado durante las jornadas; trabajamos mano a mano con ellas y las necesitamos como el aire que respiramos.

Por otra parte, promovemos esta recuperación psicoemocional a la que he aludido anteriormente, porque las supervivientes nos llegan en unos estados de bloqueo psicoemocional muy importantes, ya sea en el caso de menores como de adultas. En el caso de las menores, es significativo el estado de disociación en el que llegan. Este fue uno de los aspectos más relevantes del estudio que elaboramos en la atención de menores traficadas con fines de explotación sexual, acogidas desde el año 2017 hasta el 2020: un elevado porcentaje de ellas llegan en estado disociativo y no vienen identificadas como víctimas de trata; como mucho, se les identifica como MENA.

Esta realidad conecta con otra de las líneas importantes del proyecto: la detección que efectuamos a través de los nueve recursos de protección. Trabajamos de forma muy coordinada con Servicios Sociales y con todas las entidades de derivación relacionadas con la atención a la mujer y, a partir de los casos que nos derivan de madres y familias monoparentales multiagredidas, hacemos la detección tanto en menores como en adultas. Después, le sigue el acompañamiento en materia administrativa y de inserción laboral –que es muy complejo–. Hemos de admitir que también para nosotras cada día es un reto. Efectivamente, como bien comentaba una compañera, aprendemos de y con ellas, puesto que nos enseñan muchísimo y, en la medida de lo posible, intentamos contar con ellas en nuestros equipos de trabajo que están en constante formación; esto es muy necesario. También contamos con personas que, si no han pasado por un proceso de trata, sin duda han tenido procesos migratorios de alto riesgo y comparten, además, características similares a nivel cultural.

Una de las líneas del proyecto que no podemos desarrollar cada año por motivos económicos, es acompañar a aquellas jóvenes que han efectuado un proceso con nosotras, el tiempo que lo necesiten y más allá de nuestras fronteras; es decir, intentamos acompañarlas en sus países de origen, para que puedan ofrecer a las familias una explicación de quiénes somos. Se suele llevar a cabo con la psicóloga de la joven, que ya es mayor de edad, y con las educadoras referentes. Cuando hay disponibilidad económica, intentamos hacer esta reconciliación a nivel familiar, porque de los 12 casos atendidos de menores, en más de un 70% el proceso de trata había sido promovido por la familia; no olvidemos que la familia continúa estando ahí. Por tanto, intentamos trabajar con ellas el tema familiar, desde una mirada transcultural y también teniendo en cuenta la perspectiva sistémica que es importante recordar. Estamos preparando la publicación de este estudio, así que estará disponible para consultar próximamente. Muchísimas gracias.

Alex Macsutovici

Muchas gracias, Irene. Doy paso a Isabel Diez Velasco, abogada y consultora en materia de derechos humanos y profesora asociada en la Universidad Pontificia de Comillas, quien nos va a hablar de la cifra oculta de la infancia víctima de trata.

Isabel Diez

Muchas gracias y encantada de estar aquí. En mi intervención, voy a tratar un tema que ha salido en el último momento y que aún no hemos comentado demasiado con relación a la cultura de los datos y las estadísticas: la realidad de la trata es una realidad muy difícil de cuantificar. ¿Por qué? Porque las dinámicas propias del fenómeno, la especial situación de vulnerabilidad en la que se encuentran las víctimas y la configuración legal que tenemos del fenómeno, dificultan la recogida de datos de calidad en esta materia. Es decir, en este contexto sólo tenemos datos de algunos perfiles de víctimas y de algunas finalidades de explotación, pero no tenemos datos en conjunto de la dimensión de la trata. Entonces, en general, tenemos muchas víctimas que siguen siendo invisibles a estas estadísticas generales, más allá de que las estadísticas que tenemos están descoordinadas entre ellas y nunca hay datos unificados.

Nos encontramos, por lo tanto, con dos retos principales en esta cuestión: por un lado, la dificultad de acceder a datos que de por sí, tienen una sensibilidad elevada y están normalmente en contextos de clandestinidad; en segundo lugar, el desafío de recoger y analizar datos estadísticos de calidad, siguiendo una metodología unificada. Cada organización y cada autoridad pública que tiene competencias en recogida de datos sigue sus propias metodologías y cada una tiene una finalidad diferente para la que se recogen esos datos, en virtud de la Ley de Protección de Datos.

La buena noticia es que ninguno de estos retos son imposibles. Esta es una de las conclusiones que hemos obtenido en el proyecto «Cultura de Datos del Instituto Universitario de Estudios sobre Migraciones» de la Universidad de Comillas y UNICEF España, que hemos publicado recientemente. Y es que contar no significa sólo llevar la cuenta. Para nosotras contar significa tomar decisiones en torno a esas cuentas, en torno a esos datos estadísticos que obtenemos. Por eso es importante desarrollar una cultura de datos en torno a esa lucha contra la trata, que no es simplemente obtener estadísticas unificadas, sino ir más allá. Es decir, una vez que tenemos esas estadísticas, hay que conocer el fenómeno en su conjunto para que podamos adoptar políticas públicas sostenibles que respondan a una realidad concreta. No podemos quedarnos solo en la punta del iceberg y actuar solo para la punta del iceberg, sino conocer el fenómeno en su conjunto para tomar decisiones eficaces y responsables.

Por todo lo expuesto, desde el proyecto nos propusimos estimar cuál sería la cifra oculta de personas víctimas de trata que permanecen invisibles a los ojos de las organizaciones sociales. Es una estimación porque es un proyecto piloto y el propósito principal es conocer cuántas personas conseguimos detectar o identificar y cuántas no, teniendo en cuenta el problema de la cifra oculta, es decir, todas esas personas que no figuran en las estadísticas oficiales. En la Comunidad de Madrid, durante los años 2015 y 2019, la cifra oculta estimada de víctimas de trata que obtuvimos fue de 2805; y en esos términos estadísticos, los porcentajes de la ratio revelaron que apenas se estaría observando el 26% de personas, en procesos de trata. Entonces, independientemente de cuáles serían los fenómenos, quedaría el 74% de víctimas de trata ocultas a este entramado que tenemos de identificación y detección. Pero, si nos adentramos un poquito más en analizar los datos por cada subgrupo poblacional para ese mismo periodo, por cada niño o niña víctimas de trata observada, estimamos que habría 5,7 sin observar. Esto quiere decir que el 85% de niños y niñas víctimas de trata no se estarían observando por ningún actor, es decir, por la sociedad en general.

Ninguna estadística oficial contempla esta posible realidad porque normalmente las cifras de niños y niñas víctimas de trata son las menos elevadas. Por si esto no fuera suficientemente preocupante, al analizar estos datos en infancia de forma desagregada, teniendo en cuenta las variables de sexo y edad –que son de las pocas variables que conseguimos unificar porque todos los actores entendían lo mismo por sexo y edad–, los resultados fueron aún más alarmantes. Por cada niña víctima de trata observada, se ha estimado que habría 3,5 sin observar, mientras que por cada niño víctima de trata observado se ha estimado que habría 19 sin observar. Estos datos fueron obtenidos a través de un método estadístico llamado «el método de estimación de sistemas múltiples», que permite utilizar diferentes bases de datos para estimar esta cifra oculta en grupos poblacionales con características homogéneas –es decir, se podría utilizar en el fenómeno de la trata–. Este método que hemos implementado en la Comunidad de Madrid suele ser promovido por la Oficina de Naciones Unidas contra la Droga y el Delito en diferentes países de la Unión Europea y, curiosamente, en España hemos sido de los pocos países que ha conseguido implementarlo. Es un modelo bastante innovador y en pocos países tienen el sistema que nosotros tenemos para poder hacerlo.

Con todo ello, quería hacer manifiesto que podemos obtener datos de calidad, fiables en términos generales, para conocer el fenómeno de la trata. Si bien es un proyecto piloto, fue posibilitado gracias a la participación de muchas organizaciones sociales y autoridades públicas, lo que implicaría que, si vamos más allá y conseguimos implementar el modelo a nivel estatal, podríamos obtener metodologías y datos estadísticos mucho más fiables. Aun así, no dejan de ser solo datos; los datos no nos van a resolver nada, sino que nos van a contar una parte de la realidad. Como profesionales desde los diversos ámbitos, tendremos que darles sentido trabajando junto con las personas que viven esas realidades, sin quedarnos solo en los datos y olvidándonos de las historias que traen consigo.

Para concluir, quiero remarcar que estos dos retos que mencioné al principio son complicados, pero son salvables. En primer lugar, se pueden desarrollar metodologías unificadas de recogida y análisis de datos y lo necesitamos. No puede ser que estemos recogiendo datos infinidad de actores, con finalidades diferentes y con números completamente dispares, y una buena noticia es que muchas organizaciones sociales y autoridades públicas ya están implementando procesos internos de mejoría de sus bases de datos. Y como Estado español, nos encontramos en un momento histórico muy propicio para implementar el tan demandado Mecanismo Nacional de Derivación que pudiese asumir esa competencia, porque según la Ley de Protección de Datos, necesitamos recoger datos para una finalidad concreta (y la finalidad estadística es una de ellas). En segundo lugar, podríamos obtener datos estadísticos más fiables a través de métodos estadísticos innovadores –como puede ser el método de estimación de sistemas múltiples– y junto con la colaboración activa o solidaridad entre todos los actores implicados, ya sean organizaciones sociales, autoridades públicas o la sociedad en general.

Para cerrar, lo que propongo con esta comunicación es desarrollar e implementar esa cultura de datos en toda la lucha contra la trata, desde las diferentes perspectivas. Principalmente para nosotros la cultura de datos es cómo influye el tratamiento de los datos de toda índole en la lucha contra la trata y en las decisiones que adoptamos. Gracias.

Alex Macsutovici

Muchísimas gracias, Isabel. Me resulta gratificante presenciar cómo se están complementando los temas que están saliendo de forma orgánica con la estructura que hemos previsto organizando previamente las mesas. Este era uno de los objetivos de las jornadas, enlazar la teoría con la praxis y, por qué no, hacer *networking* de paso. Dicho esto, voy a dar paso a Rafael García, que nos va a ofrecer una perspectiva filosófica desde la labor educativa que ejerce desde hace tiempo como profesor en filosofía. Desde ese punto de vista, tiene una trayectoria muy amplia, tanto en León como en Burgos y, a lo largo de los años, ha participado en diferentes congresos y publicaciones; es decir, en líneas generales, aporta su granito arena dentro del aula y también fuera de ella.

Rafael García

Muchas gracias. Mi intervención va a tener un carácter más teórico y conecta, como decía Alex, de forma simbiótica con todo lo que hacéis desde la práctica. Ana Carrasco, una filosofa española, dijo que «no podemos ni imaginar el dolor del otro, pero sí podemos hacerlo nuestro. Decir el mal, señalarlo y que nos importe». El siglo XX –el siglo del miedo, según Albert Camus–, amasó la mayor huella de sangre conocida. Dos guerras mundiales que fueron seguidas de otras 150 guerras dejaron más de 100 millones de muertos, la mayoría civiles. Si sumamos a los genocidios, la violencia organizada, las mafias y el terrorismo, las imágenes de la barbarie nos llevarían al corazón de las tinieblas; el mal en estado puro. Pero el siglo XX también dio a luz la extensión de la educación, sistemas sanitarios públicos que universalizaron la asistencia, y la lucha de las mujeres por alcanzar la igualdad; hay luz en ese corazón de las tinieblas. Pero sobre todo nos dejó una carta universal de la vida civilizada, una cartografía de la dignidad. El siglo XVIII reconoce la dignidad de todo ser humano. El siglo XX plasma en derechos (Declaración Universal de los Derechos Humanos) esa dignidad que no es una abstracción, puesto que ha de encarnarse en individuos de carne y hueso. El miedo y el mal impregnan también este siglo XXI. Una de sus caras es la trata de seres humanos. El mal germina en este fenómeno complejo que, sin duda, es una nueva forma de esclavitud a través de la aporofobia y del no reconocimiento del otro.

En primer lugar, la aporofobia: rechazamos al pobre; sentimos aversión hacia el miserable; pensamos que no puede aportarnos nada porque nada tiene; incluso sentimos vergüenza porque no soportaríamos ser como él. Nos interesan los mejor situados económica y socialmente. Un turista con dinero es acogido; un inmigrante, no. En segundo lugar, el no reconocimiento del otro: la dignidad es el reconocimiento del valor de cada persona que merece respeto; que no tiene precio; que ante el sufrimiento merece compasión. ¿Qué ocurre en la trata de seres humanos? Los que vienen son pobres, engañados y transportados fuera de su entorno, y no con las mejores intenciones. «Vivimos como soñamos, solos», decía Joseph Conrad en *El corazón de las tinieblas.* Y los que vienen, así han de sentirse al llegar a un lugar que es el no lugar, un engaño; su mayor sufrimiento, la invisibilidad y la exclusión. Los perpetradores de esta nueva forma de esclavitud buscan a los más vulnerables y los despojan de dignidad. ¿Cómo? Despersonalizando, degradando, humillando, despreciando hasta llegar a la anulación. Los nuevos amos mienten, son violentos y amenazan a los que no ven como humanos ni dignos de ser respetados. Despojan de pasaporte, de nombre; ponen precio para convertir al humillado en una deuda. Pertenecen a los idiotas morales que no son capaces de reflexionar. Entre ellos y la víctima no hay vínculo porque no hay reconocimiento del otro. Juan Benet, al hablar de los asesinos del ingeniero Ryan, lo describe así: «Ni siquiera la han visto con los ojos cerrados porque no saben ver ni con los ojos cerrados ni con los ojos abiertos. No saben ni imaginar ni pensar. Hay que concluir que no saben nada de nada, pues de otra forma no habrían hecho lo que han hecho. No hay animales suicidas y, por consiguiente, ni siquiera se trata de animales».

¿Por qué la educación? Los humanos somos vulnerables. Nos hacemos humanos con otros humanos. El proceso de socialización se lleva a cabo con otros: la familia, los juegos, los amigos, los medios de comunicación y, ahora, las redes sociales. La educación nos humaniza, nos descubre a nuestros semejantes. Somos interdependientes y necesitamos el reconocimiento mutuo. Todo ello ocurre en sociedad, donde conquistamos la libertad y la autonomía. La educación nos va a permitir desarrollar y elegir un proyecto vital construido con otros, sin permitir que nos lo hagan. ¿Qué hay que enseñar? No por conocer el bien, como sostiene el intelectualismo moral, vamos a actuar bien siempre. Como dice Ana Carrasco, una vida sin dolor es imposible. La vida duele. La cuestión es ¿qué tipo de daño hacemos y nos hacen? Conocer cuáles son las causas y si podemos neutralizarla o minimizarlas, teniendo el coraje de pensar. Hay daños que son evitables, son innecesarios y eso se puede relatar y enseñar. Reconocer al otro como un igual. Saber ponernos en su lugar. ¿O es que somos incapaces de asumir el papel de otras personas? Dignidad y respeto. Ser capaces de pensar por nosotros mismos. De observarnos y reflexionar sobre nuestro modo de ser y estar en el mundo con los demás. Huir del idiota moral, del que hace daño porque no piensa lo que hace, no delibera. ¿Queremos un mundo banal donde el uso del pensamiento no se exija? Pensar no es pensar sólo en uno mismo, es pensar con, en, por y para los demás. Si rompo la relación yo-nosotros, el mundo humano se destruye. Dice Immanuel Kant que el hombre no llega a ser hombre más que por la educación; no es más que lo que la educación hace de él. El hombre siempre es educado por otros hombres. Dignidad y compasión. Empatía y respeto. Hablamos de sentimientos y de emociones, y esas se experimentan. ¿Se pueden enseñar? Alguien puede no sentir compasión con el que sufre o padece. Podemos anestesiar frente al dolor porque se repite constantemente en los medios. Pero lo que sí podemos enseñar es a pensar sobre las razones del no sentir, del no compadecer. Ese es un buen camino para decir el mal: relatar, narrar el trato que reciben las personas en la trata; visibilizar; sensibilizar; intentar comprender. No para justificar, sino para que nunca más se vuelva a repetir.

Alex Macsutovici

Muchas gracias, Rafael. Conforme te iba escuchando, me estaba dando cuenta de la relevancia que tienen las emociones, e incluso de la potencia estratégica que tiene apelar al sentimiento para despertar en la sociedad todo aquello que a lo mejor no podemos despertar desde la realidad empírica, cuando aportamos datos y estadísticas para hablar de justicia social. Dicho esto, vamos a dar paso a la siguiente ponente, Montse Rivarola, que va a intervenir online para hablarnos de victimología con perspectiva de género y, en concreto, de la trata con finalidad de explotación sexual en Tarragona. Tiene también un currículum impresionante; actualmente trabaja en el Departamento de Justicia de la Generalitat de Cataluña en Servicios Penitenciarios y, dada su formación y especialización en políticas públicas y en igualdad, es referente de género en dicho centro penitenciario de Tarragona.

Montse Riverola

En primer lugar, quiero daros las gracias por la jornada de hoy. Mi aportación es un pequeño granito de arena desde el enfoque de las políticas públicas que se están realizando en Tarragona. En el año 2019, se creó un circuito interdisciplinar denominado «Circuito de acción frente a víctimas de trata de seres humanos» coordinado desde la Subdelegación de Gobierno y, en concreto, desde la Unidad contra la Violencia de Género. El objetivo general de la investigación que he realizado ha consistido en conocer el grado de eficacia de dicho instrumento y poder establecer alguna propuesta aplicativa de mejora que lo optimice. En cuanto a los objetivos específicos de la investigación, estos se han centrado en analizar los conocimientos formativos, experiencia y sensibilización en materia de trata de seres humanos de los equipos de cuerpos policiales y profesionales de asistencia que intervienen; también en conocer los límites, obstáculos, arbitrariedades de la regulación española contra la trata y su repercusión penal en el territorio de Tarragona; y, por último, en analizar el impacto de la persecución penal del delito y posterior proceso de enjuiciamiento sobre las víctimas, así como la calidad de los recursos especiales de protección del territorio que se ponen a disposición de las mismas. Para la ejecución de la investigación, se ha empleado una metodología cualitativa y se ha partido de la narrativa de los y las participantes. Tengo que destacar que inicialmente los integrantes de esta muestra iban a ser 20, pero tuve muchísimas reticencias para encontrar colaboración y voluntad de participación, a pesar de tener soporte por parte de la Subdelegación de Gobierno; en concreto, la Jefa de la Unidad contra la Violencia de Género de Tarragona en todo momento me dio su apoyo. Aun así, no fuimos capaces de conseguir como mínimo 20 participantes, por lo que la muestra finalmente se redujo a 10 profesionales del circuito, de los cuales: 3 eran integrantes de los Cuerpos y Fuerzas de Seguridad del Estado; 4 actuaban en el ámbito asistencial; 2 pertenecían al ámbito de la justicia penal; y, la última de ellas era la coordinadora del circuito multidisciplinar. La recolección de datos consistió en la elaboración y posterior realización de la entrevista sobre cuestiones clasificadas de forma temática: trata de seres humanos; experiencia y vulnerabilidad de las víctimas de trata desde los conocimientos que tenían los profesionales; y, por último, me centré en la autopercepción y experiencia personal que tenían acerca del circuito principal, que estaba vigente desde el año 2019.

Debido a la extensión considerable del trabajo y para ajustarme al tiempo del que disponemos, destacaré solamente algunos de los resultados obtenidos que me parecen más relevantes. Por un lado, se confirmaría que los profesionales que se entrevistaron eran conocedores de la regulación existente, la sabían referenciar, eran capaces de identificar el delito por la vulneración de los derechos humanos, e incluso el 50% lo relacionó con el género, reconociéndolo como un factor que lo propicia y que comporta un grado de afectación mayor para mujeres y niñas. Por el contrario, cuatro de los participantes no tenían formación o tenían muy poca formación con respecto a la trata. En consecuencia, considerando lo pequeño que es el circuito, con este dato se confirma que existen muy pocos profesionales que tengan realmente formación específica en la materia. En cuanto a cuestiones relacionadas con el periodo de restablecimiento y reflexión, se lanzaron preguntas acerca de esta medida de protección y fue muy interesante observar que solamente cuatro de los participantes supieron aportar una definición concluyente y un nivel de conocimiento preciso. Haciendo referencia a la valoración que hacen los informantes y a la percepción que tienen del circuito en sus distintas fases, independientemente del ámbito profesional del que proceden, un 60% del conjunto de informantes desconocía por completo el número de víctimas que habían sido detectadas o identificadas; el otro 40% concretó una cifra, pero a su vez no, esta no era coincidente con la que había sido aportada por el resto de los informantes. Por ejemplo, las aportaciones por parte de cuerpos y fuerzas de seguridad se ciñen a víctimas que habían sido identificadas formalmente y dejaban fuera del análisis a las víctimas que habían sido detectadas, o incluso a víctimas que habían detectado y que no habían recibido asistencia. La mayoría de los y las profesionales de asistencia determinaron que no siempre hay coordinación en el circuito, ni reciben información en el momento de la detección de las víctimas, hecho que hace pensar que a menudo fallan los instrumentos y estrategias de comunicación activa y directa entre los diferentes ámbitos que intervienen en el circuito. Finalmente, un último resultado a destacar sería que los tres agentes entrevistados coincidieron en exponer que no existe una subunidad con experiencia sobre el fenómeno específico en la ciudad de Tarragona ni en el territorio, y que dependen de la unidad central de Barcelona. Además, en términos generales, los cuerpos y fuerzas de seguridad expusieron la falta de visibilización del fenómeno entre la población del territorio, de manera que las conclusiones que se derivan de los resultados (recordemos que en mi intervención solo he expuesto los principales) serían las siguientes:

En primer lugar, no existe subunidad territorial especializada en Tarragona, que resulta en la ausencia de especialización de la plantilla de a pie de seguridad ciudadana. Por lo tanto, los profesionales que tienen mayor posibilidad de detección y posterior identificación formal de las mujeres víctimas en la demarcación, no poseen ni formación ni especialización. Los profesionales de las ONG son todos ellos capaces de identificar las problemáticas que padecen las mujeres y tienen experiencia de intervenciones que eviten la doble victimización; sin embargo, también carecen de implantación territorial y esto conlleva la deficiente garantía de recursos, de atención y de asistencia a las víctimas en este territorio.

Algo que no he expuesto anteriormente y que tengo que destacar es que, según la percepción de la mayoría de profesionales, durante el proceso penal, hay muchas dinámicas de algunos miembros del circuito en referencia a actitudes en el ejercicio de sus funciones, que conducen a la normalización de las malas praxis, porque no contemplan ni particularidades ni factores de vulnerabilidad de las víctimas de trata en todos los casos.

En cuanto al desarrollo de las acciones del circuito, ponen énfasis en las relaciones entre Fuerzas y Cuerpos de Seguridad del Estado y ONG o entidades asistenciales; pero no contemplan en ningún momento la intervención de académicos, universidades, inspección laboral, servicios públicos de salud, entre otros.

Voy a pasar a detallar cuáles serían los retos que, desde mi punto de vista, se tendrían que contemplar y abordar: a nivel institucional, se requeriría ampliar recursos económicos. El proceso podría ser más eficaz si se firmara un circuito con un presupuesto desde la cohesión interdepartamental para invertir en formar a los profesionales que intervienen y diseñar un plan de prevención del fenómeno a nivel municipal y provincial respecto a las Fuerzas y Cuerpos de Seguridad del Estado; es decir, sería óptimo desplegar una unidad policial especializada en trata en el territorio de Tarragona o, como mínimo, procurar profesionales de las Fuerzas y Cuerpos de Seguridad del Estado especializados en la materia, dentro de los cuerpos de seguridad ciudadana en Tarragona. Desde un punto de vista técnico y operativo, se podría proponer la creación de una comisión que diseñe un instrumento de coordinación entre el conjunto de profesionales como, por ejemplo, un protocolo que clarifique funciones y que especifique de forma concreta cómo debe ser la comunicación entre agentes implicados en el ámbito de la atención, detección e identificación de víctimas de trata. Paralelamente, como complemento a la herramienta de comunicación anterior, también debería perfilarse el acceso, desde todos los ámbitos del circuito, a los datos cuantitativos sobre detecciones que actualmente no se están contabilizando. Finalmente, con el objetivo de poder consensuar dinámicas y actualizar la información sobre los casos de forma periódica, plantearía la sustitución de la mesa interdepartamental que se realiza de forma anual, por el relevo de una comisión con reuniones más periódicas durante el año, que favorezca el establecimiento de canales de comunicación entre Fuerzas y Cuerpos de Seguridad del Estado, Fiscalía, entidades asistenciales y, sobre todo, que fomente una buena coordinación de estas con la Unidad contra la Violencia de Género de la Subdelegación del Gobierno; todo ello, con el objetivo de valorar y actualizar los datos cuantitativos y cualitativos de manera que se puedan identificar de manera veraz y directa las malas praxis para evitar la revictimización y desprotección de las víctimas.

Alex Macsutovici

Montse, muchísimas gracias por compartir con nosotros tu estudio situado en el caso concreto de Tarragona –que me consta que ha sido premiado–, pero con aplicación práctica a contextos más amplios, tal y como hemos comprobado a lo largo de la jornada. En este sentido, estoy encantada de repasar el aprendizaje del propio curso experto que se están poniendo de relieve en las intervenciones de mis compañeras y en sus propuestas de mejora. Por último, doy paso a Paloma Torres, abogada en materia de derecho internacional y también de derechos humanos, para hablarnos de la trata y protección internacional como una cuestión de derechos.

Paloma Torres

Muchas gracias. Yo planteaba mi propuesta de comunicación con una pregunta: ¿puede una víctima de trata presentar necesidades de protección internacional? Para la mayoría de nosotras es una pregunta fácil de responder: es evidente que sí hay víctimas de trata que pueden presentar necesidades de protección internacional; estas necesidades pueden derivar de la propia situación de trata o de otras radicalmente distintas. Sin embargo, lo que se pone de manifiesto en la práctica es otra cosa. Nos encontramos con que la mayoría de las autoridades y administraciones públicas competentes desconocen este hecho o incluso ni se llegan a plantear, que es una posibilidad. Descubrimos que, de hecho, la supuesta incompatibilidad de sistemas de protección (artículo 59 bis, protección internacional y, en su caso, protección a la infancia no acompañada), es una creencia tan generalizada que es interiorizada por las autoridades, por los profesionales que están en terreno trabajando con las propias personas, e incluso, al final, por los propios sujetos de derechos. Lo que supone, en definitiva, el mayor obstáculo *de facto* a la hora de acceder al procedimiento de protección internacional.

Pero también nos encontramos con que las pocas víctimas de trata (mayores o menores de edad) cuyas necesidades de protección internacional se han puesto de manifiesto o han sido detectadas, todavía tienen que enfrentarse a todo un procedimiento lleno de obstáculos. ¿Por qué? Porque este proceso no está adaptado a sus necesidades procedimentales especiales, vulnerando, de hecho, las obligaciones que tiene el estado en materia de establecer este tipo de garantías especiales en virtud de la directiva y procedimientos de la Unión Europea.

Mi compañera Isabel Diez y yo hemos analizado en profundidad todas estas cuestiones formales, en el marco de varios proyectos de investigación que esperamos publicar pronto para poder compartir sus resultados. Porque también las hemos observado en nuestra práctica jurídica diaria y creo que eso es lo que más nos motiva a seguir estudiando este fenómeno. Una de las cuestiones más impactantes que nos hemos encontrado es el absoluto desconocimiento que tiene la Oficina de Asilo y Refugio acerca de cuándo y cómo una situación de trata puede encajar en la definición de refugiado; hecho que conecta con las dificultades que tiene esta oficina para entender los matices que deben ser tomados en consideración a la hora de evaluar la credibilidad y verosimilitud de los relatos de las víctimas cuando se instruye un expediente de asilo.

Sabemos que la protección internacional es aquella que un Estado ofrece a una persona que no puede o no quiere acogerse a la protección de su estado de origen, o de otro en el que reside habitualmente, porque tiene un temor fundado a ser perseguida por alguno de los motivos establecidos en la Convención. Y cuando hablamos de esta definición en el marco de situaciones de trata, nos damos cuenta de que la Oficina de Asilo y Refugio no termina de entender que ser sometido a la trata fuera del país de origen puede, en ocasiones, generar una necesidad de protección frente al retorno al país de origen. Nos encontramos con que, a lo mejor, el motivo de huida fue distinto y no tiene que ver con necesidades de protección internacional, pero algo sucede en tránsito o algo sucede en destino –en este caso, una situación de trata– que justifica la protección frente al retorno.

Respecto al elemento subjetivo (que es el que tiene que ver con el propio miedo que siente la victima), tampoco se entiende que el estudio de ese temor fundado del que os hablaba debe hacerse de otra forma radicalmente distinta. Muchas veces, las víctimas no van a identificar a sus tratantes como un elemento al que temer porque, como ya hemos hablado aquí en numerosas ponencias, no todas las redes de trata se enmarcan en el imaginario de organización criminal; en muchos países el *modus operandi* tiene que ver con personas de confianza. Por otro lado, en función del momento del proceso de trata en el que se encuentre la persona y, por supuesto, de las propias experiencias vividas, el relato va a ser más o menos coherente y tendrá sus propias características. No es lo mismo una persona que solicita asilo cuando acaba de llegar a frontera o a un aeropuerto, que una persona que solicita asilo cuando ya lleva cinco años explotada. Las características del relato van a ser distintas y, por lo tanto, la evaluación de la coherencia y verosimilitud de este tiene que ser distinta también.

Entonces, ¿qué hacemos en este caso? Tenemos que atender al elemento objetivo de ese temor fundado. Tenemos que acudir a la información del país de origen o a informes de organizaciones especializadas que digan cómo son los *modus operandi* en determinadas zonas, y que a nosotros y a los instructores les ayude a entender un poco mejor el proceso de esa persona. El instructor debe tener una actitud proactiva en la instrucción del expediente, y muchas veces no se tiene.

Paradójicamente, tampoco se entienden las diferentes situaciones derivadas de la trata que podrían equivaler a actos de persecución. Nos encontramos con tres principales: por un lado, el riesgo de ser tratada o de ser retratada –tenemos que recordar que los actos inherentes a la trata *per se* constituyen graves vulneraciones de derechos humanos y, por lo tanto, pueden equivaler a actos de persecución en virtud de la Convención–. Y en este sentido, hay que tener en cuenta siempre la situación de vulnerabilidad de la víctima, porque eso exacerba el riesgo a ser captada de nuevo. Y aquí pongo siempre ejemplos reales con los que hemos trabajado. Pensad en una mujer joven congoleña, que fue captada en El Congo por personas que ella sigue pensando que son de su confianza. ¿Qué ocurre si a esa persona se le retorna a su país de origen? El riesgo a ser recaptada es muy elevado y esto se tiene que analizar.

Nos encontramos con otro tipo de actos de persecución: las represalias a las que se puede enfrentar esta víctima en caso de regresar al territorio. Imaginémonos una mujer que es captada con fines de explotación para el tráfico de drogas y que delata a sus tratantes cuando llega al aeropuerto. Si esa persona es retornada a su país de origen, se va a enfrentar a unas represalias tales que podía equivaler a un acto de persecución.

Luego tenemos este último supuesto, que quizá sea el más complicado, pero también es el más comentado en estas jornadas, que tiene que ver con el ostracismo, la discriminación o el castigo por parte de la familia y la comunidad, en caso de retorno. Tenemos un caso muy claro de una mujer procedente de una zona rural de Gambia que ha sido sometida a la trata con fines de explotación sexual, y que fruto de esta violencia sexual, ya sea en tránsito o en destino, se ha quedado embarazada. Pues muchas veces esta mujer sola, en caso de retorno a esa comunidad, tiene un riesgo muy elevado de ser rechazada por la comunidad y, por tanto, surge una necesidad de protección frente al retorno.

Pero es que aparte de todo esto, tampoco se entiende adecuadamente que, cuando analizamos la figura del agente persecutor, estamos hablando de agentes no estatales; por tanto, tenemos que centrarnos en la incapacidad del estado de proteger. Y luego, una de las cuestiones más importantes y menos observadas que intentamos insistir mucho a las autoridades es que una persona solicitante de asilo víctima de trata puede estar en peligro si es retornada, en virtud del reglamento de Dublín, a otro país de la Unión Europea donde ha podido ser explotada. Y esta evaluación del riesgo no se está haciendo.

En definitiva, la reflexión que quería traer aquí tiene además que ver con lo último que se está comentando: las realidades y las experiencias de violencia y discriminación sufridas no pueden explicarse en categorías simples como «personas refugiadas», «víctimas de trata», «infancia no acompañados», etc. Por tanto, nuestras políticas públicas no pueden responder únicamente a esas categorías, por no mencionar que suelen estar bastante estereotipadas e invisibilizan otras realidades. Es necesario incorporar un enfoque interseccional en las políticas públicas que abordan los procesos de identificación y que articulan de alguna manera los distintos sistemas de protección que ahora mismo tenemos bastante compartimentados. Porque al final, volviendo al planteamiento inicial, no se trata de diferentes recursos o vías, no se trata ni siquiera de estrategias jurídicas, se trata de una cuestión de derechos: una persona que tiene todas estas necesidades específicas de protección tiene derecho a todos los sistemas de protección que le corresponden.

Alex Macsutovici

Muchísimas gracias por tu intervención, Paloma, y también por poner en valor la necesidad de aplicar una mirada interseccional al abordar cuestiones de género, raza y clase. De esta forma se vuelve, esta vez a modo de cierre, a las precisiones conceptuales que inauguraban esta mañana la primera mesa. Así que, sin más, doy la palabra a Teresa para que procedamos a la clausura del evento.

Teresa Rodríguez

Mis primeras palabras han de ser de agradecimiento a las alumnas y alumnos del curso, tanto por las comunicaciones de hoy como por vuestra entrega y dedicación a lo largo del mismo. Hablo en nombre de todo el equipo del curso cuando digo lo mucho que hemos aprendido con vosotros. Estoy impresionada con lo que he escuchado ahora aquí. Me han parecido unas comunicaciones de altísimo nivel y unos proyectos muy potentes. Las estadísticas se hacen así, con muestras y metodología solventes, lo que apunta a que se están mejorando muchas cosas. Por supuesto, también quiero agradecer a todo el profesorado que ha participado en esto con ilusión y casi por amor al arte.

Nunca se puede hablar con la extensión que hubiéramos deseado, pero creo que hemos podido abordar muchos aspectos clave y hemos tenido conversaciones auténticas e intensas. No hay que subestimar el efecto multiplicador que tiene la educación; es lento, pero también es la única inversión que garantiza que podamos hacer un mundo un poquito mejor. No sé vosotros, pero para mí ha sido emocionante que hayamos podido encontrarnos aquí hoy en esta agotadora y muy fructífera jornada, que doy por clausurada, deseándoos lo mejor en vuestras carreras profesionales.